# AIR SUPERIORITY

# 空权论

[意]杜黑◎著 耿振达◎译 马骏◎主编

**"战争论"丛书编委会**

**主　编** 马　骏

**副主编** 纪明葵

**编　委**（排名不分先后）

　　马　刚　王洪福
　　房　兵　赵子聿

http://www.hustp.com

中国·武汉

图书在版编目（CIP）数据

空权论 /（意）杜黑 著；耿振达译. -- 武汉：华中科技大学出版社，2016.5（2024.1重印）

（战争论丛书）

ISBN 978-7-5680-0834-1

Ⅰ.①空… Ⅱ.①杜… ②耿… Ⅲ.①制空权—研究 Ⅳ.①E816

中国版本图书馆CIP数据核字（2015）第090827号

## 空权论

Kongquanlun

[意]杜黑 著 耿振达 译

| | |
|---|---|
| 选题策划： | 晋璧东 |
| 责任编辑： | 沈剑锋 康 艳 |
| 封面设计： | 金刚创意 |
| 责任校对： | 孙 倩 |
| 责任监印： | 朱 玢 |
| 出版发行： | 华中科技大学出版社（中国·武汉） |
| | 武昌喻家山 邮政编码：430074 电话：027-81321913 010-64155588 |
| 印 刷： | 湖北新华印务有限公司 |
| 开 本： | 880mm×1230mm 1/32 |
| 印 张： | 12.5 |
| 字 数： | 302千字 |
| 版 次： | 2024年1月第1版第11次印刷 |
| 定 价： | 39.80元 |

本书若有印装质量问题，请向出版社营销中心调换

全国免费服务热线：400-6679-118 竭诚为您服务

版权所有 侵权必究

## "战争论"丛书主编马骏同志简介

★ 马骏 国防大学战略教研部教授,中国第二次世界大战史研究会理事、中国德国史研究会会员、中国史学会军事史学分会会员。长期从事外国军事史、外国军事思想和国际政治教研工作。应邀在北京大学、中山大学、北京林业大学、北京师范大学、北京科技大学、对外经贸大学、首都师范大学、武汉大学、贵州省、山东省、四川省、沈阳军区、新疆军区及日本防卫厅讲学。在中央电视台新闻频道、军事频道、科教频道、法律频道多次做专家访谈。主要著述有:《外国战争史与军事学术史》《日俄战争史》《日本军事战略研究》《外国军事史学研究概论》《科索沃战争研究》《二十世纪经典战役纪实》《美苏在开辟伊朗走廊过程中的矛盾与冷战的起源》等专著。

# "战争论"丛书副主编纪明葵同志简介

纪明葵  国防大学教学督导组专家,原国防大学副教育长,少将军衔。战略、战役学教授,国家军事仿真专业组特聘专家。清华大学、哈尔滨理工大学、兰州大学、内蒙古师范大学、中国延安干部学院兼职教授。《国家智库》执行主编、中国网专栏作家。著有《现代战役研究》《危机控制与管理》《打击跨国犯罪》《国际恐怖主义与反恐怖斗争》《A地区战略危机决策与控制管理》《信息化条件下的国防动员》《反空袭作战研究》等专著,发表学术论文几百篇。

## "战争论"丛书编委马刚同志简介

★ **马　刚**　国防大学战略部军事思想与军事历史教研室主任，国家安全战略和国际战略学科学术带头人，博士研究生导师，校学术委员会委员。毕业于解放军外国语学院和国防大学，历任国防大学战略研究所研究员、第二炮兵导弹旅旅长、国防大学防务学院训练处长、办公室主任、国防大学战略研究所副所长等职，曾在俄罗斯工作，长期从事国家安全、国际战略问题研究和我军对外培训工作。著有《新中国军事外交》《中国人民解放军战略文化》《胜利的启示》等专著。

## "战争论"丛书编委王洪福同志简介

★ **王洪福** 国防大学战略教研部军训室主任，军事战略学科学术带头人，军事战略学硕士生导师，空军大校。先后毕业于西安空军工程大学、陆军指挥学院、国防大学、巴基斯坦国防学院。先后出国担任中国驻老挝、津巴布韦军事教官组组长，获得老挝国家三级功勋勋章。长期从事战役战略教学与科研，并应邀在全国各地以及全军多个部队讲授有关国家安全形势方面的专题讲座。著有《现代国防理念略论》，参与编写《空军战略学》《军种战略学》等专著。

## "战争论"丛书编委房兵同志简介

**房兵** 国防大学战役教研部军训教研室副主任,大校军衔,军事学博士。CCTV—10《探索发现》系列专题片《百年航母》《马岛战火》《特战奇兵》《突然袭击》主讲人。中央电视台《海峡两岸》《今日关注》《防务新观察》《环球视线》《东方时空》,北京电视台《军情解码》,深圳卫视《军情直播间》,云南卫视《经典人文地理》《新视野》等栏目特约军事专家,中国国际广播电台《环球资讯广播》特约评论员。著有《大国航母》《烽烟利比亚》《马岛战火启示录》《航空母舰与战争》。

## "战争论"丛书编委赵子聿同志简介

**赵子聿** 国防大学危机管理中心主任,教授,博士生导师,国家安全战略学学科带头人。长期从事国家安全和危机管理研究,在20多项国家和军队重大课题中担任负责人和主笔人,中国应急管理领域50位名家之一。主要著作有《国家安全危机决策》《国家安全危机管理析论》《美国陆军》《面对动荡的世界》等。获军队优秀科研成果一等奖,军队学科拔尖人才培养对象,军队学习成才先进个人,二次荣立个人三等功。

## 我们的战争观：不好战！不畏战！决战必胜！
——写在"战争论"丛书出版之际

马克思曾说，战争是推动人类文明前行的火车头。他形象地指出了，战争机器如同推土机一般，碾过历史的血肉之躯，于荆棘中开疆拓土，前行的轨道上沾满血腥。生命在战争面前是那么地脆弱。残忍，是战争诞生以来形成的秉性。战争同暴力几乎就是一对同义词，暴力是战争的本质属性，也是马克思主义的战争观。即使进入现代战争模式之中，诸如贸易战、金融战、外交战、黑客战、网络战、病毒战、舆论战等，战争的本质仍然是残酷的，充满暴力的。所以，我们认为，所谓的"武器仁慈化""战争非暴力化""战争泛化"等观点是不妥当的。因为，当前形势下，战争将无时不在，无处不在。身为中华民族的一份子，必须时刻对各种战争形态保持高度警惕，因为战争的根本法则，依然是保存自己、消灭敌人！

正因为战争的本质是残忍的，同时它又是人类历史发展进程中的常态现象，所以，对于战争的看法，自古以来就分为多种复杂的看法。比如，西方军事理论家克劳塞维茨在《战争论》中写道：战争是强迫敌人服从我们意志的一种暴力行为。德意志帝国铁血宰相俾斯麦认为，我们所处的时代的重大问题不是靠演说和决议所能解决的，这些问题只有靠铁和血才能解决。战争理论家伯恩哈迪认为，战争是人类生活中一种具有头等重要意义的生物法则，它是人类社会中不可缺少的起调节作用的东西。无疑，这几位西方军事大师，对战争都是笑脸相迎的。

与其相反，是反对战争的人们。比如，罗马时代的军事家、历史学家李维认为，对那些需要战争的人来说，战争是正义的；对那些失去一切希望的人来说，战争是合理的。曾经以炮舰政策横行世界、身经百战、建立起日不落帝国的英国，却对于战争有着这样的民间谚语：战争一开始，地狱便打开。而作为东方文明古国，中国经历了无数次的烽火狼烟，更深刻地体会到战争的血腥与残酷，所以，我们的老祖宗谆谆教导中华儿女："师之所处，荆棘生焉。大军之后，必有凶年"（老子）、"兵犹火也，不戢将自焚"（陈寿）、"皇帝动刀枪，百姓遭了殃"。2015年11月7日习近平主席在新加坡国立大学的演讲更是鲜明地指出，国强必霸并不是历史的必然规律，中华民族历来热爱和平，深知"国虽大，好战必亡"的道理。

我们认为，天下虽安，但忘战必危；虽然冷战结束了，但战争的硝烟一刻未熄。我们必须要有备才能无患。围绕"战争"，我们需要明白如下几个问题：

**战争的首要目的是为了和平。**战争只是一种手段，战争的最高境界就是"不战而屈人之兵"。对于一次战役（战斗）来说，战争的目的是消灭敌人、保存自己。而从整体的、纵向的角度来说，战争除了在历史上扮演着王朝更替的催化剂、助产士这类角色之外，符合人类社会发展进步的战争，归根结底其目的应该是为了和平。正如亚里士多德所说，战争的目的必须是为了和平。这样的战争才是正义的。然而，存在着繁杂利益纠葛的人类社会要想取得和平并不是简单、无代价的，因为"你想和平，就要准备战争"（韦格蒂乌斯）、"只有胜利者，才能用战争去换取和平"（萨卢斯特）。对于我们中国来说，构建强大的、现代化的军队是维护世界和平的重要战略支撑力量。

**战争需要理性对待：不好战。** 正由于战争是头洪水猛兽，因此需要高超的驾驭能力。只有驾驭得好，才能避免引火自焚。在能够避免战争爆发的情况下，应尽一切努力化解矛盾与纠纷。所谓上兵者伐谋，不战而屈人之兵。即使在具体的战场（战役）指挥中，总司令最重要的品质是冷静的头脑，尤其是在国际风云变幻莫测的复杂背景下，如何理性地对待战争，如何理性地在战争与和平之间做出选择，考验着每一个中国人的智慧。总之，当我们被愤怒"操纵"的时候，当我们希望通过战争这一手段，快刀斩乱麻地解决麻烦与纠纷的时候，我们需要对战争持有一颗理性、冷静的心，并记住：叫喊战争的人是魔鬼的参谋；狂热者的脑袋里没有理智的地盘。我们更要懂得著名诗人贺拉斯的一句反战名言背后的意味：所有的母亲都憎恨战争！而历史已经反复告诉世界：中国人不好战！

**战争需要一种勇气：不畏战。** 无论是冷兵器时代还是高科技战争时代，战争都是残忍的，需要付出的是生命的代价。因此，战争机器不能轻易启动。不过，不好战不代表完全拒绝战争、排斥战争、畏惧战争。在世界丛林的游戏法则中，一个民族一个国家，要想生存发展，保持必要的用于自卫的强大武装力量是必要的，更是必须的。1840年鸦片战争以来，西方以炮舰政策强加在中华民族头上的羞辱与屠杀的历史教训告诉我们，只有自身强大、手握撒手锏，才能避免被杀戮、羞辱的命运。民族、国家的尊严，是构建在必要的武力基础上的，尤其是当关系到我们的国家主权和民族尊严、关系到我们的核心利益时，战争是必须的。历史事实已经多次郑重地告诉世界：中国人不好战，更不畏战！

**战争需要一种理智：英勇善战。** 人们若想取得战争的胜利，就必须认识战争的客观规律，将其抽象为战略战术，在客观条件许可范围内，运用从客观中抽象出来的战略战术指导战争，战争是智者的搏弈。毛泽东说："指导战争的人们不能超越客观条件许可的限度，期求战争的胜利，然而可以而且必须在客观条件的限度之内，能动地争取战争的胜利……指挥员在战争的大海中游泳，他们要不使自己沉没，而要使自己决定地有步骤地到达彼岸。作为战争指导规律的战略战术，就是战争大海中的游泳术。"

**战争需要一种凝聚力：忠于祖国。** 作战需要彼此配合，在战场上尤其是在特殊的环境下，危险会来自四面八方。所以，只有铸造一种团结一致、统一对外的团队精神，才能帮助每一个作战中的人消除防范时刻出现的危险。无数的事实已经证明，每一个英勇善战的部队，每一支特种作战部队，要想取得胜利克敌制胜，必须是铁板一块！法军统帅拿破仑说过，统一指挥是战争的第一要事，也是产生凝聚力不可缺少的要素。那么，凝聚力来自哪里？对于中国军人来说，首先来自于听党指挥、忠于祖国、忠于人民这一神圣的最高宗旨，来自于共同的保家卫国的誓言，来自于全心全意为人民服务的社会主义核心价值观,来自于不怕苦不怕累不怕牺牲、做忠诚可靠的人民子弟兵的信念。其次,凝聚力来自于科学合理、统一规范的军队制度化建设,来自于平时官兵一致、爱兵如子、相亲友爱的军内关系。最后,凝聚力也来自于绝对服从、铁的纪律。

**战争需要一种自信:会打必胜。**战争是一种你死我活的搏斗,所以,保存自己、消灭敌人是战场上的最高法则。对于军人来说,拥有坚韧的必胜的自信心,是一种高贵的品质。当然,自信不是自负,那种不顾实际情况、盲目草率的军事行动,只能归为冒险盲动主义。坚定的必胜信念来自于知己知彼、百战不殆。军人的自信心,既要求军队的指挥官养成信赖自己的习惯,即使在最危急的时候,也要相信自己的勇敢与毅力,也要求普通士兵具备想当将军的优秀品质。为什么不想当将军的士兵不是好士兵?因为这样的士兵没有必胜的自信心。凡是有决心取得胜利的人,从来不说不可能。

**战争需要学习。**对于中国军人来说,无论是古今中外的战争实例、战争历史、军事著作、谋略经典、军事名家,还是当代他国的军队建设成就、最新武器装备成果,都需要我们秉持古为今用、洋为中用、兼容并包、取长补短的谦虚谨慎、认真仔细的态度,去学习其经验,汲取其教训,最终在掌握精髓、创造创新中超越,并将其转化为自己的真实本领。毛主席曾经教导中国军人,没有文化的军队是愚蠢的。诸如"战争论"丛书里的蒋百里《国防论》、克劳塞维茨《战争论》、马汉《海权论》《海军战略论》、杜黑《空权论》、克劳塞维茨《战争论》、若米尼《战争艺术概论》、韦格蒂乌斯《兵法简述》、米切尔《空中国防论》、鲁登道夫《总体战》，都是我们学习的优秀精神食粮。当然，作为将来要上战场的军人，不仅要重视学习军事理论，更要在平时的摸爬滚打中铸就高素质的作战能力。平时流汗，才能避免战时流血。因此，西谚有云，你有一天将遭遇的灾祸是你某一段时间疏懒的报应。军人需要的就是一种学习、学习、再学习，坚持、坚持、再坚持的韧劲。

**战争需要研究**。战争既是一门艺术，也是一门科学。作为艺术，战争需要驾驭它的人必须具备高超的领导力与决断力；作为一门科学，需要我们认真对待，通过去伪存真、去粗取精、由表及里、由深入浅地找出其中蕴含的最简单、最明晰、最管用的规律来，以指导实际中的军事行动。通过学习、研究，尤其是打开自己的视野之后，我们会发觉自己的不足之处，从而通过跨越式发展，尽快补足短板，以提升我们的实际战斗力。这套"战争论"丛书值得我们花费力气熟读一番、好好研究。

**战争需要实践**。通过对古今中外军事著作、战争实例、战争历史的学习研究，我们所获得的只是理论上的东西。理论知识的作用只有运用于实践，才能知道它的真实价值。正如毛主席强调的，一切学习的目的全在于运用。所以，对于军人来说，除了学习研究古今中外的军事历史、战例与理论之外，更需要通过实战来检验我们手中到底掌握了多少的战争真理与有用的军事方法。一切的战争规划与理论，全在于实际的执行力与效力。因此，想得好是聪明，计划得好更聪明，做得好是最聪明又是最好的。而从国家的角度来说，日常的军队国防建设均在于服务于实战、为实战做准备。俗话说得好，未雨绸缪，养兵千日用兵一时。战争机器不是摆设，更不能是花架子，必须接受实战的检验。另外，战争中蕴含的谋略、道理，也可以作为其他领域决策、管理的参考。

**战争需要谋略。** 伟大的革命导师、苏联红军统帅列宁曾经鲜明地指出，没有不用军事计谋的战争。我国明代文学家、谋略家冯梦龙强调，兵在精而不在多，将在谋而不在勇。正因为如此，古今中外诞生了大批研习战争谋略的大师名家。可以说，蒋百里《国防论》、克劳塞维茨《战争论》、杜黑《空权论》、克劳塞维茨《战争论》、若米尼《战争艺术概论》、韦格蒂乌斯《兵法简要》、米切尔《空中国防论》、鲁登道夫《总体战》、马汉《海权论》《海军战略论》等，每一本军事经典都是战争智慧的结晶。作为军人，一定要时刻铭记：永远别以为敌人比你愚蠢！轻视对手的后果是严重的。正确的态度就是毛泽东同志所说的，战略上藐视敌人，战术上重视敌人。拿破仑有句话说得好，世上只有两种力量：利剑和思想。从长而论，利剑总是败在思想手下。

**战争需要发展。** 人类的历史长河是永远向前发展的。从最初的刀耕火种，到自然的田园农业文明，再到欧洲十七八世纪的工业革命，再到十九世纪、二十世纪的电气革命，直到二十一世纪的信息化革命。每一次的生产力跃升都推动着经济的巨大发展，而与武器装备直接相关的生产力的质的进化，更是推动着战争形态的惊天变革。所以，军人必须远比其他人要更为敏感地关注世界形势的变化以及涌动出的最新的社会现象与科技成果，使自己具备察天观地的与时俱进的本领，不落伍于时代，才能决胜于千里之外，才能履行好保家卫国的职责。我们认为，与时俱进有两个标准：一是随着时代的发展而发展，二是无论时代怎么发展始终抓住最简单最管用的精髓。军事艺术是一种执行命令的艺术，一切复杂的计谋都应当抛弃掉。简单明了，是执行好军事行动的首要条件。

**战争需要实力。**战争归根结底是实力的较量，从来都是敌对双方军事、政治、经济、科技、文化、外交等多种因素的综合较量，而不单纯取决于某一种因素。所以，对于我们的国家，需要通过"发展"这一硬道理，来全方位提升我们的经济发展水平和科技质量，全面地加强我们国家的综合实力，为战争提供强大的国家保障力。对于我们的百姓，需要通过各种措施加强国防意识与国家安全意识教育，培育国民的军事素养，建设强大的民兵预备役部队，要藏兵于民。对于我们的军人，广大士兵要通过艰苦的学习、训练，加强自身的单兵作战能力与团队合作作战能力，以及军兵种协同作战能力。对于指挥官，则需要进一步提升自己的军事指挥素质。震惊欧洲的拿破仑说过：一头狮子带领的一群羊，远远胜过一只羊带领的一群狮子。我们的军队需要培育出一批批的狮子老虎，才是名副其实的威武之师！

谈了这么多与战争有关的话题，那么，新时期的中国军人，还要做些什么呢？首先就是，要牢牢抓住军队政治工作这一生命线。我军自成立以来即高度重视政治工作。1929年12月28日—29日，中国工农红军第四军第九次党代表大会在福建上杭县古田村通过的《中国共产党红军第四军第九次代表大会决议案》（即著名的古田会议决议案），即明确指出，红军是"一个执行革命的政治任务的武装集团"，必须服从党的领导，自觉担负起宣传、组织、武装群众等任务。古田会议划清了红军与旧式军队的界限，解决了无产阶级革命军队建设的根本性问题。2014年10月30

日，新时期的全军政治工作会议在福建上杭县古田召开，习近平主席出席会议并发表重要讲话，提出把理想信念、党性原则、战斗力标准、政治工作威信在全军牢固立起来；抓好铸牢军魂、高中级干部管理、作风建设和反腐败斗争、战斗精神培育、政治工作创新发展"五方面"工作；加强军事文化建设，从难、从严、从实战要求出发"摔打"部队，培养广大官兵大无畏的英雄气概和英勇顽强的战斗作风，着力培养有灵魂、有本事、有血性、有品德的新一代革命化的"四有"军人。中国军人，任何时候都要牢记"听党指挥、忠于祖国与人民"这一最高宗旨，争当让党和人民放心满意的优秀军人。

其次，要积极做好军事斗争的准备。西方战神克劳塞维茨强调，作战的基本原理是，切勿完全处于被动地位。对于一支军队来说，只有时刻以与时俱进、未雨绸缪的精神抓好军事斗争准备，才能避免被动、才能有备而无患。只有时刻准备好，才能令出即行、迅速把握战机，避免陷入被动挨打的泥潭。

再次，紧紧围绕战斗力做文章。衡量一支军队的好坏，关键就看能否打胜仗。拿破仑曾预言，中国是一头睡狮，一旦醒来将震撼世界。但是，没有利爪的狮子只能是摆设。能打胜仗是衡量军队质量的根本标准。没有战斗力，其他都是空谈。

最后，要进一步加强贯彻落实"科技强军""质量建军"战略，进一步高度重视兵民结合的人民战争的战略战术研究与运用，始终牢记并掌握"军民团结如一人，试看天下谁能敌"这一法宝。

在新时期，面对日趋复杂的国内外环境，军人的天生敏感性告诉我们——这个世界并不太平。因此，作为中华人民共和国的柱石，中国人民解放军需要进一步地紧紧抓住中国的特殊国情，做好强军的一切工作，需要进一步地牢牢抓住决定战争胜负的各方面的关键性因素，从要害处着手，全面加强军队的改革与建设。如此，才能确保我们这座保家卫国的钢铁长城永不倒塌！

回首过去，我们对战争充满敬畏。我们不轻言战争，我们不惧怕战争，我们只为战争做好准备。业绩造就伟人，战功成就军人。辉煌的中国革命史证明中国人民解放军是一支听党指挥、能打胜仗、作风优良的人民武装力量。

中国军人的勤奋和荣誉，足以鼓舞千秋万代的中国青年。

祝愿一切热爱军事、关心国防、热爱和平的读者朋友，能从囊括古今中外著名军事经典的这套"战争论"丛书中汲取有益的养分，从无到有、由小到大、从弱到强地培育自己的国防军事素养，形成自己的国防观、战争观，以求在将来或许会发生的、某个特殊的时刻履行自己"保家卫国"的神圣职责。

"战争论"丛书编委会

2015年10月

# 目 录
CONTENTS

第一篇 ................................................................. 1
 第一章 战争的新形式 ................................. 3
 第二章 独立空军 ........................................ 26
 第三章 空中作战 ........................................ 39
 第四章 空中作战的组织 ................................. 55

第二篇 1926年补充 ............................................ 77

第三篇 未来战争的可能面貌 .................................. 123
 序 ................................................................. 125
 第一章 一战的主要特征 ................................. 127
 第二章 海洋战争 ........................................ 144
 第三章 天空的新发展 ................................... 154
 第四章 展望未来 ........................................ 162
 结 论 ............................................................ 177

第四篇 ................................................................. 181
 导 言 ............................................................ 183
 第一章 配属航空兵 ..................................... 187
 第二章 防空 ................................................ 206

第三章　空战……………………………………………215

第四章　空中战场是决定性战场…………………………221

结　论………………………………………………………263

第五篇…………………………………………………………267

序………………………………………………………………269

导　言………………………………………………………270

第一章　战争的起因………………………………………271

第二章　精神准备…………………………………………273

第三章　理论准备…………………………………………274

第四章　物质准备——法国和比利时……………………289

第五章　物质准备——德国………………………………315

第六章　同盟国的作战计划………………………………328

第七章　德国的作战计划…………………………………334

第八章　6月16日之战……………………………………352

第九章　6月17日的作战…………………………………371

后　记………………………………………………………376

第一篇

# 第一章　战争的新形式

## 战争的技术手段

人能飞吗？飞机的发明，正面回答了这个问题：能！只要在同一地区，有两个或者两个以上的人相遇，就有可能产生矛盾，当发生矛盾的人，上升为国家或政权，就会发生战争。有了飞机，自然也就有了空军（航空兵），这也就开辟了一个新的战场——空中战场。

最早的飞机，并不是民航飞机，而是军用飞机（事实上，大部分高科技产品最早都是军用的）。1911—1912年的意土战争，意大利人就在利比亚使用飞机进行侦查和联络。第一次世界大战（以下简称一战）则让飞机这个新技术突飞猛进。

Air arm，字面翻译为空中力量，由于这是个新事物，所以对其不了解是肯定的。不了解，就会有意见分歧。有人认为人在空中是无法战斗的，也有人认为这只是一个比较有用的辅助手段。

由于飞机具有速度和活动自由的巨大优势，所以在刚刚起步时，它被主要用于巡逻和侦查，后来又开始进行火炮测距。再后来，由于飞机作为空间武器，相对于地面武器具有明显优势，又被用于攻击战线上及战线后方的敌人。当时普遍认为，飞机没办法携带重型武器，作为针对飞机的防御，则产生了高射炮和驱逐机。

既然空战产生了，那就必须加强空中力量。由于这些需求是在一次大规模战争中出现的，所以，空中力量的发展是突然的、快速的，而不是逐步的。在一战中，空军一向是作为辅助单位进行战斗的，直到战争末期，有些交战国才开始意识到，空军作为空中力量，应当独立成军，遗憾的是，各国还没来得及进一步研究，战争就已经结束了。

一战结束后三年，也就是1921年，这种观点又开始流行，不过这次的主要研究方向是：如何防御这种新型武器？人类的主要生活空间在陆地，所以战争一向以陆军为主。有个有趣的问题：当人类第一次在海上航行的时候，海战是不是也只是陆战的一个辅助呢？这个已经无法考证，毕竟，从史前开始，人类就已经有了海上独立作战的记录，虽然，这也需要跟陆战相互配合。对于住在地球表面的人类来说，天空比海洋更重要，所以，我们得出一个结论：天空是一个同等重要的战场。

陆军虽然说主要是地面部队，但它也可以控制一些水面航行的作战单位来配合陆地作战，但这并不是说，海军就不可以在没有陆军参战的情况下，单独完成自己的战斗任务。同样，陆军事实上也可以在没有海军配合的情况下，独立作战。同样道理，既然陆军、海军都可以有空中手段来辅助（陆航、海航），那么，空军为什么就不可以独立成军呢？

所以，空军很自然就需要跟陆军、海军具有同等地位。在一场战争中，它们都抱有同一个目的：战胜敌人。它们既协同作战，又相互独立。如果一方依附于另一方，那么，由于双方相互限制，反而会降低总效能。所以，作为空军，它肯定是跟陆军、海军既合作又独立的。

目前，我们并没有进入下一次世界大战的压力，我们可以采用渐进法来分析。所谓渐进法就是：先设定答案，代入方程，根据误差来修改这个答案，然后再次代入……直到误差接近于没有，那么，这就可以视为正确答案。这个答案，就是如何用最小的努力，获取最大的成果。

国防最根本的一条原则是：在未来可能发生的战争中处于最好的位置。为了达到上述要求，就必须让作战手段满足未来战争的需要。也就是说，未来战争，是一切国防最根本的要求。

现代战争，是一种全民性的战争，即整个国家的人员和资源都要投入战争当中。既然社会是向前持续发展的，那么，我们就应该能都预料到短期的未来。虽然太过遥远的未来我们无法预料，不过可以肯定的是，未来战争和历史上的战争是绝对不同的。

所有战争的模式，都取决于现有的战争技术手段。大家都知道，火器是对于战争的革命性进步。但火器也是渐进地发展，它是飞射类武器，比如弓弩、抛石机这一类的改良。就目前而言，我们已经看到了小口径速射枪和带刺铁丝网带来的进步。还有，潜艇是如何改变海战的呢？1917年9月18日的《法兰西晨报》这样写道：新成立的海军参谋部历史处最近发布了极重要的材料，其中昭然若揭地表明，假如德国人在他们不受限制的潜艇战中表现出更多一点胆量，假如他们潜艇指挥官的非凡气质没有被德皇及其总理大臣的犹豫不决和摇摆不定所抵消，我们本来会输掉这场战争。正是德国人自己在1917年春季以后一步步削减了他们潜艇的数量和活动。另外，还有两种新兵器：空军和化学武器。由于它们才刚刚发明，究竟能起多大作用，目前还不太清楚。有一点可以肯定，那就是：它们的威力是巨大的，可以确定，它们将改变战争模式。

这两种兵器相互补充，化学大大增强了炸弹的威力，又提供了威力更大的毒气，甚至，细菌学给我们带来了更可怕的生物武器。试想一下：一个国家，用细菌学家来让敌国暴发疫情，而本国却不感染，这是一个多么可怕的事情。这样，空军就不单单是用炸弹对敌国领土进行轰炸，还可以投掷化学炸弹、生物炸弹来彻底摧毁整个敌国。

我们回顾一下这些新型武器，就会注意到，一战的经验只是个起点，而且很快就会被淘汰。它不能作为国防的基石，我们必须着眼于未来。

我们必须认清一个事实：我们今后要使用的这些新型武器，恰恰就是德国被迫使用的。协约国强迫德国解除武装，废除常备军，但问题是：它会就此安分守己地接受这种劣势地位吗？它不会迫于需要去寻求新武器来代替现在禁止它使用的旧武器，用它来复仇吗？我们必须看到，德国在化学—细菌学和机械学这两个学科已经处于全球领先地位了。这个苗头说明，德国人肯定会以他们的严谨态度来研究这些新式兵器。由于德国人肯定会在地下实验室秘密进行这项工作，那些外国的裁军监督人员，也必将是白费力气。

我们姑且不管德国人做了什么，或者不做什么，那些新式兵器的价值，我们是无论如何不能忽视的，我们也不能否定它们在国防中的利用价值，我们要客观地评价这些兵器的作用，就必须彻底地了解它的利用价值，这就是我写这本书的目的。

**新的可能**

只要人类还是被束缚在地球表面上，就必须要习惯地球表面的条件。战争需要军队进行广阔运动，决定战斗的关键，就是地形。坎坷的路面，各种障碍物，都会给固态物体的运动造成困难。所以最快的运动方式就是，采用阻力最小的路线，当然，在艰苦地区就只有通过费时费力的劳动去克服障碍。一切道路大概可以分为三类：容易通过的、难以通过的和无法通过的。

而海洋则恰恰相反，海平面到处都一样，到处都可以自由航行。但事实上却不太可能，因为有海岸线的限制，除非你在同一海岸线航行，或者按照外国人规行的航线航行。

战争是两个或以上敌对势力的冲突，某一方企图占领一部分地球，另一方则反抗这种占领，双方在必要时动用武力，战争就爆发了。

主动攻击的一方，当然最希望沿最少抵抗、路况最好的路线前进。防守方则是沿敌人前进方向进行阻挡，为了更加方便地阻挡敌军，它肯定要充分利用对自己有利的地形，或者在最难行军的路上部署部队。这种天然形成的障碍物是无法改变的，地球上各区域的自然条件也是固定不变的，于是，富饶肥沃的地方就会引起别人的贪欲，这样，有些地方注定就是修罗屠场。

既然战争只能在地球表面上进行，部队就只好沿着既定路线行军作战。为了取得胜利，或者为了夺取引起贪欲的土地，就必须突破对方的防线并且打败它。因为现代战争需要投入越来越多的力量，要保证自己不受侵略，随着战争持续，交战双方甚至多方，就要将部队不断延伸下去，直到像一战那样，战线实际上已经蔓延到整个战场，这样就把各方军队的所有道路都给堵死了。

在大后方或者地面武器的最大射程之外，身为后方的平民，他们并不直接接触战争。由于敌人并不能威胁到这个距离以外的人民，所以他们的生活并没有多大改变。

战场是有严格作战半径的，部队和平民之间有很明显的差异。为了让平民适应战时需要，国家仅仅对他们稍加组织而已。甚至说，在军事法庭上，战斗人员和非战斗人员是有严格区分的。所以，虽然一战很明显地影响了很多国家，但实际上却没多少人真正参战。大部分人其实仍然在和平安全的情况下上班，为少部分人提供战争用品。出现这种情况的原因是：如果不能突破敌军防线，就无法进一步进入敌人的领土。

不过这种情况已经成为历史，空军可以绕过敌人的防线，直接攻击敌人的大后方。

飞机具有极大的自由度，它可以短期内在任何地方往返飞行。对此，地球表面的人和物品是无能为力的，一个平面设备，将无法阻挡一个三维立体的武器，以前那些影响战争特性的因素都已经失效。

由于出现了飞机这种新式武器，作战范围就不再仅仅是地面火炮的最远射程，而是交战双方整个陆地和海洋范围。安全区将不复存在，作战单位也不仅仅是战斗人员了，整个国家都变成了战场，所有人员都成了战斗人员，所有人在空袭中都将暴露无遗。军人和平民无法区分，陆地和海洋上的防御设施再也无法保护大后方,甚至陆军和海军的胜利也不能阻止本国遭遇敌军空袭,除非可以占领敌国,破坏敌军的航空设施。

这些都必然会给未来的战争带来深远的变化,未来的战争将和历史上的战争产生根本的不同。所以,从保家卫国来看,空军的发展,必然会使得地面武器威力降低。

我们得出一个结论:以现在的空军发展程度来看,只要爆发战争,就算沿阿尔卑斯山部署了实力雄厚的陆军,在海面部署了庞大的舰队,也不能阻挡敌军的轰炸机。

### 大变动

一战,是一场持久战,不管胜负,大家都损失巨大,关键是由于战争技术的升级,倒不是别的什么。新式火器的发明,通常情况下,使防守方比进攻方更加有利。另外,人们心理上还不能马上接受改良火器的好处。进攻论者四处宣传进攻的好处,却忘了进攻胜利是需要以优势的武器为倚仗的。相对的,防御论者就大大减少了。军队中大部分人普遍都持有这种观点:火器的升级对进攻更有利,防守则效果并不明显。然而事实证明,这个观点是错误的,实际情况恰恰相反。道理很简单,只要思考一下就知道了,而且,实战经验也证明了这一点。

事实上,火器的每次进步都更有利于防御。防御不仅能让兵器保存时间更长,还能让它处于更好的地位,可以说,兵器威力的提升,于防御部署更加有利。事实证明:一战中防御体系发展迅速,它在战争中所占的比重很大。我们需要看到,在战争中,还是要以防御体系来构筑长期战线。如果这个防御体系的装备还是17世纪初瑞典阿道夫·古斯塔夫二世那时的东西,还有什么用处呢?

随着火器威力的增加，防御方的优势逐渐加强。假如两个人，双方都装备射速为每分钟一发子弹的前膛毛瑟枪，一个人在带铁丝网的战壕里，另一个人要跑一分钟才能到达这个战壕，那么，进攻方只需要两个人参与进攻就够了。因为在一分钟里，最多只可能有一个人被击中。但是，如果双方装备的都是射速为每分钟三十发子弹的来福枪，那就是说，进攻方至少需要三十一个人。当然，我们假定防御者躲在铁丝网战壕后面，进攻者的子弹打不中他。

第一个例子里，防御方那一个人"吃掉了"进攻方一个人，但在第二个例子里，防守方那一个人则可以一口气"吃掉"三十个人，原因是防守方的威力随着火器的发展而大大增加了，攻击方就必须投入更多的兵力才能取得胜利。

事实上，一战中，由于小口径武器威力大大增加，防御方完全可以将敌人大批放进自己布置的口袋，然后在途中将他们统统击毙。另一种可能，进攻方不顾一切猛攻，防御方则可以放弃阵地，用大口径火炮把阵地炸平，甚至连防御部队也一起殉葬。所以，在一战中，进攻产生了巨大的困难，进而更加烧钱。

但有一点要注意，新式兵器威力的提升虽然对防御者有利，并不代表否定进攻。战争，只能靠进攻去取得胜利。我只是要说明，随着火器威力的逐渐增强，作为进攻方，必须投入比防御方更多的兵力。

悲哀的是，直到战争结束，大家都还没认识到这个问题，以至于在一战中，没有合适的武器来发动攻击，这些攻击浪费了大量的人力、物力，结局或是失败或是收效甚微。由于人员和物资的集结过于磨蹭，使得攻击的准备工作非常差劲，双方部队都疲惫不堪，战争时间大大拖延。如果在一战中，部队仍然列装前膛炮，那么战壕就不会去用钢筋混凝土浇灌，也没必要安装铁丝网，也许短短几个月战争就结束了。然而我们看到的却是进攻性兵器和防御性兵器逐次发展，从而导致了长期对抗。每次进攻，都要经过多次冲击，才能突破敌人的防线，露出敌人的核心。正是持久战才拯救了协约国，使他们得到充足的时间扩充新的部队，缔结新的同盟国，同时这也把同盟国和协约国双方都给拖垮了。

德意志人在战争准备期间，就已经考虑到火器威力的加强会给防御方带来的优势。作为注重进攻的军队，他们充分准备了相应的武器（305毫米和420毫米炮），用它们迅速突破永久性工事。战争开始时，他们发动凌厉的攻击。但是，当他们在西线被迫进入防御作战时，又构筑了一条近乎完美的防御体系，这让协约国惊诧：这不可能是临时想出来的，肯定是在战前很早就充分计划好的。

在战争准备阶段，德军也预料过会在一条以上战线上战斗，这就要考虑防御了——在其中一条战线上用小股部队死守，大部队从另一条战线攻击。可以肯定，他们肯定制定了一些秘密计划，在需要的时候可以实行。这说明，德意志人早已意识到防御的重要性，虽然他们也坚信只有进攻才能取得胜利。

尽管进攻必须投入庞大数量的部队，而且进攻比防御更加艰难，但是它也有有利的一面：一方面可以减少自己的防御部队；另一方面可以把主要兵力集中在既定的攻击点。德军的战略机动性可以归纳为一个公式：用一支偏师依托完美的防线来牵制敌军主力，然后以部队主力击破军另一部，这种方法在很长时间内都被证明是正确的。

当协约国发现深入法兰西腹地的德军竟然意外地停了下来，就开始幻想他们可以轻易获得胜利。他们从开战时就没有采取任何可以保证取胜的措施，只能依靠以后的补救。用纯军事理论说，战争被拖延是因为人们尚未理解现代战争的要求和性质，这种误解导致了一系列盲目攻击，白白浪费了一大批刚刚征用来的物资。这就加大了改变部队平衡所需的兵力，本该快速结束的战争，现在被添油战术白白浪费掉了。

虽然一战破坏是极大的，但各国还能把战争继续下去，原因是，这场战争断断续续，拖延了很久，这使得他们可以把消耗的人员物资又补充回来，从而把战争继续下去，直到资源枯竭。但在整个战争期间，并无一次致命打击，重创对手，致其濒死。相反，双方都无数次打击对方，并且造成多次无关痛痒的损失。这样的伤害会让你慢慢虚弱，但还有活下去的可能，还能恢复精力去打倒一样虚弱的敌人，直到榨干他的最后一滴血液。实际上，最后决定战争走向的那一场战斗，并不精彩。可以肯定，如果九十天里战争就结束了，那它造成的破坏就比打四年的仗至少要小一半，如果是八日战争，破坏至少要小四分之三。

所以，一战的特殊性是由多年进化的武器所致。由于这个情况并非静止，而是动态的，所以，不管以后怎么发展，未来战争肯定跟上次战争相比具有相同点，但是更加突出。我们合理推论一下，未来战争中，相对于进攻方，防御方的优势将会越来越多，双方实力对比就更难改变了，但是想要打赢胜仗，却必须改变实力对比。

假设意大利人只要自己不想进攻别国，他的山脉将是非常坚固的防御体系，所以他不用害怕任何敌人，只要拥有一小支部队和少量的武器，就可以在完全劣势的情况下进行防御作战，而且还能取胜。事实却并非如此，因为新式兵器改变了这种局面，它的出现，增加了进攻方的优势，同时又减少了防御方的优势，而且，对于那些还没做好战争准备的人来说，他们将丧失准备的时间。基本没有什么防御工事可以和这种新式武器对抗，它可以用闪电一样的速度给敌人心脏致命一击。

我们正面临着战争的大变革时期，它正鼓动那些希望发动侵略却不受良心谴责的国家，我们必须冷静地、彻底地探讨一下有效的国防策略。

### 进攻性武器

飞机不会受到地面障碍物的阻碍，而且速度极快，是一种非常优秀的攻击兵器。

进攻的优势是在计划上具有主动性，也就是说，可以自主选择进攻地点和调动攻击力量。而防御方则不知道敌人将进攻哪里，从而只能把部队分散在整条防线上，只能寄望于一旦知道敌人进攻哪里后，部队马上向那里移动，这个就是战略战术的实质。

一个具有进攻潜力的国家，能快速集中兵力，可以打击任何它想要或者够得着的地点。以前，战争以小规模、轻装备、运动快的部队进行时，战略战术运用具有广阔领域。战斗单位越来越大，活动区域也就越来越小，受限也就越来越多。一战中，参战军队战斗单位庞大，移动慢，军队机动性极差，因而战争就演变成了双方对垒。

飞机不一样，它向哪里飞都一样简单，速度也是所有输送工具中最快的。比如，据点A有一架飞机，它就可以对以A为圆心飞机航程为半径的活动范围内的一切构成威胁，在这个辐射半径以内的其他飞机也可以随时向A集中，所以，空军对于飞机作战半径里的所有地方都具有威胁。空军可以从各地出击，用最快的速度到指定目标集合，所以，飞机是最好的攻击武器，它可以在敌人援军没来得及赶到前突然攻击。

实际上，飞机如此强大的攻击威力，也会有它的矛盾，为了保护自己，它需要比进攻更多的力量来防御。比如，敌人有一支攻击力为X的空军，就算机场在不同地方，也可以很快集合起来攻击它在活动半径里的目标。如果有20个目标，你为了保护它们，就必须在20个点附近都部署一支与敌人实力差不多的部队，那么，你的部队就要比敌人多20倍。换句话说，防御方至少要有敌人20倍的兵力，才能保护好自己，这是不现实的。可见，飞机并不应当充当防御武器，它应当是一种优秀的进攻兵器。

一战中，飞机横空出世，我们还来不及彻底研究它，只能从经验主义出发，面对飞机就只能用空对空防御和地对空防御，也就是侦察机，驱逐机，高射炮。事实证明，虽然一战中空军应用很少，普遍带有偶然性，但这样的防御显然不够充分，所以，基本每次空袭都能获得成功。威尼斯从战争开始就遭遇空袭，直到战争结束。我们亲眼看到威尼斯以北的意军指挥部特雷维佐被空袭了很多次，几乎被炸平了，最高统率部被迫放弃帕多瓦。不管是协约国还是同盟国，别的国家也遭受过空袭。

就算有先进的通信设备，当敌人的飞机飞来时，如果你的飞机还没来得及起飞，那就肯定没办法阻挡敌人投弹，用火炮打空中目标，就像用步枪打鸟一样不靠谱。高射炮、高射机枪遍布城区和乡下，努力搜索各种俯冲飞机，就像是蹬自行车去追鸽子！这些高射炮的炮弹最后就成了从天上掉下的炮弹。这些所谓防空装备唯一的用处就是浪费资源，大量的火炮一直就对着天空等待轰炸，大量驱逐机浪费了大量人力物力，却什么也保护不了。很多人对着天空白坐一天，坐等敌机，然后回家睡觉！

我不知道谁算过全国防空力量的数量，不过这个数字肯定是庞大的，而这些明明可以用于别处的资源，就这么打水漂儿了。

这种愚蠢的节俭主义和一盘散沙式部署，正是被空军弄得团团转，以为可以防御他们。如果一只疯狗冲进村里，村民可不会放下手头工作，拿着棒坐在自家门口，坐等疯狗过来打死它，疯狗该咬人还是要咬。人们一定是三四个或者更多人集中起来去追击疯狗，把它彻底打死。

一样道理，如果不能将敌机在空袭前就摧毁，就没有其他办法可以阻挡它们。想要保护海防线，没必要在全部航线部署舰队和岸防炮，只需要取得制海权，就能阻挡敌舰前进，这个定理，很久以前就这样了。同理，地面就是天的海岸线，天同海是相似的。所以，陆地和海洋要防御空袭，不是散布飞机大炮，而是取得制空权，不让敌人飞机飞过来。

哪怕是单一的防御，就是阻挡敌机飞行，这个逻辑也是正确的。

要想取得制空权，是要采取进攻态势而不是全面防御，这才是最正确的做法。

## 空中进攻的规模

一战或多或少告诉了我们一点关于制空权的定义，为了解释未来空战，我们需要对制空权进行评估。

　　飞机只要投弹打中目标就算成功了，所以，生产飞机炸弹所用的原料会比炮弹少。如果说要爆炸威力更大，可以装高爆炸药，但这需要多用金属资源，如果要省金属资源，则可以装燃烧弹和毒气弹。这些炸弹耗用金属资源差不多，生产炸弹也不用高级钢、特种金属，也不用精加工。它只要求炸弹爆炸威力最大化，包括炸药、燃烧剂、毒气等。

　　空袭肯定不能像地面火炮那样准确，不过这个不重要，空袭并不要求准确性。一般情况下，炮火的目标是准备好承受炮击的对象，但是空袭轰炸的目标却并非如此。空袭的目标较大，小目标不会被关注。

　　发动空袭需要注意：空袭必须一击必中，翩然而去，没必要连续打击同一目标。飞到敌占区进行空袭，毕竟是有风险的。把目标一次性夷平，无论是精神上还是物质上，都可以给敌人以巨大震撼。你只要想想：如果敌人宣布要对某地进行无差别轰炸，该地区的人会有何反应。

　　空袭的目标一般分以下几类：工商业设施、建筑物、运输线、交通枢纽和居民区。投弹一般会采用以下几种方式：高爆弹，直接夷平目标；燃烧弹，能使目标迅速产生冲天大火；毒气弹，主要用于阻挡灭火人员。至于使用比例，可以自行决定。

　　使用毒气弹，能让目标地区弥漫毒气，如果使用延时装置或者持久性毒气，就可以让毒气在很长时间不消散。使用毒气，可以让你在炸药和燃烧弹不足的情况下仍然能够摧毁大面积的居民区和交通线，从而产生极高的战略意义。

　　空军的规模有多大？先假设100千克炸药可以轰炸半径25米

的地区。通过计算，如果要轰炸直径500米的地区，则要10吨炸药。10吨炸药，需要10吨金属外壳。现在的飞机，除了驾驶员外，一般能挂载2吨炸药。那么，轰炸直径500米地区就需要10架飞机，也就是说，训练能开10架飞机的飞行员就够了。

这就是空袭需要兵力的计算概念。一般情况，每次空袭的目标最好设定在直径500米左右。根据计算，这支空袭队的兵力大概是10架每架挂载2吨炸药的飞机。当然，最终结果还需要根据经验调整。

关于训练，驾驶员能从3000米的空中向目标投弹就行。炸药的散布，可以用瞄准数据变换，飞行队编制自然瞄准线的延伸。假设要轰炸一个地方，要将轰炸地区扩大到直径500米，只要增派飞机就够了。反之，也可以减少飞机来缩小目标范围。

这都是不重要的细节，关键是，这种战术能让飞机从一个不确定的、模糊的概念，成为一种精确的、肯定的打击力量。

另一方面，如果是个很重要、但却较小的目标，应该在地图上做出标注。攻打时，有少许炸药没打中并不重要。但是如果目标直径很大，整个区域都要标注。如果要轰炸的地区直径很大，直径超过1000米，那就需要把目标分成4个既独立又协同的区域，用飞行中队同时攻击。如果直径是1500米，就要9个飞行中队。2000米的话，就要16个飞行中队。不过，如果不是针对居民聚居区的话，不大容易成功。想想伦敦、巴黎、罗马这种市中心500～200米直径区域被空袭，这个后果请看1940年11月15日至16日夜，250架轰炸机对考文垂的空袭……如果是1000架飞机，组成100个飞行中队，每天出动50个中队，破坏50个市中心……在行家眼里，目前还没有比这个更加有效的攻击。

近15年来，空中力量逐渐强大。飞机越造越大，各种新型炸弹、燃烧弹、毒气弹都在研发。如果交通线被切断，辎重被烧毁，兵工厂和其他设备被破坏，剩下的陆战部队还有用吗？如果海军基地被炸毁，舰队没有海港躲避，海军还有用吗？如果国家一直处于空中威胁下，整天思考如何躲避空袭，还怎么生产生活？请记住一点：空袭选定的目标不一定物质抵抗最小，也可能是精神抵抗最小。比如一个步兵团，就算只剩下30%的兵力，也能在被炸毁的战壕里继续抵抗，但是一个兵工车间被炸毁，就算没死几个人，整个兵工厂的人也会丧失斗志，不再继续生产。

如果想要估计空袭隐藏威力时，就要记住这些。掌握制空权能让你的攻击力大到超乎你的想象：可以切断敌人基地的陆军、海军的补给，让敌人失败。它既能保护本国的陆军、海军的战斗，也能保护居民的生产、生活。简单说，谁掌握制空权，谁就取得了胜利。反之，丧失制空权，就不能保护自己，只能订下城下之盟。

这就是所谓的制空权。

## 制空权

拥有制空权是一种表态：表示我既能阻挡敌人飞机，也能保护自己的飞机。现在我们已经有了中等载弹量的飞机，而且量产也不费钱，弹药的主要成分炸药、燃烧机、毒气都在生产。你很容易就能组建一支能投弹100吨的航空队。所以，不管从物质上还是精神上，空袭的力量和规模都比其他进攻模式要更加管用。一个国家，如果掌握了制空权，不但能保护自己领土，也能阻挡敌军的空中增援；不但能切断敌军跟基地的联系，也能对敌国进行空袭，使敌人的物质、精神抵抗彻底崩溃。

这些都是在不远的将来真实发生的事情，这需要每个人都懂得：掌握制空权就是胜利，失去制空权就会失败，这就是逻辑推论得出的结果。不过由于这个结论的重要性，以及它和现在其他观点的不同，我们需要进行补充说明。

如果这个结论是经过严密计算推理得出的事实，就算听起来奇怪激进，但只要推论是以事实为依据的，那么即便跟固定思维有较大差异，它也是正确的，其他的结论都是否定推论。比如农民就习惯于用老祖宗的方法去耕地，不会去用化肥和现代化机械来增产，这种老办法除了在市场上失败，不会有别的什么好处。

1909年，当那些现在已经不能称为飞机的东西还刚刚研制出来，在反复试验时，我就觉得制空权这个概念很有必要推广。直到今天，我还在尽可能引起别人对飞机的注意。我认为飞机是继陆海军之后的第三兵种，我敢肯定，总有一天会有一个独立的空军部，来领导空中飞翔的成千上万架飞机，其他飞行器比如飞艇，肯定会为飞机让位。就像我在1909年的猜测一样，这一切已经变成了现实。

我当时并不是预言，现在也一样。我的工作是研究飞机这种新兵器带来的新问题，并且用可靠资料来论证。不管别人怎么看待，我都会把自己的研究结果进行到底。

我们可以通过计算得出不明天体的存在，给天文学家提供数据；赫兹能精确推理发现电磁波并进一步研究它，说明科学推理是完全正确的。那个时候他们的推理，不是比我现在更不靠谱吗？

我希望读者与我一起反思这个推论，从而得出自己的结论。这个问题是不能折中的，要么对，要么错。

我想说，国防准备必须考虑到一个问题：未来战争和历史战争是完全不一样的。

在我看来，一战也就是新式战争演变曲线上的一个拐点而已，这个点位上，曲线发生转折，表示有新的改变因素。所以，再硬抱着那些老古董，对于未来战争肯定是毫无用处的，肯定要从一个崭新的角度去分析。

我感到如果不考虑这些，国家在建立国防现代化上就会付出惨重的代价，而得不到什么用处，因为这样的国防设施不能实现军事现代化。你要否认吗？那就来驳倒我的观点吧！

我再强调一点：就算建设有强大的陆海军，也不能战胜武装到牙齿的敌人，不能切断敌人与基地的联系，也不能阻挡敌人过来抛撒传单，对吧？

有人回答说"不是啊"，这只能说明他们不想再增加一个其他方案应对这个局面，但我说："就是这样子。"我相信新兵器带来的变革一定会是这个局面。

现在，我们已经认识到了制海权的重要性，不过制空权的重要性很快会显现，只要掌握制空权，就可以进行空中侦察。当你拥有制空权，而敌人只能待在地上的时候，你就会深切体会到。当然，夺取制空权不是那么简单的，我们要努力创造条件来做斗争。如果其他条件差不多，那就看数量了。所以，制空权的争夺竞赛不会停止，但会受到经济条件制约。为了夺取制空权，空军会越来越庞大，也会越来越重要。

所以，陆海军不能把飞机看成没什么大用处的辅助用品，飞机应该是排名第三的小弟弟。

根据一战的经验，我发现我在十一年前写的文章是完全正确的，虽然制空权这个概念还没有完全形成。这个，我没什么好抱怨的，毕竟现在这个思想已经被意大利人民普遍接受了。

**最终结果**

夺得制空权就是胜利，失去制空权就是失败。这已经是一个定论，想要研究制空权的人会支持我的看法。

通过这个定论，我们得出结论：如果战争爆发，一定要迅速夺取制空权。甚至是，一旦爆发战争，首先就要竭尽一切手段率先夺取制空权。

必须要用足全部人力物力和财力去夺取制空权，否则就有失败的危险，凡是不以夺取制空权为首要目标的战略都是错误的。要夺取制空权，首先就要击落敌军一切飞机，不管它们在空中，还是在基地，甚至在厂里，只要是飞机，就必须全部击毁。我们必须在空中或者敌国领空就击败它们，这点只能用空军而不能用陆海军来完成。所以，制空权除了用空中力量外，不可能使用其他兵种来获得。根据这一点，我们得出结论：要想建立有效的国防体系，就必须要建立足以获得制空权的空军。虽然说，这个观点跟现在流行的观点相反，普遍认为空军不应该排在首位，然而这个观点否定了我的观点也否定了制空权的作用。要摆脱以前产生的困惑，就必须摆脱人类是否能征服天空的困惑。

我早就说过，这个结论说明旧观念会被新观念替代，虽然这个新观念还没有被充分认识到。截至目前，陆军和海军还是具有绝对优势的兵种，也没人对此提出过质疑，天空以前是人类达不到的。相对于陆军和海军，空军为什么就不能成为优势兵种呢？我就得出这样的结论：空军肯定要比陆军和海军更具有优势，因为空军的活动范围要比陆军、海军的活动范围大很多。

我也早就说过，现在是战争演变曲线上的一个特殊点，从这个点，曲线就向新的方向走了，彻底打乱了连续性。所以，假设我们想要沿着前人的路走下去，结果就会发现已经脱离了现实。我们要跟上节奏，就要改变方向，跟着现实走。如果从理论到实际，都证明了陆军、海军的重要性在下降，我们却还要迷信陆海军的纸面价值，那就是在做危害国防建设的蠢事了。

自然的发展，包括人类的发展，都不是突变的，而是渐变的，我并不是说，从明天开始，陆海军就消失了，只留下空军。

我的意见是：空军需要得到重视（意大利还做不到）。过渡方案是：逐渐控制陆军、海军，扩大空军编制，直到空军强大到可以夺得制空权为止。只要坚持执行我的方案，就会得到成功。

胜利女神只会眷顾有预见性的人，而不是那些拘泥不化的事后诸葛亮。在这个战争模式变革的时期，谁先改革，谁就能取得主动权，获得利益。只要掌握进攻优势，就能在战场上取得压倒性胜利。至于还没有准备好应对未来战争的国家，等到战争打响，再准备就已经晚了。先做准备的，各种人力、物力、财力的损失也是最少的。所以说，完成了变革之后，胜负的决定是很快的，实际战争将是空军的战争。至于过渡期间，常备一支能打赢敌人陆海军的小规模部队就行了。

如果说我们要等到别人做出先例再去模仿，就已经落伍了。我早就说过，而现在恰恰就是这个情况，很有反讽意味。协约国现在就在逼迫德国走向复仇之路。实际上，德国的陆军和海军被解除武装，只能发展空军了。我们可以看到，有实力夺得制空权的部队，在现在这个变革时间，只要少数的人力、物力、财力，就可以在敌国毫无防备的情况下轻易取得胜利。德国在协约国的不平等条约压迫下，正在努力争取自由。这话我才说了五年，德国在化学世界第一的情况下，空军基建设施又处于了领先地位，而这个就是建立强大空军的基础。

这是一条经济发展的道路：只要能估计海陆空兵器的大致价值，就可以规划一个合理的国防圈。我还记得英国的海军将领曾经问起过：战列舰和飞机哪个更有利用价值？我也记得，美国曾经做过实验，实验证明飞机完全可以击沉战列舰。

如今我们不能再忽略这个问题了，我们必须正视它，才能保障国防利益。

在关于空军的国防课题上，我反复强调，相对于陆军、海军，空军的优势是速度快。要想获得胜利，就必须拥有一支能取得制空权的空军。要想获得制空权，就要想尽一切办法把敌人的一切飞机全部击毁，不管是在空中的，还是在机场的，甚至是在航空基地的，哪怕是在兵工厂流水线上的。记住，是一切！至于陆军和海军，他们对此束手无策。能取得制空权的空军，肯定是独立的，是独立于陆军、海军的第三兵种。简单说，我们给它一个专用名词——独立空军，那么，上文的意思就是：只有依靠独立空军才能保证国防。

现在，飞机的用途还停留在协同陆海军作战，所以空军一直受到陆军、海军的指挥，截至现在，全球还没有哪个国家的空军可以夺取整个制空权。假设有的话，海洋、陆地、天空是一个有机整体，这支空军就不可能再隶属于陆军或者海军，否则会人为地把空军分割开来，从而不能满足战争的需要。当然，也有的飞机是隶属于陆航，或者海航的，比如观察机，它的作用是引导炮兵火力。不过这个作用不能归属于空军范围，因为在飞机被发明以前，这个工作也有替代性工具。再举个例子，轰炸机、驱逐机，虽然它们不是由陆军、海军直接指挥，也会隶属于它们。陆航的主要工作是协助陆军完成陆军任务，海航的主要工作是协助海军完成海军任务。具体说，就是陆航的驱逐机中队，是用来警戒陆地上空的；海航的驱逐机中队，是用来警戒海面上空的。

这个情况我不认为是合适的，这个部署会让敌人轻易夺取制空权。我军被分割成陆航和海航，跟敌人独立空军作战，有可能获胜吗？敌军将无阻挡地大步前进。虽然说，陆军、海军都希望能有航空兵的配属作战，但是这种陆航和海航，都只是陆军、海军的延伸而已，而不是真正意义上的独立空军。所谓观察机，实质上仅仅是一个空中观察员而已。

事情就是这样简单，我们必须得出这样的结论：成立一支独立空军是非常有必要的。

几年前，"飞行队"这个词第一次被人们知道，似乎这一新的战争工具已经取得了真正的地位，但这不过是表面现象。"飞行队"一词表示一种结合，它只不过是整体的一部分，只有整体才能被认为是真正独立的，"独立空军"才是新战场上一个真正的实体。这个战场是陆军和海军不能参加的，陆军和海军派出的飞机只能是辅助武器。为了便于理解,此后的文章中我们称它为"陆军和海军的配属航空兵"。

到此为止,我只是一般性地介绍了空中作战兵器的问题,我想这样更便于读者接受。事实上,航空分为两大类:比空气轻和比空气重的飞行器,或称飞艇和飞机。为了明确起见,下文我只讲述比空气重的飞行器即飞机,它是唯一适用于战争的飞行器。

# 第二章　独立空军

## 结构

　　独立空军不是一种单一的空中飞行兵器，凡是能够夺得制空权的空中力量都是它的一部分，所以独立空军是所有空中飞行兵器的全体。独立空军的任务是要夺得制空权，要想夺得制空权就要摧毁敌人的一切飞行器，因此，独立空军必须以致命摧毁为目标。

　　怎样才是致命摧毁呢？打个比喻，如果鸟类是我们的敌人，我们要想消灭它，仅仅射下空中全部鸟儿是不够的。那还有什么呢？对，还有鸟蛋和鸟巢。哪怕留有一颗鸟蛋，我们也没有达到彻底消灭的目的，那我们对它们的射击也就是效果最差的方法。原因很简单，就算我们不射击它们，它们也会因劳累或饥渴而自行降落。同样，依靠摧毁敌人的飞机来取得制空权，也是效果最差的办法，更好的办法是摧毁它的机场、供应基地和生产中心，让外出的飞机返航时找不到可以降落的地方，这正如鸟蛋和鸟巢被毁掉一样，而摧毁这些目标的最好武器就是由轰炸机进行空中轰炸。

　　但是，轰炸机又不是专门用来空中作战的，这就需要有一种武器为轰炸机清除干扰，这种武器就是驱逐机，这种驱逐机队伍称为空战队。

一般来说，独立空军应由轰炸队和空战队组成。轰炸队用来攻击地面和水面的目标，一旦轰炸队遭到敌人抵抗，这时就由空战队协助、保护轰炸机作战。由此可见，轰炸队越强，它的攻击破坏力就越大，而空战队的实力只要比敌军空战队优势大就可以了。独立空军夺得了制空权就不再需要空战队，而此时正是轰炸队进攻的时机。轰炸队需集中全部力量来切断敌人陆海军与其作战基地的联系，在敌人国内制造恐怖和混乱，以此瓦解敌国人民的精神和物质抵抗。

一支独立空军的构成可以简述如下。

1. 最大限度的轰炸力量。
2. 与敌人实力相当的空战力量。

**轰炸队**

空中进攻活动的基本原则是：一次轰炸攻击要能彻底摧毁它所指向的目标，从而免除对同一目标重复攻击的消耗，所以轰炸队必须拥有足够的打击力量确保最重要的战果。

我们以轰炸面积作为计算和衡量轰炸队的实力，那它最基础的实力是要能够摧毁直径500米指定区域上的所有目标。一旦确定了这某一区域或其中拥有的目标数量，就可以计算出摧毁这块区域上的一切物体所需要的炸药、燃气剂及毒气的总数量。当然，炸药对物质破坏的效力不同，这一总量也是不精确的。如果我们观察到，在其他条件相同时，根据破坏物质的需要量，可以决定用多少轰炸机以达到摧毁的目的，这样用最有效的装药会带来最大的好处。

如果有了破坏物质的基本用量和弹壳重量的比例，就能计算出摧毁某一区域目标所需炸弹的总重量，根据这个重量就可以确定这支轰炸队需要的飞机数量。假设破坏物质可以摧毁25米半径面积上的一切物体，而一颗炸弹的破坏物质平均占其重量的一半，这样就可以算出摧毁半径250米的面积需要20吨炸弹。如果一架飞机承载的重量为2吨炸弹，那么我们就可以推算出这支轰炸队应由10架飞机组成。这些结论并不是凭空想象来的，它是来自现实条件的。也许它不完全准确，却也不会与正确数值相差太远，因为只有经历过才能确定的数值，才能准确地决定轰炸队编制的具体细节。这点对我们并不是最重要的，我们的目的是了解轰炸队需要多大的实力才能摧毁半径250米的一块区域。

大家可能会认为，按这个原则组建起来的轰炸队的进攻力量是不确定的，它对敌人也只能造成一定程度的损坏，并不能完全摧毁。但事实并非如此，以这样的原则组建的轰炸队的进攻力量是可以完全确定的，它具有摧毁某块区域的确定的能力。一支独立空军的整体进攻力量是由组建它的轰炸队数量计算的，而轰炸队数量又是由需要摧毁的面积来计算的。这种进攻（摧毁力量）可以最有效地牵制敌人最要害和最薄弱的任何地方。例如，一支独立空军有500架飞机，每架飞机载2吨炸弹，可以摧毁50处250米半径的区域，这样一支空军每天就能摧毁敌人50处航空据点（包括机场、供应站、生产工厂等）。试想一下，按照这个速度，只需多久就可以摧毁欧洲大国现有的空军呢？他们又有什么办法抗击呢？

我们在探讨空战队时，必须先了解空中抗击的可能性，因为这是空战队要去克服的。对于来自地面敌人的抗击，也就属高射炮了，我们就先来了解一下战斗机要怎样对付高射炮。事实上，高射炮的效力也是很有限的，一是因为它的射击不准确，二是因为这类防御中武器都是分散的，所以即使高射炮肯定能打掉一些飞机，也是有限的。况且也没有人会奢望战争不冒一丝风险，没有一点儿损失的，只要能及时补充飞机来保证轰炸队的战斗力，这些损失是很容易补充的。

对于补充飞机的问题，空军必须保证有能力随时出动一定数量的后备飞机，它的数额必须保证。例如，一支轰炸队要装载20吨炸弹，它可以由10架飞机各带2吨，或由5架飞机各带4吨，也可以由一架飞机（如果可以）携带20吨。这样，从一方面看，少用飞机可以简化编制；从另一方面看，一个机队飞机太少又是很不明智的，因为即使损失一架飞机也会大大地削减机队的战斗力。所以，在这个例子中我们认为一个机队的飞机数绝对不应少于4架，也就是每架飞机要带5吨炸弹。

我们要知道，不是所有飞机都可以参加轰炸队，它必须具有适航性和可用性，这是对任何飞行器的最低要求。所以要想知道一架飞机是否可以参加轰炸队，一定要充分了解它的性能，包括速度、活动半径、升限、武器及有效载重能力。

**速度：**它不需要超过敌人驱逐机的速度，因为轰炸队在有敌人抗击的情况下执行任务是要由空战队支援的，这是一个很重要的事实，只有这样轰炸机才能避免卷入没有结果的速度竞赛。一个国家不能把它的安全和力量完全寄托在飞机的飞行速度上，那样是很危险的，尤其在飞机速度不断提高的情况下更是如此；从另一方面考虑，胜利不可能靠跑得快得到的。飞机要想获得高速度，必须以牺牲载重为代价，因此，对于载重大的飞机来说，它具有中等速度就可以了，这样它就可以达到最实用的性能。由此看来，轰炸机应当是一种具有中等速度的飞机，它由战斗机保护，不需要逃跑或避开敌人的攻击，更不需要为了争取速度而牺牲载重。

**活动半径**：作战飞机的活动半径是指它从自己机场飞出又能依靠自身动力返回的最大距离。活动半径的大小取决于发动机的燃料消耗量和飞机的载重能力，载重能力越大，它的活动半径就越大，活动半径越大，突破敌人领土就越深，破坏面积就越大。因此，轰炸机的活动半径应尽可能大。

轰炸机可以承载的重量除其人员外，应按合适比例分配燃料载量和炸弹载量。我们可以这样理解：飞机的最大载重量是一个事先确定的固定值，只要增大载油量，减少载弹量，就可以增大作战半径，反之则亦成立。这里我们还要关心一下轰炸机的正常活动半径（平均活动半径），它取决于两个因素：一是在正常作战时候要攻击的敌人目标的分布情况；二是在这个正常半径内能携带摧毁该目标的炸弹量。

个人认为，现代轰炸机的正常活动半径应在200～300千米。注意，我说的是"正常活动半径"，因为在其他例外情况下，这个值是很容易改变的。如果轰炸机的正常活动半径是300千米，而它的作战范围是100千米之内，那么如果不减少载油量以多携带炸弹，仍然携带飞行300千米要用的燃料量那就是一种浪费。反之，如果正常活动半径为300千米而要去400千米的地方作战，就需要减少载弹量来增加载油量。其实飞机活动半径的这种伸缩性是可以在飞机构造上采取一些措施加以保证，还可以在燃料和炸弹的重量之间加以调节。

**升限**：飞机的飞行高度越高，它受高射炮打击的危险性就越小。轰炸活动的特点告诉我们，投弹分散比集中更好，那么就算在极高的高度上进行轰炸也是有效的，因此，飞机正常的升限在3000～4000米。意大利的边境大部分是高山，则要求升限应在6000～7000米，以保证作战飞机可以没有困难地飞越阿尔卑斯山脉。

**武器水平**：轰炸机的首要任务是携带炸弹和装载适当投弹装置，但这并不是全部，它还要装载其他的一些武器。例如防卫武器也是必不可少的，使乘员在遇到攻击时免于束手无策。因此，飞机上装备小口径速射武器用于自卫是完全有必要的。

**有效载重**：任何飞机的最大有效载重都是预先设定好的固定值，它等于乘员、燃料、武器三种因素的重量的总和。乘员在战斗中可能会有损失，它的数量要保证是一个必不可少的最低限度，燃料和武器的重量分配关系前面已经谈过。按正常作战活动的需要，我认为一个轰炸队的飞机应在4～12架，一架轰炸机总的有效载重需保证可以携带足够的炸弹，以避免一个轰炸队使用太多的飞机。

以上就是轰炸机的功能特性，也就是对它的性能要求，设计者和制造师应当按这些目标加以实现。

这里我再次要求注意炸弹中破坏物质的有效力。破坏物质的有效力增大一倍，独立空军的力量就增大一倍，所以在这些破坏物质的功能和效力的使用上过于节省是很愚蠢的做法。

破坏物质分为三大类：炸弹、燃烧剂、毒气。科学家除了研究它们各自的效力外，还要研究它们在轰炸作战中综合使用的各种可能性。尽管我们对它们了解得很少，但是经长期实例证实，三种物质中，炸弹将起次要作用，燃烧剂和毒气用得更多。在摧毁民间目标，如工厂、仓库、商店、食品供应站、居民中心时更是如此，燃烧弹引起的大火能有效地破坏这些设施，而毒气弹可以使人们的一切活动在一定时间内瘫痪。特殊情况下，如破坏跑道、摧毁机场等，高爆炸弹的效用更好，这里讲一下炸弹以便读者对轰炸队的整个组成有一个大致概念。

**空战队**

空战队的作战任务主要是空中战斗，所以它的设计和装备应该符合空战的需要。空战队的主要职能是保护轰炸机，为其清除执行任务中遇到的所有空中障碍。

一战前，人们认为在空中进行战斗是不可能的，因此最初参战的飞机都没有适于战斗的武器，但是空中战斗却也成了现实并且继续发展。

敌人发动的任何空中行动必然是对他有利的，而对我方不利，我方必须和他们战斗。在一战期间，人们都认为己方的侦察飞机不能阻止敌人对其战线的侦察，而敌人的侦察机也对我们的飞机无能为力，空中战斗就是在这种战争中慢慢地发展起来的。飞机开始携带武器，飞行员也开始学习进攻和防御，这就是空中机动的开始。从这些战斗中我们就可能清楚地看出，飞得快的飞机比飞得慢的占优势，它可以自由地攻打和躲避。人们积累了这些经验之后不久就推出了驱逐机，顾名思义它是用来干扰其他飞机，阻止它们执行任务的飞机。在设计这种飞机的过程中，速度和武器是最要注意的。达到这个特性的驱逐机在战斗中打败了其他各种型式的飞机，很快就成了空中的主人。由于驱逐机是要保护其他飞机不受伤害，所以它需要和敌机一样甚至更快的速度。

这引发了飞机速度竞赛。当时的要求是：要比敌人的飞机的速度更快、机动性更高，要让飞机在空中能像表演"特技"一样灵活。这样，就算飞行员的速度处于劣势，也能够避开战斗，逃到安全的区域。即使在空中战斗取得了暂时的优势，速度和机动也是必须具备的首要条件，为了获得速度和机动，其他一切都可以牺牲。他们会把乘员减到最低限度，只要一名驾驶员，机枪也由他操作，活动半径减到最低程度——飞行时间不过稍多一些而已。

因此，驱逐机的任务就是发现各种类型的敌机，保护己方的飞机不受敌人驱逐机的伤害。由于要求驱逐机速度快并且要能做空中特技，是最难操纵的，所以它要由最勇敢的飞行员来驾驶。但是较其他类型的飞机，飞行员却对这种飞机更喜欢，主要原因有以下两点。

首先，其他类型的飞机，如侦察机、观察机、轰炸机等担负的任务是固定的，这样会使他们遇到敌人的驱逐机时处于不利地位。而驱逐机的任务是不固定的，有更大的活动自由，在遇到敌人其他类型的飞机时就有明显的优势，就算遇到敌人的驱逐机也可以与之战斗或者避开。一旦进入作战状态，它也可以中途退出，返回基地。驱逐机的这种限制少、活动灵活的性能很有吸引力，从某种意义上说，它甚至比其他类型的飞机在作战活动时的危险更少。

其次，驱逐机通常在高级司令部附近盘旋，也就是说，它直接负责保护司令部的安全。因为在战争中，双方都会力图轰炸对方司令部，而人们很快就发现，驱逐机是最好的防御武器。它能迅速起飞和向上爬升，在敌人开始攻击前就可以将其拦截，还可以打下速度较慢的敌人轰炸机。在这些方面，驱逐机是可以做到的。这时警戒就成了驱逐机的特定职责，因而受到高级司令部的偏爱，至少在白天它能保障司令部的安全。

这种偏爱促成了驱逐机的迅速发展，却也冲淡了对国防问题的全面考虑，导致了对制空权含义的误解。当时大家都认为在战争中，只要打掉的敌机比自己损失的多，就是夺得了制空权。实际上这种胜利只是暂时的，它只是使敌方的空中作战活动短时间内难以进行，并不能阻止敌方在空中作战，事实上，各交战国的空中战争一直持续到大战结束时。

尽管驱逐机具有进攻特性，但事实上它几乎已被当作防御武器使用。驱逐机的活动半径有限，不可能到敌国去搜索敌人，迫使它只起被动作用。当时它主要用来击落观察巡逻或指引炮火射击的敌机，以保卫重要的目标不受轰炸。它的作战活动不是集中的，作用也是有限的。空战是一场两人交手的战争，一些有技巧和勇敢的飞行员就得到了充分的发挥。驱逐中队不像骑兵队那样组织得很好，它更像是松散的游侠。

现在我们可以看出，这种情况带有某种虚假性，不能反映真相。因为无论单兵如何勇敢，技艺如何高超，战争也不可能由零散的单兵来交战了。今天的战争是由人和机器组成的集群来进行的，因此空中游侠应由真正的空中队伍——独立空军来取代了。

前面已经指出，在空战中单纯依靠速度来取胜是不可靠的。例如，一架驱逐机被另一架速度更快的飞机赶上，那它就不再是驱逐机了。驱逐机的性质决定了它应当是一架出众的飞机，是代表了当时最新的技术成果，并由出色的飞行员操纵。可战争中并不是所有的飞行员都很出色，战争更多的是一些具有中等技能的人和机器进行交锋,因此,我们必须改变对空中作战的一些固定看法,否则就很难取胜。

在空中战斗中决定胜利的是火力,速度只能用来抓住敌人或者逃离敌人。一架速度较慢而带有重型武器的飞机,可以用自己携带的武器打开通路,战胜速度快的驱逐机。一支由速度较慢而带有较强武器的飞机组成的空战队,顶住敌人驱逐机的火力,就能成功地完成自己的任务。这里还要重复地说一下,空战队的任务不是去寻找空中的敌人,也不是去躲避它,它的首要职能是为轰炸队排除空中的抗击。

这里用一个简单的例子来阐述下我的观点。一支轰炸队要离开A点去轰炸B点,空战队在这次作战中并没有别的任务,它负责为轰炸队扫除敌人在A点至B点的道路上设计的一切空中障碍,而敌人的目标是要尽力阻止轰炸队对B点的轰炸。如果我方发起攻击,那就能很安全地完成轰炸。如果敌人进攻,则由空战队负责将其击退。因此,战斗机并不需要用最大速度寻找敌人,逼近它们交战,它的任务就是保护轰炸队,当敌人阻击轰炸队时进行战斗就可以了。

显然,空战队的速度应比轰炸队要快些,战斗机的活动半径和升限也应大于它所护送的轰炸队。总之,战斗机的主要特性为:速度、活动半径和升限均大于轰炸机。

由此看出,总体来说,这两种飞机之间的区别应当很少。这就是说,战斗机应和轰炸机一样,除携带充足的燃料外,还应有一定的运载能力。这个附加的运载能力对空战队来说应当主要用于加强火力,也可以用于安装防护装备。这里就提出一个问题:怎样在增强飞机上武器的同时又能向任何一方集中发射火力。飞机的重要部位是采用轻金属合金制成的装甲板,有一定的防护作用,如果想用装甲板来抵抗所有的射击是不可能的,但是用它来挡开许多子弹是没有问题的。

这样设计、制造出来的飞机在火力密度上占有很大优势,能够超过现有的任何驱逐机。既然能造出一架带弹2吨的轰炸机,那当然也可以造出载弹1吨、速度快、活动半径升限稍大的飞机。如果把这1吨炸弹换成枪炮,那这种飞机就是一种火力大大超过现有驱逐机的空战武器。

空战队的任务是要能在任何方向上集中最大的火力击退敌人的进攻,至少要使敌人难以接近,所以空战队应当尽可能多地组织能作战的飞机。这样的空战队在速度和机动方面都很占优势,相比之下武器不足的驱逐机就没有什么长处了,要攻击这样的空战队需要用武器更好、数量更多、装甲防护更强的飞机组成的机队才能成功。

只有拥有实际的经验,我们才能确定空战队恰当的组织细节,这些细节即是:飞机数量、队形和战术。这里也只是提出了一个大概的但又现实的设想来表明空战队应当是什么样的。

### 军备的稳定性

前面已经了解到,一支独立空军应如何组成。为了取得胜利,必须准备充分,它应包括轰炸队和空战队,还可以包括其他类型的飞机,如用来观察、报告目标方位以及在各司令部间担任联络员的快速飞机,但军队装备的稳定性也注定了它的主要组成永远是轰炸机和战斗机。

空军面临的重要问题之一就是军备的稳定性。人们常认为,军用飞机的设计和构造每三个月就要更新一次,这完全是由于航空技术稳固发展带来的。按空军目前的编制观念来看，这是正确的，正如现在我们看到的大家对驱逐机的重视。由于现代航天技术的发展非常迅速，所以今天技术可能还是最新的成果，明天可能就会过时，因为这类飞机的能力来自于速度的优势，而速度纪录每天都在被更新和打破，驱逐机显然是不够稳定的。

　　这不仅是对驱逐机如此，有一种叫"昼间轰炸机"的飞机就力求高速度和大载弹力的充分结合。按现在流行叫法，这种飞机叫作昼间轰炸机，因为它只能在白天进行轰炸，同时能利用它的高速度逃离敌人的驱逐机。这种轰炸机被当作是对中速的"夜间轰炸机"的补充，因为后者是利用黑暗掩护进行活动的。两种飞机都受同一思想指导，就是尽量避开敌人飞机的攻击去完成任务。这种思想是需要改正的，这是不正确的，因为不管是在陆地、海洋还是空中，就算有敌人的抗击，军队也仍要进行作战。这种昼间轰炸机的效能完全依靠速度，速度又永远在进步，所以这种轰炸机显然是不稳定的。

　　我对构成独立空军主体的飞机确实有着不同的看法，不论战斗机还是轰炸机，它们只需要中等速度，不需要特别重视速度。在技术飞速发展的今天，完全有能力很快地制成一种轰炸机或战斗机，使其在保持基本性能不变的条件下，速度每小时提高10～20英里[1]。这点并不是特别重要，重要的是关注武器本身的不断改进，能跟上武器技术的飞速发展。追求理论上的尽善尽美很容易走向极端，我们应该采用合乎理论和实用的中间道路。

----

　　〔1〕1英里≈1.61千米

因此，一支真正有效的空军需要什么样的军备稳定性取决于它的实际军备实力。从前面描述的轰炸机和战斗机的功能特性可以看出，它和民用飞机的功能特性几乎相同。前文已经说过，轰炸机基本属于具有中等速度并有足够活动半径，专门用来携带炸弹的运输飞机。事实上，只要改变一下它的装备，就可以把它当成民用飞机使用。同样，一架具有中等速度（速度稍大于常规轰炸机）、正常活动半径的飞机和具有轰炸能力且有足够载弹能力（略小于常规轰炸机）的战斗机，也能改造成民用飞机。这就是说，一旦有需要，军用航空和民用航空经过相互协商，民用飞机也可以改成军用飞机，也说明互易律是正反通用的。反之，随着民用航空技术的发展，独立空军的许多需要和装备除单方面依赖军事方面的技术进展外，还可以依赖民用航空方面的技术协助解决。如果对军用航空飞机的性能有极高的要求，就不能发挥上述优势。但事实上，今天的军用航空并不能获得稳定的设计和制造，而且几乎要完全依赖自身的力量来发展。在后面几章讲述军用航空和民用航空的关系时，我还会回到这个很重要的问题上来。

# 第三章 空中作战

## 一般原则

首要原则：独立空军永远应集中使用。因为在对一支独立空军的规模做精确评估前，必须首先考虑的一点：独立空军是一支进攻力量，它要能以出人意料的速度向任何方向打击陆地或海面上的敌人，并能突破敌人的任何空中抗击。

这同样是陆地和海面作战的原则。因为当进攻在时间和空间上高度集中时，它的物质和精神效果最大。另外，在空战中，最好同时集中兵力组成庞大的集团队伍，使空军能成功地突破空中各种抗击。

机队编制中的飞机的活动半径决定了独立空军的活动半径，但每个机队驻扎的基地、配置和作战区的方位，都对其活动半径有一定程度的影响。要想获得集中突击敌人目标的范围也是有办法的，只要确定了各队的配置，在军用地图上画一条圆周线（所有机队都能到达的），这个范围就显示出来了。只要敌人的目标在圆周线内，都是空军可以在短时间内到达的距离，最长的时间也就是从作战基地到圆周线上最大距离所花费的时间。因此，攻击可以全程秘密准备，拥有主动进攻的优势，让敌人防不胜防。

因为突然攻击，敌人很难做出有充分、有效的准备来应付这个局面。不管他有多厉害，最多也只能用部分空军力量来抵抗这种进攻。

一支独立空军掌握的轰炸队的数量越多，攻击同一区域内众多目标的成功率就越高。一支轰炸队的能力能够摧毁某一面积上的一切目标，所以一支独立空军有多少轰炸队，就可以摧毁多少个这样的目标或者面积。一支轰炸队能摧毁半径250米的面积，一支由50个这样的轰炸队组成的空军出动一次就可以摧毁50处半径250米的敌人目标，当然包括工厂、仓库、铁路、供应站、居民点等。

空军在突击位于它距离内的目标时，可以将整片区域每50处目标划为一分区。如果地图上标示出有10个分区，就表示空军可以在10天中摧毁该区域全部海上或陆上的目标，继而转移去摧毁其他区域。

从字面上来看这很简单，实际上，选择目标、划定分区、决定突击的先后顺序都是最困难的也是最细致的任务，这被称为空中战略。在战争中，目标会随时变化，目标的选择就要取决于一个目的，即是为了夺取制空权，为了摧毁敌人的陆军、海军、空军，还是为打击后方平民的斗志？根据实时的情况，这种选择取决于多种考虑：军事、政治、社会、心理等。例如，我一直讲摧毁敌人空中力量夺取制空权是独立空军永远的首要目的，但也并非永远如此。例如敌人的空中力量十分弱小，那么用大力气摧毁这样一个小目标是不值得的，这时可以改变进攻方式，使敌人在其他方面受到更大的损失。我们假想，德军具有进攻法军的威力，而法军只有微弱的航空力量，试问：德军要用多长时间摧毁法国的空军，并且摧毁法军的重要部位？

敌方目标是以什么原则被划分的呢？这是要根据想得到怎样的战后结果决定的。根据空战的特点，我认为没有什么特定的规则可遵照，只需做到在最短的时间给敌人造成最大的损失就可以了。这是空中战争的基本原则，同样适用于陆地和海上战争。

根据这条原则，突袭有明显优势。一支强大的独立空军可以对没有准备的敌人造成致命损害，在几天内完全摧毁它的军队。为了证实这个结论，读者可以自己思考一下以下几个问题。

设想某敌国拥有轰炸队数量足够的独立空军，每支轰炸队可以摧毁一块半径250米的区域，并具有足够的活动半径，那么：

1. 需要多少轰炸队就可以在一天内，切断皮埃蒙特和利古亚及其与意大利其余部分的铁路交通？

2. 需要多少轰炸队可以在一天内，切断罗马的铁路、电信，并能摧毁政府机构、银行及其他公用设施，使城市陷入恐慌？

如果你还记得上面指出的250米半径的区域，那么只要在这个区域投下各种爆炸弹、燃烧弹、毒气弹就能轻松解决这个问题了，这样只需要极少的轰炸队就可以了，也许这样读者对这种新战争武器的威力就有了更清楚、更接近真实的认识。

### 防御

未来空战规模的巨大，令人们思考怎样防御它，我的回答永远是：用进攻来防御。

我一再强调空军具有突出的进攻特性，它就像骑兵队（除在下马时）最好的防御是一直进攻。空军亦如此，且程度更甚。但在进一步研究之前，我们要彻底清楚"进攻"一词的含义。

假设A国拥有独立空军，一旦战争爆发，就靠它来击退B国独立空军的攻击。设想一下战争爆发时双方将是什么局面？很大可能：A国独立空军将搜寻B国独立空军，然后迫其交战并打败它。

关键是到哪里去找它，天空到处是一样的，没有路标标明B国独立空军的行驶路线。"搜索"只能笼统，"找到"只是可能，不是绝对。A国空军要与B国独立空军交战，必须比B国速度更快，想取胜，必须比B国实力更强，还要有好运气。如果B国趁A国搜索它时突击A国领土，将给其造成巨大损失，而这时A国则不能对B国造成任何损失；如果B国认为A国具有危险性，它的独立空军将集中打击A国空军，使其丧失作战能力。A国去搜寻B国独立空军，不但徒劳无功，还浪费了时间和空中力量，又失去了战机，这也是一种真正或说是间接的失败。

如果A国空军采用最有利的作战方式集中行动，也会产生一个问题：由分散机场起飞的作战部队应当何时在何地集中？

这种活动表面是进攻性的，实际上还是防御性的，防御行动的一切劣势它都具有，对陆地进攻就不用搜寻敌人空军的雷达。海上作战情况就不一样了，海军基地都设有坚固的防守措施，想摧毁敌人的海上力量是很困难的，这就增强了海上作战的重要性，一方或另一方可以通过海上活动达到帮助陆上战争的效果。如果海军基地不牢靠，短时间内被摧毁，那么情况也将完全不同。一旦海军基地被摧毁，它的舰队价值就没有了，进攻方也没有必要耗费时间和物资去寻找这支舰队了，这一行动的贡献是巨大的。

一个国家只拥有用于空战的空军,对于国防事业来说是一件极危险的事,它将没有对敌人发动攻击的能力,也将陷入严重的劣势地位。

只有间接的防空才是真正有效的,因为毁坏了敌人基地的空中力量,也就削弱了敌人空军的进攻能力,达到这个目的最可行的方法就是摧毁敌人地面基地的空军。决定这种情况的原则是:与打下空中飞鸟相比,摧毁鸟巢和鸟蛋更容易也更有效,任何时候违背了这条原则都将犯错误。因此,一个国家即使没有争霸世界的目的,为了自卫也必须拥有一支能对陆地和海面发动强大攻击的独立空军。

每个国家都需对本国陆地和海上很重要的目标进行防御,这就是我所说的局部防空问题。理论上,解决这种防御问题的有效方法有两种:阻止敌人轰炸和立即修复轰炸所造成的破坏。后者见效很难,因为不可能将整个城市的公共设施全部用防炸掩蔽物保护起来。可以用高射炮或防御性空中作战将敌人阻挡在一定距离之外,阻止它轰炸某些目标。其实高射炮射程有限,效力不足,也很难达到一定效果,加之每个国家都有大量的重要物质需要保护,高射炮的需求会很大,即使只保护一部分物质也需要大量的高射炮。弗莱彻·普拉特在《美国与总体战争》中指出:仅仅保卫美国东北部各城市和重要中心,就需要大约12万门高射炮。

另外,护航的空战队会引诱高射炮火力,也削弱了高射炮的作用。飞机低空作战比高空作战更安全,原因是为了瞄准向下冲的飞机,火炮移动的难度要大得多。击中100米高度的飞机比击中1000米高度的飞机更难,因为射角变化约大20倍。因此,如果护航战斗机向高射炮阵地逼近并用机枪射击,炮手便不可能坐在炮位上继续射击空中飞行的轰炸队。即使不是将炮换成步枪,也会本能地射击对其有直接威胁的目标,尽管这些目标很难瞄准。战争的经验也证实了使用高射炮其实纯粹是精力和资源的浪费,这是我始终坚持的观点。到目前为止,高射炮在射程和准确性方面已经有了很大改进,效力也无数倍地增强,但我的观点依然基本正确。

对于航空部队用于纯防御目的,这种观点我们只要想到敌人的独立空军为了取得有效的战果,将采取集中进攻这一点(它也一定会这样做),就应当清楚防御部队至少应和敌人独立空军的空战队实力相当。要想有效地保护被敌人空军威胁的所有区域,防御实力至少等于敌方空军战斗机实力乘以需要保护的目标数量,这样一个消极的成果,比敌人为获得积极成果而付出的人力物力却要大得多。这就清楚地表明,只有进攻才是人力物力作用最有效的方式,也是更节省更明智的做法。

结论是,对于这种规模的空中战争,局部防空的效果是有限的,为这种目的付出的人力物力也违反了战争经济性原则。

因此,空中作战只有进攻,不能采取防御。在承受敌人对我们进攻的同时,要努力调动人力物力对敌人发动更猛烈的进攻,这也是指导空中作战发展的一条基本原则。

### 空中作战的发展

如果只把空军看作是陆海军的辅助工具,一旦战争爆发就不会有真正的空中作战,即使有一些大小规模的空战,也都从属于陆战或海战了。只有具备了飞机、人员等战斗实体,且已训练成了一支有效的战斗队伍才能形成真正的空中作战。

  第一个拥有独立空军的国家,在其他国家效仿它之前,在军事地位上是占绝对优势的,因为它拥有一支真正威力巨大的进攻部队,而其他国家仅仅依靠的是一些航空辅助手段。为了建立各国之间的军事平衡,其他国家无疑将向它学习。

  为了了解空战的发展,我们考虑两种情况:拥有独立空军的A国与没有这种空军B国之间的战争,各自拥有独立空军的两国之间的战争。

  一支独立空军必须永远处于备战状态,否则就丧失了它90%的功效。它的速度应该是,任何时候,不论它的作战基地分散得多远,它必须在几小时内沿线集中准备作战。如果分散在全国的民用航空也是空军组织的一部分,那么它们也要能以最快速度与空军集中在一起。总之,独立空军的组织应是有制度和后勤保障的,一旦发生战争,它便能立即开始行动。

  现在我们讨论一下第一种情况。A国独立空军开始进攻,要在B国准备过程中将其征服。假定B国迅速动用了它全部军事航空,它只有驱逐机和轰炸机能参加战斗,其他飞机只能配合陆海军作战。很明显,B国的驱逐机部队是阻止不了A国独立空军的。假定A国空军有足够的空战队,它将重创B国驱逐机部队,这样A国空军将破坏B国航空战队、维修和生产中心,迅速夺得制空权。

  一旦夺得了制空权,A国的空战队自然不再是单纯保护轰炸队,它将在轰炸时压制高射炮的火力,轰炸敌人部队集中点、供应列车、乘车或步兵纵队等。如果能制造出强大的改装设备,这些空战队就能迅速成长为一流的轰炸队。因此,只要夺得了制空权,A国空战队将没有任何危险地在敌方领土攻击,以最快速度征服对方。

A国空军轰炸铁路、车站、居民点、军需供应站和其他重要目标,就可以阻挠B国陆军的动员活动。它轰炸海军基地、兵工厂、油库、锚泊战舰和商用港口,就可以阻挠B国海军的有效活动。它轰炸最重要的居民中心,就可以使全国陷入恐慌,迅速摧毁B国的精神和物质抵抗。

上述情况不是夸大其词的描述,只要看看意大利的地图,设想自己是它的邻国独立空军的司令就可以了。他的空军每天可以摧毁50处半径250米的区域,思考一下要多少天可以实现上述目标?还要意识到,在航空飞速发展的时期,即使这支队伍隔天出去行动,每天也将有1000架飞机,也仅需要数千人加以掌控就可以了,这样大家就可得出自己的结论了。

从另一方面讲,这种空中进攻的精神效果比物质效果更大地影响着战争的进度。一个轰炸队对城市中心的攻击,对居民的冲击是最可怕的。在一个500米直径的市中心可能出现这种情景:几分钟内,20吨高爆炸弹、燃烧弹、毒气弹如雨点般落下,接着爆炸——大火——毒气扩散——阻止人们接近被炸区域,火势蔓延,毒气扩散,一切生物瘫痪。第二天城市生活将中断,如果这种情况发生在重要交通干线的枢纽上,交通也将中断。

一个城市一天中发生的事情同样可以在更多的城市中发生,即使没有通信设备,消息也会传播得很快,那么试想:没有遭遇攻击却面临同样威胁的其他城市的居民是什么状态?在这种威胁下,政府当局还能维持秩序吗?市政服务和生产还能正常进行吗?时刻面临着死亡和破坏,正常生活是不可能的。如果第二天有更多的城市被炸,惊恐的人们只能逃到偏远的乡村躲避空袭,这是不可阻挡的。

遭受到这种致命的空中打击的国家，它的社区结构只能彻底瓦解。很快地，人们为了自保，为了结束这种恐怖的生活，将会奋起要求结束战争——而这一切都将发生在陆军和海军的军事动员之前！我并没有夸大这种情况，回想一下当时发生在布里西亚的慌乱场景：在一次轰炸遇难者的葬礼上，一个送葬人竟把飞鸟当成了飞机（上一次的轰炸规模与我所描述的可说是微不足道的）。

现在讨论第二种情况：两国都拥有独立空军，这比第一种情况更激烈。主动出击的国家将比敌国占有优势，或者说粉碎敌人即将发起的进攻是十分重要的。为了简单，我们假定两支独立空军同时开始行动。空战的基本观念是：承受敌方攻击的同时，运用一切手段对它造成更大的损害，所以一支独立空军绝对不可纠缠于敌军的活动，它唯一的目标就是以最短时间给敌人最大的陆上损害，而这取决于它的空军实力和对敌方目标的选择。从而可以得出这样的结论：分散敌军独立空军的战斗力，误导它的主要目标，分散任何人力、物力、经费和设备，都可推迟战争进程。

我已指出，选择敌人目标是空战中最棘手的事情，当双方都拥有独立空军时更是如此。在这里，一次战争中敌人遭受的损失与其恢复战斗力之间的平衡关系是取得最终胜利的关键所在。为了防止敌人首先对我打击，发动这种攻击越快越好。当然，敌方仍有可能用其独立空军夺得制空权，最终取得胜利。但如果能顺利地先行出击，并使敌国陷入混乱，那么敌国也就可能没时间夺得制空权。

事实上，空战并没有固定的坚实可靠的规则，连一般的标准也列不出。虽然目标很重要，但也很难评估，因为选择目标取决于一系列环境、物质、精神和心理因素等。正是这些无法估量的因素，所以，如何选择敌方目标也就是在考验独立空军指挥官们的才能。

只要确定了敌方目标和摧毁顺序，空军的活动就很简单了——在最短时间将其摧毁，别无其他。在这种情况下，至少在理论上，双方空军将同时从它们的集中地集体出动，飞向选定的目标，途中不再相互寻找。如果双方在途中相遇，一场空战是免不了的，而这正是它们的目的。

我认为空中作战这一部分非常重要，所以更深一层加以说明。若一支空军很想寻找对方，而这时后者会设法避开，直接飞向它选定的目标。在天空中搜寻可能找到对手，也可能无功而返。如果一支空军不顾主要目的，把时间和精力浪费在空中搜寻敌人上，那么它可能不但找不到敌军，而且给敌军提供了攻击的大好机会。一方将顺利地完成任务，而另一方则错过机会失败。这种失败给战争带来恶劣后果，必须尽力避免。在这种战争中，时间是十分重要的因素。

在讲空战时，我曾经提到独立空军隔日出动的情况，但我的意思仅是表明，一支空军即使只出动一半实力，或少量飞机，也是可以获得重大成果的。但在实际作战中，分散地使用空军力量是不正确的，因为独立空军的任务就是要在最短时间内给敌人最大损害。尤其当面对一支实力相同的空军时，更要最大地发挥独立空军的潜力，不必担心浪费。用新的后备队替换人员和装备是有利的，但应该永远使空军不间断打击敌人目标。轰炸作战的效果将决定战争的成败，它取决于空军能否在最短时间尽可能多地投下炸弹。

在讲空中作战的特性时，我只想表示：空战看起来是个简单的事物，它却提出了一大堆很难解决的问题，即使在上面简述中我们也能看到空中的激烈程度。

当你看到空战的规模和威力时，就会意识到根本没有什么有效的防御方法，因此，分散空中力量进行防御是没有用的，"承受敌人可能造成的任何损害"就是空战带来的实际悲剧。

这种悲剧是建立在摧毁敌国人民的物质和精神力量上的，人民时刻面临可怕的灾难，直到整个社会最终崩溃。它的矛头指向平民，这是各战争国承受能力最弱的部分，而且不管怎样，这种未来战争可能比以往战争更人道，因为从长远看它牺牲较少。但是，没有做好准备承受牺牲的国家必定是失败的。

**未来**

我所讲的问题用现有手段是很容易实现的，任何国家一旦认识到当今空中武器的价值和好处，就可以把它科学地应用到战争中去。

有了这个前提，我们就可以参照航空技术发展的趋势，展望一下不久的未来。这些趋势引出一条道路：要想跟上未来技术的发展，就必须沿这条道路前进。

航空面临的实际技术问题是：如何使空中飞行的飞机更安全、可靠、经济，也就是更适于社会需要，而对这些问题的研究要能实现以下四个目的。

1. 增强飞行和起飞、降落设施的安全性。
2. 废弃目前飞机制造中使用的会变形、变质的材料。

3. 增大飞机运载能力和活动半径。

4. 以较少的燃料提高速度，改善性能。

这些改进会使飞机无论平时、战时都能实现更大的价值。

下面简单分析一下这些趋势。

1. 增大飞行和起飞、降落设施的安全性。飞机在空中有自身的稳定性，能自动保持平衡，只要飞机下面有够大的空间，飞行员不故意去破坏它的平衡而顺着飞机的自身恢复趋势飞行，那么不论飞机是什么状态，最终都会恢复正常，这个性能就是空中特技——俯冲、盘旋升降、螺旋、横滚等的基础。在做特技时，飞行只要以某种方式使飞机失去平衡，改特技时，只要停止干涉，飞机就会自动恢复平衡。碰到不正常的气候条件——气潭、风暴、侧风等也会干扰飞机的平衡，一旦气候的扰乱停止，飞机便会自动恢复平衡。简单地说，一架飞机会因为不正常的气候条件或飞行员的动作等而失去平衡。

不正常的大气条件一般发生在低空，靠近地球表面大气压力最强的地方，如同海浪在靠近岸边处更难以捉摸一样。尽管形成原因不同，地球的表面，也就相当于天空的岸边处，影响更大。

前面讲过飞行员可以使飞机失去平衡，这时他可能是操作错误失去了对飞机的控制，也可以控制飞机使其恢复平衡。失控是不会选择高度的，如果飞行员足够冷静，下面又有足够空间，他便可以轻易地使飞机恢复平衡。但如果他惊慌失措，飞机持续失去控制，那么最终只会坠毁。

总之，飞行越高越安全。如果飞机上装有一种可以防止飞行员错误操作的装置，那么多数飞行事故即可避免，这就要求发明一种可以使飞机自行保持稳定的装置。操纵正常飞行的飞机和驾驶汽车一样简单,同样是利用加速器,上升时加大功率,下降时减小功率,利用方向盘转弯,这个目标很快就会实现。

在1913年维卓拉兵工厂就制成了一架由一个加速器和一个方向盘掌控的飞机,不仅实现了正常飞行的目标,还制成了用电磁波操纵飞行的无人驾驶飞机。这架飞机避免了飞行员的操纵失误,能适应干扰气流,创造了无人驾驶飞机飞行时间的世界纪录。可以想象,一旦这项技术飞速发展,会产生什么样的实际效果。

飞机的起飞和着陆就像船只进港和离港的动作一样,都是最困难的,原因在于飞机从流体介质进入固体介质时物理阻力的差别以及地面空气的干扰。由于降落时的撞击力与飞机速度成正比,降落速度越大,危险也就越大,所以两者中,着陆更困难一些。

因此,飞行安全要求飞机以最小的速度降落,而另一方面又要求飞行速度更高。现在的时速已超过300千米,这个速度相当于每秒83米。目前科学家正在研制一种飞行更快、起飞和降落更慢的、更安全的飞机。地面环境的改进,如较好的机场、跑道和通信设施无疑对飞行安全有利,利用无线电波束进行夜间飞行已成为现实。

2. 废弃目前飞机制造中使用的会变形、变质的材料。飞机作为一种机器享有很好的声誉,但它并不是完美无缺的,它距离尽善尽美还差得很远。除最近几次试验,飞机的制造仍然在使用一些脆弱的材料如木材和帆布。当然它们具有弹性和重量小的特性,而我们也还不能制造出有这样特性的金属来。但从另一方面考虑,这些材料缺乏结构的均匀性,很容易损失,它的长远价值也就不大了。理想的飞机须全部用金属制造,因为金属性质稳定,不易变形,而且不必随时将它放入机库,这在战时将大大节省时间和劳力。事实上，帆布和木材在航空技术上已无用武之地了。

3. 增大飞机运载能力和活动半径。增大飞机的运载能力显然符合经济原则和增大活动半径的要求，较大的运载能力可以降低制造和使用的总成本，一架双座客机运载两人并不需要因多运载一人而增加一倍人员，用一架飞机运载十名旅客或相应货物比用十架飞机运载的消耗要少得多。另外，还可以在允许范围内改变有用载重和燃料的比例，因而，增大飞机的总运载量也就增大了它的活动半径。如果没有比现在更大运载能力的飞机，也就不能实现定期的越洋飞行。

飞机起飞靠机翼，它的全部重量也分布在翼面上，每平方米翼面的承受能力是有限的，所以飞机的运载能力取决于翼面。翼面越大，运载能力也就越大。三翼机曾被认为是最好、最大的翼面，它承载的最大值也不能超过它的限额。意大利出现了一种以三翼组为基础的无尾新型飞机，它有一套新的操作系统，经过地面试验、空中试飞，被证明是可用的。

这样重的飞机只能在水面上起飞降落的飞机，也需要建造人工湖面供它运行，这在军事上有利，因为摧毁水面机场不像摧毁地面机场那样容易。

4. 以较少的燃料提高飞机速度，改善性能。提高飞机速度主要靠增大发动机功率，发动机功率越大，克服空气阻力的能力越大，最终速度也就越快。但这个方法并不是最节约的，而减小空气阻力又不是我们力所能及的。空气的阻力是客观存在的，事实上，飞机飞得越高，空气阻力越小，因此，保持发动机功率不变，飞得越高，速度就越高，性能也就越经济。

但事情也不像看起来那样简单,困难就在于如何保持发动机的功率。决定发动机功率的因素之一是气缸的进气量,即每一进气冲程中气缸吸收的空气与汽油混合的气量。若气缸容积为1升,那么每次爆炸,气缸将消耗1升混合气。

空气的密度不是固定的,随高度而变化。假定海平面空气密度为1,在5000米高处约为二分之一,而到18 000米处约为十分之一。在5000米高处吸收的混合气量只是海平面时的一半,而到18 000米高处时只有十分之一。因此,如果发动机功率在海平面时为1,在5000米高时将为二分之一,在18 000米高处时则降为十分之一。

实际情况更复杂。上述事例足以讲明了高度上升,空气变稀薄,发动机功率降低的问题。这就是说每种飞机都有一个"升限",即它到达的高度极限。在这个高度上,发动机功率几乎耗尽,不能再爬升。

为了在不同高度都能有同样功率,发动机需在任何高度上都吸入与海平面同样密度的空气。想达到这个目的,只需把进入发动机的空气密度压缩到1。当然,这些都是从理论上讲各国技术人员正致力研究的问题,我想这个问题一定会得到实际的解决。

空气的阻力与密度也成正比,如果海平面阻力为1,则5000米高处约为二分之一,18 000米高处约为十分之一。如果我们在任何高度都保持相同的发动机功率,那么,一架飞机海平面速度为150千米/小时,5000米高处应为300千米/小时,18 000米高处就能飞1500千米/小时了,而且飞得越高,爬升越容易,也就不存在上升极限了。

当然这些都是理论,实际上是不可能实现的。但航空专家们正向这方面努力,他们对将来在10千米高空时速500千米正常、经济的航行充满希望。在这种高度上正常飞行,旅客舱必须密封以保持海平面密度的大气压。[1]这种高速、经济、规模的空运扩大了飞机的活动半径,并有舒适的机上环境。

从航空技术发展的趋势,可以肯定航空技术,尤其远距离航行,将会有一个巨大的发展。将来人们不想坐轮船横渡海洋,就像今天不想坐帆船横渡海洋一样。作为战争武器的飞机,进攻能力不断增强,终有一天日本会从空中进攻美国。

现在探讨未来只是为了强调当前的需要,当然还是要回到当前的问题上来。

---

[1]这种像发动机一样的密封舱早已实现,但并不像作者所说保持了海平面的大气密度,而是稍低于这个密度——编者注。

# 第四章 空中作战的组织

## 概述

我在1910年的《航空问题》中写道:"除了所用武器的技术问题以外,空中作战还要求解决空中力量的训练、组织和使用问题,即要求创立前所未有的第三种军事学术——空中作战学术。"

我相信今天大家都会赞同这一观点。在讨论空中作战学术时,我只讲述空战的规模和重要性,战争研究者可尝试创立军事学术的第三个分支——空中作战。

这里讲的问题很多很难,但都必须解决,因为在组建一个兵种前必须先清楚用它做什么和怎样用它。我一直没有承诺自己能解决这许多问题,而仅是尝试指出空战的一般特性和范围,提出组建独立空军的必须手段,列出了几条自己认为会被接受的原则。

但从我讲述的内容中可以看出,组建独立空军的要求并不依赖经验,而是在于对使用空军的后勤工作进行深入仔细的研究。独立空军的作战策略遵循几条基本原则,它的战术使用则要求对其武器和队伍编制有精准的理论支撑和实际研究。本书对空军后勤和空军战术不做研究。我认为需要进一步研究组织问题，因为独立空军从组织开始，不允许有任何不切实际的想法，这里我将尽量使当前需要与未来需要相结合。

## 协同

战争中陆、海、空协同作战应为同一目标——胜利。为了获得最大的胜利，这些力量应当积极配合并听从协调。这三种力量就好像同一产品的三种配料（要素），只有调好恰当的比例才能获得最好的成果。

即使最富足的国家，用于国防的资源也是有限度的。只要正确调和了这三种要素，才能获得强有力的国防。这三种要素的比例越正确，国家用于国防的开支就越少。要想获得最大的效果，不但这个比例要正确，还要求它们相互间完善协同。一方面允许三军指挥官享有最大的行动自由，同时为了国防利益，要求三个军种必须在当局最高领导指挥下协同作战。除此，还要正确储备用于国防的资源，在发生战争或其他意外时最及时有效地使用。

这种考虑是不需多解释的。为了实现这个计划，合理的需要有：

1. 由一个权威机构研究国防需要，并决定和按正确比例分配国家资源给陆、海、空三军。

2. 由一个权威机构作为三军最高指挥部，并协调陆、海、空三军的活动。

现在还不存在这样一个机构，国防资源的分配也是按经验来分配的，各军种分得的比例更多是靠运气而不是计划。当各军种各自为政，都想为自己多争取利益时，情况也只能这样。一旦发生战争，它们之间没有协同先例，实际情况也只能靠临时发挥。

1927年墨索里尼下令，在总参谋长下建立最高指挥部，这就提供了基本的必要条件。各军种间缺乏协同是造成重大失误的原因，而对未来造成的影响更严重，因为战争更多地吸引交战国的全部活动，尤其空军力量的出现，它的重要性正不断加强。

现今状况更要我们严格遵循正确的逻辑，创建一个不单独归属陆军或海军的国家机构，它能洞察战争的总体局势，不带偏见地估量三个军种的价值与作用，指挥它们协同作战来取得最大的战果。

但现实情况并不是如此，我们必须承认这点。航空兵既不隶属陆军也不隶属海军，既参与双方活动，也参与民用活动。承认现实，是为了思考为什么空军力量远落后于它可能的规模。我想需要确立下列基本原则。

1. 必须把航空兵看成是陆海军的组成部分来配合它们各自范围内的活动。

2. 用于执行陆海军不能参加并超出其活动半径的作战使命的航空兵应独立于两者，并构成我们所说的独立空军，它与陆海军平行并协同活动，但独立于它们。

3. 民用航空如同其他国家活动一样，与国防没有任何直接关系，但不论与国防关系如何，应受到国家的支持和鼓励，我说直接是因为一切国家活动都与国防间接有关。

4. 民用航空的一切与国防直接有关的活动，应得到国防机关的支持。

将来可以看到，运用这四条合情合理的原则，就可以建立合理而有效的组织。

### 配属航空兵

"陆海军配属航空兵"一词，指的是配合陆海军在其范围内作战的一切航空兵器。如果这些航空兵器是陆海军的构成部分，它就应该是：（1）分别列入陆海军预算之内；（2）从编制到使用，完全归陆海军直接指挥。

陆海军配属航空兵没有理由要单独的预算提供经费，相反，它们所配属的航空兵应与其军种的实力和编制成比例。如果这些配属航空兵拥有独立预算，就不可能做到这一点。情况是，陆军或海军是决定配属航空兵恰当编制的唯一机构，因为它们掌握了翔实的情况，能够确定最适于促进各自活动的空中武器。事实上，它既能决定一支炮兵部队的组成，也完全能决定指引炮火所需要的飞机的数量和类型。

例如，如果认为侦察机可以在一支大的地面部队指挥下作战，那么为了取得好的效果，这支部队必须从平时的编制到战时的使用都完全控制这些飞机，这本身又促进了航空兵对地面部队战术的熟悉。这种制度不仅符合航空部队组织和使用的逻辑概念，也可以防止配属航空兵独立于陆军之后而不易控制。

因此，航空兵作为陆军构成部分，在供应、纪律、训练和使用方面必须完全受陆军直接控制。在这一组织原则被武装部队采用之前，必须先排除影响空军与陆军关系的旧概念，也就是认为：航空兵技术性太强，只能由技术专家来处理他们的问题；航空是个新事物，也只有少数专家了解它的精髓。

只要把问题的实质想清楚，排除上述概念是很容易的。和其他航空一样，军事航空确实技术性很强，需要依靠受过专业航空技术训练的专家。但它既然是作为一种战争武器，就必须满足对武器的基本要求。例如，需要飞机和飞行员，引导炮火，并且两者都要能控制炮火，二者的飞行都必须满足这种需要。如果不能做到这点，炮火就白费了。事实上，只有炮兵才了解自己需要什么，也才能决定对飞机的选择和对飞行员训练提出要求。炮兵只要对问题研究透彻，就能说"我们需要多少观察飞机，何种形式，装备何种仪表，能在何种有限的机场上降落"等。炮兵一旦做出选择，也就承担起相应的责任。航空技术人员的职责不是决定各军种使用什么类型的飞机，而是根据作战部队的要求生产出合乎他们要求的飞机，而不是去决定飞机的军事用途。如果军队要求的飞机现在还不存在，就要由技术人员研究这些需求，制造出合乎其要求的飞机，同时向航空科学家建议生产这种飞机时应遵循的正确方向。军队所提的这些要求自然应该是合理的、可行的，否则我们会遇到像"要飞机能在空中停止不动"这类荒谬的要求。只需懂得我们文化共同遗产的基本知识，这种荒谬就可避免。使用航空技术的人一旦感到他要承担的责任，航空知识也就会很快普及开来。

总之，航空技术人员的任务是按要求生产出合格飞机，军方任务是训练飞行员去操纵和维护它。这样，军方和航空技术人员各司其职，对自己的行为负全部责任，也就避免了干涉对方。

前面已阐明，组织陆军配属航空兵是陆军的责任。这里不讲它的优点，只想表明给陆军提供一个配属航空兵并不会使军事组织产生重叠，这点后面还会讲到。

## 独立航空兵

为了不让人觉得太不上档次，我认为，需要把航空兵分为配属的和独立的，而不用独立空军——用来完成陆军、海军都不能完成的任务的所有空中武器，轰炸机和驱逐机已经算是这种武器的初级阶段。

空中进攻能绕过正面战场，打击敌人后方，它对陆海军的帮助是不言而喻的。为了集中力量，这种空中武器不可由陆军或海军直接管控，而且在轰炸作战时，陆海军也不止使用一种飞机。经验告诉我们，任何一种轰炸机都可轰炸敌人港口或内陆城市。按目前对制空权的理解，驱逐航空兵的职能就是空中战斗，因此，不应把它置于陆海军的管控之下，陆海军只能用配属的航空兵的驱逐队来侦察战场的上空。

我已讲过独立航空兵的战争使命是夺取制空权，虽然目前空战的指导思想不能实现这个目的。我也讲过怎样才能做到这一点，不管现在对空中组织有什么想法，必须承认未来的战争就是夺取制空权的斗争。

夺取制空权的前提是把轰炸航空兵和驱逐航空兵从陆海军中分离出来，建立一支独立的队伍，这支队伍就是独立空军，它的能力根据拥有的兵器而定。因为它是一个独立单位，所以它的经费也应由一个单独的预算支持。随着社会对制空权重要性的认识，这个预算将逐步增加。同样，独立航空兵的组织和职能应完全自主控制，不受外来力量干涉。尽管航空兵起源于陆海军，但它已经成熟，可以独立，只需一个称职的家长（机构）来监督它的成长。这个家长应该是一个熟悉一般军事学术并能接受创新思想的人,他不必是技术专家,只要能认识到空中武器的巨大能力就可以了。因为这不是一个研究专业技术的问题,而是组建一支战斗队伍,使它拥有最好武器,并在战争中充分利用这些武器装备以达到最好的战斗成果。

这个机构负责研究和解决各种复杂棘手的问题,发展过程中的错误也可以随时改正。这个机构应该进一步研究创立军事学术的第三分支——空中作战。因为它现在还不存在,只有让现有的轰炸机和驱逐航空兵独立起来才能获得经验。

这个机构与空军的关系就如最高军事委员会与陆军的关系一样,行使它相应的职责和权力。

尽管我所描述的是一些设想,但它在一个有限的范围内是可实现的。

## 民用航空

空中飞行是人类文明进步的标志,尽管大家对它有不同的看法,但有一点是肯定的,这种新的运输方式将会迅速发展起来。我也在大胆地想象未来,人类的创造力是永无止境的,他们凭借着聪明大脑和积极进取的精神,在无数次失败后发明了这种机器,这是运输史上最快、最优秀的发明。我无法预言它的最终成果,但所有现象证明它将有长寿的生命。

空中运输与其他交通工具有两点不同,即:

1. 不管从速度,还是从运输路程来看,它都是现有最快的交通工具。

2. 它的行驶路径不需要修建。

至今所有交通工具都有两种因素组成,其一就是道路。火车没铁轨不行,汽车也不能只在乡间小路上行驶。对于海上交通,为了缩短水上航行距离,就要消耗繁重的劳动去建造类似苏伊士和巴拿马运河这样的运河,只有飞机能够自由地在两点间任意来回移动。

由于这两个重要的优点,飞机加速了地球表面各点之间的联系,不管它们之间多么遥远和分散,都能更快速、更经济地取得联系。发明更便捷的交通工具是社会发展的需要,这一事实推动了航空的发展。鉴于这两个特点,飞机在远距离运输中节省了更多的时间。另一些飞机将解决没有铁路的偏远地区的交通问题,人们会更加重视这种将罗马与伦敦之间的距离缩短为几小时旅行的交通工具。

随着飞机旅行的普及,短途和长途的航线都将得到发展。现在也可看到,航空特技飞机和私人飞机也正迅速发展。飞机经受了最大的考验,满足了人们最大的希望,尤其战争更有力地证明了飞机的重要性。意大利应该对这些高度关注,必须尽快建立起大量空中航线,并且向地中海海域扩张。欧洲三大国(英、法、意)的轴线穿过地中海到达苏伊士运河,航线也大都沿着这条中轴线,构成巨大的航空网,聚于英国,穿过法国、意大利,再伸向亚洲、非洲、巴尔干半岛。

战后的意大利在地理位置和政治上占绝对优势,理应成为欧、亚、非三大洲的航空交叉点,这一事实使意大利在航空方面占有一种特殊地位,也承担一定压力。它必须与时俱进,迎接将要出现的巨大变化,保持现有优势,避免沦为外国航空开发的跟随者。

海洋事业都利用了地中海的政治和地理地位,航空就更不能将这种优势拒之门外了。在自己的本土，有这么广阔的空间，综合政治、道义、经济以及为了国家安全的理由，意大利有充分的理由占领本土及地中海的空中领域，这应成为我国航空政策的指导方针。意大利不应满足于当各国航线的中转站，为了充分发挥它的优势，它要成为地中海空中航行的领导者。

很明显，建立都灵、罗马到亚历山大航线将推动伦敦、巴黎、都灵线，再从亚历山大延伸到苏丹、巴勒斯坦线。因此，我们不但要致力于本国和殖民地的主要干线的建设，还要努力扩展意大利海岸与非洲、亚洲及巴尔干半岛的所有航线，也就是说，我们应成为旧世界各航线的交换中心。而我国距巴尔干半岛最近，那里航空工业落后，我们很容易就能掌控那里的航空事业，因为意大利东海岸亚德里亚海各港口构成通向南俄和小亚细亚的天然基地，正好通过巴尔干区域。

根据这些现实条件，意大利可能比其他国家更看重航空事业的发展，除了上述显而易见的优点外，航空事业带来的其他好处应给予正确评价：

1. 经济和工业上的好处。迅速发展的空中科技会推动整个航空工业的发展，这种工业最适合我国的国情。它只需要不多的原料和熟练的技术工人，而我们正好缺少资源，富有人才。如果意大利重视航空业的发展，它将成为航空工业的领头者。

2. 国家安全的好处。人们都不希望再次发生战争，但这不是绝对的事情。一战出现了空中力量，虽然它还没有发挥最大的价值，但是民用航空的发展也将提高空中力量的军事价值。一旦战争爆发，取得制空权比取得制海权更有优势，拥有一支庞大的空中运输队，就相当于拥有一支准备战斗的巨大独立空军。

命运赋予意大利优越的地理位置,战争又给它带来政治威望,现在又有一个拓展航空事业的大好机会,这个机会可使它在一个重大的工业部门大展威望,它也是构成政治地位、国家财富和军事安全的一种手段。

在筹划建立我国、地中海和殖民地的空中航线时,必须从大局考虑,不必计较当前得失。在航空事业的起始阶段肯定不会得到高利润,因为让人们改变传统观念,去接受这一新事物将会有一定困难,况且这一事业投入成本又高。但这些缺点不久都将被克服,竞争将推动科技发展,空中航线的成本也将迅速下降。

不管从哪方面讲,飞机都是很优势的,它的发展也超过了人们的想象。第一次世界大战前,人们根本不敢想象空中会出现成百上千架飞机,而空中航行正以这种速度发展。用不了几年,特快列车将被列为三等慢车,"高级列车公司"将不复存在,国际邮件更是由飞机运输。

参与到这一事业中来将是明智和有眼光的,这些航线的投资不会白费,它是掌控未来的有力保障。

航空事业是一件国家大事,政府不但不能置之不理,而且要密切关注它的发展。建立航线将在政治、经济、社会、军事等不同领域提出一系列问题,而这些问题要由一个相当于内阁部长权力的国家机构来解决。大战期间,航空的活动只是采购一些武器,只需一个与某军种有点关系的航空委员会就可以了。但是战后的和平时期,航空有了更大的权威和活动自由,与很多部门(运输、工业、邮政、陆军等)都有很密切的合作。

航空部应该有权力和能力解决任何性质的航空问题,这类问题将越来越多,也越来越重要。在这一新的行业,受过专业教育的极少,所以它要循序渐进地发展,不应急于求成,给人们接受和熟悉它的过程,并培养更多的优秀人员投入到这个行业来解决发展中越来越多的问题。

航空部对于各航空线可以是主办也可以是协作,即主要空中航线可由国家直接经营,也可以在国家监督下委托私人公司经营。但国家在任何情况下都不应将空中航行的控制权交给私人,因为后者主要关心的必然是个人收益,忽视国家更广泛的、不太直接的利益,这对于国家却重要得多。既然当情况需要时,平时的民用航空能够并应迅速转为军用航空,航空部应当经常注意计划中的空运队的组织和装备,以便两者能迅速、不费力地转为战争手段。此外,航空部还应鼓励和促进次级航空活动,如地方航线、体育和娱乐飞行,并关心巴尔干半岛和南美洲的空中航行以及整个航空工业,使意大利在未来航空世界中占有一个头等重要的地位。

对这样一个具有近期发展可能和长远重要性的课题的阐述,(在处理这个课题时要求大胆和有想象力),我们可以看到适时建立这样一个国家机构担负起这项工作是何等重要。在很短时期内,飞机本身及其应用已经以十分惊人的速度在发展和完善,这方面的延误可能是致命的。为了不落后,我们必须赶快工作,泥腿不能与轻快的翅膀并存。在这一个相对尚未开发的领域,战争已经解放出大量的新能力和新资源,它们全都热心准备参加协约国胜利后应当到来的和平工作。在文明世界,到处有大量技术专家、熟练工人和工业部门已经转向这一新领域的生产,注意力大量集中到这种新工业上,大批的勇敢青年已学会了飞行术。

所有这些新能力将沿着一条新道路奔腾向前,这只能是空中的道路。各国将进行激烈的竞争以获取主要的空中航线，这些线路将以不同方式提供最好的报酬。由于意大利位于最重要的国际航线的中心，意大利和地中海必然将成为旧世界国际空中航行和平竞赛的场所。在这场竞赛中获胜的唯一办法就是做好准备，满足这种新运输工具的要求。因此不仅有必要承担这项任务，而且要做得又快又好，胆小和犹豫将会悔之莫及。

最后我还应补充，我认为，国家应迅速采取一种明智的航空政策，其基本要点如下。

1. 建立协调的国家监督，促进国内、殖民地、地中海的空中航行的发展，依据的原则是：通向非洲、亚洲、巴尔干半岛和南美洲的国内、殖民地、地中海空中航行应当飘扬意大利旗帜。

2. 向航空工业提供保护，进行宣传，提供研究和试验经费以促进它的发展。

3. 在促进空中航行和本国航空工业发展时，要创造条件使它们能迅速转为战争工具，国家应将一大笔国防经费用于进一步发展和平时期的民用航空。

具体研究这里概述的这些问题要求进行深入的探讨，这里只要求对航空问题引起注意。由于政府忙于国家事务，很容易完全忽视这些问题或者认为它们是次要的，而实际上它们对航空的未来具有头等重要性。

让我们拿一张罗马帝国的地图，看看它的威力如何从罗马向冲刷欧洲大陆的海域扩展。当年这种威力扩展表现为征服和同化，今天，意大利的新地位和使人们成为天空主人的新工具能够形成一种类似的扩展，但这次是和平的。曾是早期文明最大帝国中心的罗马，在最后一次文明扩展中应成为最快的交通工具中心，即成为世界最重要的航空港。在这个文明中心上空应当飘扬沐浴着光荣战绩的三色旗。

以上是我在一战结束后不久，在1919年1月16日出版的《新文选》一篇文章《地中海空中政策》中所写的话。当时写的今天仍然正确，没有什么情况能驳斥我在上文中表述的观点。

不幸的是，意大利没能在空中开辟道路，而在这两年中，国外已经完成许多工作。如果我们看看欧洲地图上现有的和计划中的航线，就能看到它们如何包围着意大利，意大利几乎变成旧世界空中交通的障碍。无论从我们个人的利益或从国家责任出发，这种局面不能再继续了。很明显，如果我们不能发展本国的航空事业，就不得不让外国人在意大利经营他们的航线。

我关于民用航空的一切言论表明，为了国家安全，政府应该促进民航的发展。有些民航活动与国防无关，国防机关不必关心这些活动，因为它们已经超出了国防机关的职能范围。这些活动属于整个国家应当关心的事，与国防直接有关的活动应当由负责国防的机关来关心。

## 与国防直接有关的民航活动

这类活动就是储备能直接用于国防的，即用于独立航空兵和配属航空兵的手段，储备的人员以转变为独立空军核心的轰炸和空战专业人员。

民用航空在利用各种航空设施时，训练飞行员，并在实际航空活动中储备这些人员，这就是国防机关可以加以利用的民航活动。如飞机，只需要满足一定条件，就能很快当作作战飞机使用。国防机关正是看到了这些民航活动可以适应国防需要，所以对民航的发展产生兴趣。至于训练飞行员，国防对民航提出的唯一要求就是在战时立刻做好动员准备，平时保证军事训练以满足作战需要，这些活动应由国防机构进行领导和监督。国家还应就此对民航部门发放一定数额的补贴，补贴的数额，以正常训练和保持一名飞行员的费用为最大限额，为求节约，补贴金额可在限额以内浮动。

至于飞机本身，即使在军事航空界也存在一种误解，认为民用飞机不能用于军事目的，两种飞机应具有不同的特性。我称这种意见为误解，因为即使不考虑其他，事实上地球上没有一个国家富裕到能保持一支随时可以出动的充分的军事航空力量，一切国家不论贫富，都不得不将它的民用航空力量用于军事目的。

从绝对意义上说，一架能满足军民两方面要求的飞机对任何一方都不是完美的。对这点没有异议，但绝对的事不存在，在实践中我们永远努力在两个极端间求得妥协。这种妥协对军事航空是有利的，理由是：它依靠经常在活动的民用航空，就能始终掌握最新式的飞机，如果完全依靠自己，就会发现常常装备着老式飞机。

误解还来源于军事航空使用的飞机几乎全部要求性能极高，而民航用的飞机只是中等性能。我要强调，空战的飞机，除个别空中作战活动外，并不要求性能极高。战争是由大批的人和机器进行的，只要是大批的，则不论是人或机器，中等性能的要优于最高性能的。在讨论独立空军时，我曾指出它要求有中等性能的飞机，多少类似商用飞机性能。因此，军事航空能使用民用飞机，加装一些特殊的但不是超级的设备，而民用航空也不难满足这些条件，并能从其与军方建立这种关系而得利。考虑到每架军用飞机每天的活动费用,就能立刻得出军事当局对一架民用飞机活动一天所应支付的最大补贴额,这种考虑足以说明军事航空能给民用航空多大的补助。

这种财政补助应当包括在军事航空的经费份额内。随着民用航空的发展扩大,这种财政补助将逐渐减少,最终将减到最低限额,同时保持着一旦发生战争,能吸收民航成为一支有效打击力量的能力。这种为军事航空利益而支出的财政援助应完全由军事当局掌握,因为它是唯一适当的机构,能决定民航的物资和活动应符合什么条件才能用于军事。

不仅如此,军用航空还可以更多合作来促进民航发展,可以委托民航担负一些非纯军事的活动,如训练飞行员、机械员、维修人员。总之,各种非纯军事的专门技术训练,都可以由民航承担。飞行员不论军民都应成为飞机的主人,机械员不论军民都应懂得发动机,并了解如何使其保持运转。因此,所有航空技术训练都可以承包给私营企业,这样就可以减轻军事机关的负担,降低开支,并刺激私营企业的发展。

军事航空能促进民用航空发展,同时又保证了自己的利益不受干扰,前提是二者的不同权益能够明确区分,互助协作,消除对于航空(尽管它还年轻)已经形成的一些成见。

**与国防无直接关系的民航活动**

和其他活动一样,这类活动与国防只有间接关系,不应给军事当局增加职责范围外的负担。这类活动关系国家整体利益,应由国家支持,通过按其用途分配的单独预算来体现。它涉及航空科学进步和工业进展的各方面,可以改善我国航空工业、商业在国际竞争中的地位，由于明显的军事原因，国防部门永远不能直接参与。

国防机构能从航空科学进步和工业进展中间接获利，但它无法促进这些进展，一切从事航空科研和试验的军事机构应由经过训练的文职人员掌握。我认为它应由公共教育部监督，因为航空技术的科学研究和实验并不具备特殊的军事性质。所有这类机构应向全体航空研究人员开放，不管他是不是军人，这样就可以避免垄断，一切垄断必将导致萧条。于是，军事部门如果需要某种特殊类型或具有特殊设备的飞机，它只需向这些机构提出要求，请他们研究并生产这种飞机。我相信，军事部门所获得的答复要比其他途径更快、更满意。

军事领导部门不用监督民用飞机的适航性和飞行员训练，正像它不必操心汽车的制造和管理一样。如果国家来管理这些事，它应像监督公用事业和驾驶执照那样通过某种民政机构办理。军方的介入，不仅增加了额外负担，而且会致使军航和民航产生不和，为了双方利益这是应当避免的。

为了增进人们对航空工业的兴趣，应当举办航空比赛、飞行表演、竞争、展览等，这些活动也应由民政部门或私人企业去举办，除非有军用飞机参加表演，否则军方不应介入这些活动。这类体育性和竞赛性航空活动将会发展，完全具有新特点的新活动也会出现。但是我要强调，军事部门不要介入其中，要摆脱妨碍其本身活动的这类沉重的额外负担，军事部门的事已经够多了。

我说过，国家应设立专门预算用于对国防无直接关系的民航活动，军事当局没有权力将这笔预算分配到各种活动中去。需要建立一个民政协商委员会来研究这件事，提出预算分配建议。

## 中央组织

根据前面几章的研究,我们可以得出结论:一个管理军航和民航的中央组织应遵循下列原则。

1. 配属航空兵归属陆军和海军,由它们分别提供预算。
2. 为独立航空兵提供单独预算,这即是未来独立空军的核心。
3. 为民用航空提供单独预算。[1]
4. 将一切非军事性航空职能转交民航,减轻军航的负担。
5. 由各自的组织明确规定和控制分属陆海军的配属航空兵和独立航空兵的航空兵器的数量和质量,这些组织应完全控制这些兵器的编制和使用。[2]

根据上述主要原则,中央组织可以按下述方针建立。

1. (1)陆海军配属航空兵对其所需的器材不承担航空技术职能,而由一个技术机构(我在后面将谈到)按要求的数量和质量向它们提供;(2)陆海军配属航空兵不对其人员进行航空技术训练,这种训练将由一个航空技术机构负责。

2. 我已指出,应当创建一个机构,负责在预算份额限度内监督独立航空兵的组织,这个机构对在它管辖下的轰炸机和驱逐机进行考察,以确定独立航空兵的组织、指挥、训练和使用。同上述一样,这个机构不承担航空技术职能。

3. 应当创建一个机构(制造局)按质按量向各个航空组织提供特种器材,这些器材应当完全来自私人工业。

---

[1] 接受这三条原则不是说发展航空需要更大开支,而是要求将现在盲目使的资金合理地分配。

[2] 这点符合分工负责的要求,是进步的标志。

4. 应当创建一个机构（人事局）按质按量地训练陆海军配属航空兵和独立航空兵的人员，这种训练完全由非军事部门承担。制造局和人事局行使其职能时不包括执行机构或学校，它们应是精干的机构，只负责指导各种活动，输送人员和器材，它们应对输送的人员和器材的质量负责。为了消除这些机构分散工作造成的浪费，它们应由一个最熟悉航空的负责监督独立航空兵的部门直接监督。

5. 要创建一个协商委员会研究和建议，如何最好地使用民航拨款，研究将现处于军方管辖的非军事性的一切航空活动移交给民航部门。

这就够了，"创建"一词比"改建"好。上述主张很简要，它所提出的组织原则要求撤销现存的许多机构，而创建一个新机构，这些现存机构的职能是混乱的、重叠的或完全超出职能范围。

我说过"这就够了"，但再一想又觉得还不够，还应当有一个部门将所有这些航空机构和它们的职能协调为一个负责的、工作顺畅的整体，将它们在一个单一、全面的方针下联合起来。这种联合只能通过航空部来实现，要授权给一人使其负起全部责任，他必须能为此投入全部时间和精力。

如果今天意大利的航空规模还很小，这不要紧。航空，不论军用和民用，正在迅速发展，我们也不知道它将来会发展到什么程度。如果我们目前的航空规模不大，那么一个不大的航空部也就足够了，但负责人应该头脑清醒并能够为未来做准备。只要我们有这种愿望，航空规模就能从小发展到大。既然我们对新事物没有准备，就不得不从小处开始。

因此，我坚持认为航空机构需要有大脑——航空部。在这里，探讨中央航空组织的细节没有什么实际意义。当中央组织成立后，细节问题就会随之解决，我们必须首先为此而计划和工作。

**航线**

我需要再研究十分重要的航线问题。飞机不需要普遍意义的道路，对于飞机，整个天空都是不受限制的道路。对于船只，海洋也是无限制的道路，然而在海上航行要取得最好结果，取决于在陆地上做好准备，空中航行也一样。理论上，飞机只需要起点和终点，但在实践中，在飞机飞行前必须在地面做好充分准备，飞行的顺利和安全在很大程度上取决于在地面所做的准备，尤其对于像我们这样一个多山的、分隔的、遍布耕地的国家更是如此。

除非我们准备好航线，否则就别指望发展空中航行。在一战中，我们没做多少准备就进行了一些空中航行，这是因为当时战争带来的风险太大，其他风险也就算不得什么了。而在和平时期，各种风险都应减至最低程度。

飞行对航线要求很少：良好的起飞着陆场，某些应急着陆场，一个有效的通信系统，在主要基地具备有效的维护和修理服务设施，但这也是必不可少的准备工作。航线网是由连接大的交通干线的线路构成的，为了对国家最有利，航线网应有助于民航的发展和军事的使用，开辟新的航线能促进国家利益。

建立航线有利于整个国家，因而成为国家的责任。我国的国土形状清楚指明我国主要航线应一条沿海岸，另一条经过波河流域，伸向地中海的各条航线将在此连接。这个三角形网络将在国防上迅速发挥重要作用，将使我国从障碍变为枢纽。它能促进西班牙、法国南部和巴尔干各国之间，以及中欧、非洲和亚洲之间的空中交通，同时这个三角形网络还能用于未来的战略空中机动。例如，可以在波河谷地或沿海前线迅速集结航空部队。

这就是绝对必须的最低要求，没有它我国的空中航行就不会有进展，因此，这是国家应该准备的第一批航线之一。

这当然不是说应当由国家负责开辟航线，成为航线的经办人，相反，国家只需鼓励、关心航线的建立和运行。由于至今国营事业效果不可靠，航线的经营应当明确地委托给私人企业。随着合适的机场和其他地面设施的建立，随着经营得法的民间企业得到鼓励和充分资助，随着军事航空各种职能在一个权威的领导部门下得到分工和协同，随着对一个肯定的未来产生新的冒险热情，航空最终一定能在天空获得自由。有天才和勇敢的人们，有晴朗的天空和海洋环抱的陆地，有在这里诞生的文明，我国航空定将有巨大发展。

## 结论

读者现在应当看到，我大胆地展望了未来。我的意见不是建立在随意空想的基础上，而是建立在现实基础上的，并且推导出未来。不仅如此，读者还会看到，虽然我在对未来的展望中看出了一些能吸引最冷静头脑的事物，但在谈到实际问题时，则强调今天应当做的事时，并没有提出什么革命性的建议，相反，我只提出协调和统一现存事物的简单建议。

面对着这种必要性，我们要提高当前的效益，为明天创造条件，而不是安于现状蹉跎岁月。我可以大胆地说，我坚定地认为未来将证实我的论断，空中作战将是未来战争中最重要的因素，独立空军的重要性将迅速增大，而陆军和海军的重要性将相应减小。不过我并没有建议组建独立空军，我只是建议成立一个合适的机构研究这个问题并提供试验手段，这是目前对这个问题能提出的最起码的建议。如果我们不是有意逃避现实，就不能无视这个建议。

不管我的建议如何，起码我已感到满足，因为我坚信，只要提出这个问题，就能按照我所做的推理，即或不是按其字面，也肯定是按其精神去执行。如果我对这一问题的长篇论述和深切关心使我能吸引当局播下良好的种子，这将是对我的极大的奖赏，这棵幼苗将长成参天大树。

# 第二篇

## 1926年补充

# 1[1]

在《制空权》第一版出版时只有第一篇，第二篇首次出现于1927年出版的第二版。我没有坚决地推翻人们对航空的认识，还是有好处的。我当时的目的只是让人们接受这一事物打个头阵，以便为将来的发展奠定一个基础。

1921年，我们还没有一支完整的航空兵，只有一些协助陆上和海上作战的航空兵器。尽管这些航空兵器对战争提供了一些帮助，但它仍然不被重视，尤其在军界，它就是一些可有可无的兵器。当时人们可以关注到陆军和海军的重要性，但是没有人会想到去发展一支空军。这种情况就要求人们去关注"制空权"的问题，承认它的重要性，进一步考虑为夺取制空权需要一支独立空军的问题。这些在一战后不久就出现了，当时有很多人对这一信念充满质疑。

这是一个不受欢迎的领域，尽管陆军部帮助我出版了《制空权》，给它赢得了一些地位，但没有一个像样的军部权威人士肯去负责这个不确定的事情。革命才激发了人们的思想，由于思想守旧，我在上篇中的想法被当时人们认为是荒诞至极。其实，当

---

[1] 本篇章节由英译者添加的——编者注。

时为了顾全一些人的思维习惯，我只是用了配属航空兵这个词。为了强调独立航空兵的特殊重要性，我甚至不得不承认应同时保留配属航空兵。这就是我的弱点，即使我一直认为配属航空兵是多余的、有害无益的。

在讲到独立空军和配属航空兵时，我得出结论："如果没有一支可以夺取制空权的空军，将无法保障国防。"

我随即补充道："一支组织优良，决意取得制空权的敌军将是轻而易举，而我们的陆航和海航则在面对决意征服蓝天的敌国独立空军的时候，将是那么的苍白无力。"

这就是说配属航空兵如果不能夺取制空权，它不但没有任何价值而言，还浪费了资源，因为它的武器可以用于其他。正如前面所讲任何时候夺取制空权都是首要目标，一切脱离这一目标的行动都是错误的。

虽然我认为保留配属航空兵是多余的，但我不能剥夺它存在的权利，这样也避免了激怒那些反对取消配属航空兵的人。毕竟，除了配属航空兵，还没有出现其他独立空中军队。

虽然我承认它的存在，但并不想多讨论它，这点我在上篇也已讲过。在同一节前面我阐述了配属航空兵应该：（1）分别列入陆海军预算；（2）由编制到使用，完全归陆海军的直接指挥。

只要我承认配属航空兵，上述逻辑就顺理成章了，但我心中有一个更宏伟的想法。我想，当真正有价值的配属航空兵组织起来，而陆海军不得不从自己的预算中为它单独分出一部分经费，又不得不用心研究它的组织和使用问题时，人们自然会觉得这种配属航空兵是无用、多余的，而且违背了公众的利益。

　　这就是我当时不像现在一样坚持独立空军是唯一的空中组织的主要原因。

## 2

不是所有能进行军事行动的空中力量都可视其为独立空军，独立空军是一支能够夺得制空权的空中力量。"制空权"也不是在天空中的高度优势或武器优势，它是一态势，一种我们可以而敌人不可以的态势。有了这个定义，下面的观点就不证自明了：制空权给掌握它的人提供优势，不但能保护自己陆地和海洋不受敌人的空中袭击，还能威慑敌方的领土安全。

一个拥有充足空中力量的国家，就拥有了现代飞机的运输能力、航程及破坏力量，它就能在不用考虑其他情况的条件下，摧毁敌人的精神和物质抵抗。这是不用怀疑的，只有进攻才能摧毁敌人的精神和物质抵抗，而进攻只能用飞机来实行，我们只需考虑摧毁这些抵抗因素所用的空中武器的数量和质量即可。而我们的前提"拥有充足空中力量"则保证了空中武器与实现我们的目的所需相当，即它有足够的力量对敌人发动一定规模和程度的进攻，足以摧毁敌人精神和物质上的抵抗。如果这支空中力量夺得了制空权，它就能取得最后胜利，这支力量就是独立空军，只要它夺得了制空权，则不论其他情况如何都能保证胜利。

我想你不能否认飞机能控制天空的观点，就像不能否认飞机能飞、炸药能破坏一样。

夺得制空权，即是限制敌人飞行，而自己行动自如，也就必须剥夺敌人使用飞机的能力。现在我们还不能做到这一点，但不能否认它成为现实的可能性。因为敌人的空中力量可以被摧毁：或击毁空中飞行的飞机，或攻击它的生产、维修、集结基地。这种破坏敌机的行为，必将引起敌人的抵抗和报复性行动，这种行动与反击，就是交战。

独立空军应是一支为夺取制空权而战斗的空中力量，它的构成必须能粉碎敌人的反抗行动，摧毁它的飞机。阻止敌人飞行，并不是一只苍蝇，也不能飞，因为不管谁都不可能摧毁敌人的全部飞行器，只要敌人的飞行器减少到构不成威胁就可以了。敌人还剩几条船、一支舰队，或还有几架飞机，我们都可视为已夺得制海权或制空权。掌握了制空权，就可以在敌人面前自由飞行，能攻击它、损坏它，而敌人却只能承受，而无还击之力。

"制空权"这个词通常容易引发混乱，所以我用了较长篇幅在这里讲述它的定义。它常常与空中"优势"或"高度空中优势"混为一谈，但这是两件本质不同的事情。占空中优势或高度空中优势的军队，能够较轻松地夺得制空权，但在这之前，它却并不能拥有自主掌握空中的权利。作者在第三篇第一章中，认为只要含义不变，也可用"空中优势"或"空中霸权"这类词代替"制空权"一词。

一战接近尾声时，人们经常宣称自己取得了制空权，事实上只不过是拥有空中优势，而人们也没有想过用这种优势去夺取制空权。因此，有空中优势并不意味着取得制空权，敌人仍然可以按他们的意愿继续进攻直至战争结束。近期流行的相对制空权概念，又一次与空中优势混乱。因为空中飞行器的活动范围很大，不可把天空分成若干小块，而它只局限于一定范围的空中权利，所以这个概括是不正确的。空中优势并不意味着能控制它，控制意味着绝对主宰，不容许有任何程度上的退让。如果我们只满足于做有优势的一方，终有一日被后来居上者攻击。

因此，保证胜利的最好的方法就是：当独立空军拥有空中优势时，充分利用这种优势夺取制空权，这里总结出独立空军取胜的两个重要条件如下。

1. 它必须能够赢得夺取制空权的战争。

2. 一旦夺得制空权，必须充分利用，以摧毁敌人物质和精神上的抵抗。

当独立空军只满足第一个条件时，要取得胜利还要依靠陆上和海上军队的协助。在战争中，如果一方空军得到制空权后仍有很强的实力，那么这一方将处于十分有利的地位。因为：（1）它将遏制敌人陆军和海军的行动，而使自己的陆海军实力能得到充分发挥；（2）它可以对敌人进行空中攻击，即使不能摧毁敌人的精神和物质抵抗，也会大大削弱其力量。因此，只满足第一个条件的独立空军为胜利所做的贡献虽然不可磨灭，但不能决定战争结果，两个条件都满足的空军才会取得最终胜利。

# 3

配属航空兵不是用来夺取制空权的，它只是协助陆海军的行动，或为陆海军提供一些特定的服务，也就是说配属航空兵不会决定空中战争的结局。另一方面，被剥夺了制空权的一方陷入瘫痪后，同时也被剥夺了使用配属航空兵的权力。换句话说，夺取了制空权就有使用配属航空兵的可能，而配属航空兵却不能对战局造成任何影响。

实际上，分配给配属航空兵的空中武器是足以实现最重要目标的兵器，如果这个目的不能实现，配属航空兵也就没有任何价值可言。从主要目标上分散力量去做其他事情必然导致这一目的的失败，从航空兵器中分散武器给配属航空兵就会导致夺取制空权战争的失败。其结论也就是：配属航空兵是多余的，有害而无益。

一旦独立空军夺得制空权后，就没有什么能阻止它去执行其他配属任务，那么我们理所当然会认为配属航空兵是无用的、多余的、有害的。无用是因为没有夺得制空权，它就没有用武之地；多余是因为一旦独立空军夺得了制空权，它的任务完全可由独立空军去执行；有害是因为它分散了实现最重要目的的力量，增加了实现这一目标的风险。

在配属航空兵的思想占主导地位的时候，上述论断是不得人心的，而我在1909年所说的话就更放肆了。

……制空权将变得和制海权同等重要……文明国家将武装起来，准备未来战争。像陆海军争夺经济优势竞争一样，这种竞赛也将在空中领域开始。届时，空中力量将迅速发展，艰苦的空战将不可避免。各国的军事家们也必须习惯这种空中作战的模式，指导空中作战要和指导海上和陆上作战一样得心应手。要随时有空中作战的观念，首先要掌握空中飞行器的用途：作战飞机不仅仅只执行一些观察、联络等任务，还要能在空中对其他武器作战。除了解决空中武器的技术问题外，空战还包括空中队伍的训练、编制、使用等许多问题，它也要求创建军事学术的第三个分支——空中作战学术。陆军和海军不应把空军只看作是辅助的武器，要把它看作是共同作战的兄弟，年轻却很有能力的兄弟，我们的军事家们必须认识到这一点。

这些大胆的论断是有事实依据的，尽管它的真正含义还没有被充分理解，但对它的认知已成为一般常识。因此我今天所讲的将来也会成为一般常识，因为它们是建立在相同的基础之上的。

下面我们举个例子来解释一下这个观点。A、B两国有相同的人力和物力资源、相同的技术水平。A国全部资源都用来建立夺取制空权的独立空军，B国把资源分成两部分：一部分用于独立空军，一部分用于配属航空兵。显而易见，A国的空军能量强于B国，如果其他条件相同，A国就能夺得制空权，B国也就没有使用配属航空兵的机会了。换句话说，由于配属航空兵分散了B国独立空军的力量，在战争中，B国将最终将失败。因此，配属航空兵不管怎么看都是多余、无用且有害的。

在一战时期，人们还没有认识到制空权的重要性，根本没有考虑要怎样去夺取它，那时的飞机全部是作为配属兵器，不被重用。大战爆发的时候，航空兵初具雏形，只有一些没有实权的人相信它，这些人在当时也被看作是不安分子、妄想者。当时各交战国并不相信航空会给他们带来多大好处，大部分人也不了解它。只有德国对空中作战有些许认识，遗憾的是，德国最终偏离了轨道，他们选择了齐柏林飞艇而放弃了飞机。

而当时的一些非军事技术专家却能更客观地看待这一新事物，航空兵能参与到战争中，他们的意见起了很大的作用，虽然只不过是被当作二等勤务兵。在意大利，有一段时间它就被闲置在后勤保障队（类似美国陆军的军需兵）之下，没有人注意它，直到敌人的炮火攻击到总司令部，人们才想起使用它。

这种条件下，航空兵是不可能担当主力作用的，经验主义使它只能执行局部的、有限制的行动，它只能起到辅助作用。

航空兵在战争中取得的成果都应归功于那些思想勇敢、前卫的人们，他们在没有任何支持，甚至都是反对的情况下，完成了许多工作。当然，我们也不能夸大航空贡献，它并不能掌控战争的全部局势，在当时的条件下，它只能在狭小的领域展示它的作用。这些主动、勇敢的人们想引起最高军事当局对航空兵器的重视，想让它成为一个独立的组织来实现战争的胜利，但这一切都遭到当时军事委员会的白眼。

在这种情况下，一个有组织、有纪律的空中队伍是不可能出现的，它实际的发展也只能是发自本能的、没有任何指导思想的零乱活动而已。

侦察机和轰炸机能从高空清楚侦察和投下物体，人们接受了它；而为了防御它所造成的损害，人们也接受了驱逐机。战争中的空中活动也就止步于此，没再前进一步。在整个战争中，空中力量的较量无非反复地相互侦察、轰炸、驱逐，有优势的一方比劣势的一方进行更多的侦察、轰炸、驱逐。航空兵就这样被地面部队控制，成为这些军队的服务兵。人们没有意识到，航空兵的战场在空中，而不是陆地上，这束缚了航空兵力量。人们也没有意识到，打破这种束缚航空兵将发挥出的巨大能量。虽然如此，当时的环境迫使人们不得不承认航空兵的巨大价值，如果由真正懂得其价值的人来掌握它，有什么任务是它完成不了的呢？

一战没教会我们什么东西，而且它对航空兵的判断依据是错误的。显然，使用一个不了解的、随其任意发展的兵种，是不可能得出正确判断的。一战航空兵依据的是经验主义，没有指导原则，未来的战争中绝不能犯同样的错误了，我认为指出这一点比指出配属航空兵的缺点更大胆。

# 4

前面讲过,独立空军满足的两件条件:(1)最重要条件,即具有足以夺得制空权的实力;(2)必须条件,即在夺得制空权后仍保持实力,能利用它粉碎敌人物质和精神上的抵抗。

我还讲过,如果制空权指的是自己的飞机能随意使用敌人不具备的权力,那么:(1)一支能夺得制空权的独立空军,即使它已没有多余力量再去粉碎敌人的精神和物质抵抗,它对赢得战争的胜利也是有巨大贡献的;(2)一支夺得制空权的独立空军,同时又有实力去粉碎敌人的抵抗,那么不管陆地情况如何,它都将取得巨大胜利。

这两个结论已经不再需要多费口舌去证明了,只要制空权的含义不改变,这两个结论就不会被推翻。

为了夺得制空权,即令敌人处于不能飞行的状态并保持自己的飞行能力,就必须摧毁敌人的一切飞行兵器,这只有通过摧毁它的飞行器而自己却能保存一部分完整无损的飞行器来实现。

利用制空权来粉碎敌人精神和物质上的抵抗,就必须保证在夺得制空权后仍能掌握足够数量的航空武器,能对敌人进行足够强大的攻击以粉碎它。

以上两条也是不需多言的,且毋庸置疑。

我们可以通过空中进攻去破坏敌人的飞行器，不管飞行器在空中还是陆地上，陆上或海上的力量都没办法对这种破坏给予任何有力的抗击。在夺得制空权后对敌人的陆地或海洋发动空中攻击，显然也只能由空中武器来执行，而陆海军对此同样束手无策。由此可以看到，在夺取制空权和发动空中进攻的战争中，独立空军可以被看作是被派去完成这个任务的空中力量，它在任何方面不应当也依靠不了陆军或海军。

这不是说为了共同的目的，独立空军不和陆军海军协同，只是说这种协同应由国家来部署，也不是说独立空军永远不能与陆海军直接合作，在特殊的作战行动中，它们也应该像陆军和海军互相合作一样，给予帮助支持。在夺取制空权后，领导国家全部武装力量的当局可能会认为，有必要指定独立空军或它的一部分放弃它的独立性，暂时为陆军或海军提供服务或协助，这种情况不可避免。

为了成功摧毁敌人的航空兵器，就必须克服敌人为抵抗这种摧毁行动而设置的种种困难，这时就将发生真正的空战，这场作战将持续到战争的最后关头。事实上，只要夺得了制空权，就意味着面对一个不能飞行的敌人，这样也就不会有空中作战了。一支独立空军在夺得了制空权后，它的行动必然将指向地面，这些行动对战局将起巨大的，甚至是决定性作用，但它却不能被归为空中作战行动。因此，夺取制空权是独立空军承担的空中作战的唯一目标。

要摧毁敌人的飞行器，就应在它存在的任何地方，空中或地面，进行攻击，加以摧毁。因此，一支独立空军承担了夺取制空权的任务，就必须能在空中或对地面上的敌人进行破坏行动。一支空中力量要在空中摧毁对方只能靠空战，使敌人遭受比自身力量更大的火力攻击。换句话说，空中的破坏行动只能用空战的方法来进行，简称"战斗手段"。为了摧毁停留在地面的空中武器，必须对地面进行攻击，这通常只能由轰炸机来实现，也就是说，只能用轰炸来摧毁它们。因此，独立空军应同时拥有战斗机和轰炸机两种武器，这样就和第一篇中的结论不谋而合了。

在独立空军中，这两种力量缺一不可，理由是：

（1）单独由战斗机组成的独立空军，只能对空中飞行的敌机进行破坏打击，一旦敌人躲避有效，无法接触，战斗机将陷入被动地位，无法行动，而这一点敌人只要降落到地面就可以办到，这时它也难以被对方空军观察到。这样，一支只由战斗机组成的独立空军，即使在空中武器方面占有优势，也会由于漫无目的的活动而筋疲力尽。如果它遇到一支虽然战斗机处于劣势但有轰炸机的空军时，即使想做到保卫领土不受敌人攻击，都是很困难的。因为敌人可以避开战斗机，同时用轰炸机进行突袭。因此，仅由战斗机组成的队伍不能称之为真正的独立空军，它没有足够的力量夺取制空权，甚至没有足够能力保卫自己领土免受攻击。

（2）单独由轰炸机组成的独立空军不能抵抗敌人攻击，只能躲避，进行突袭。

一支同时拥有轰炸机和战斗机的独立空军，能在敌人的天空畅行无阻，并能对地面进行攻击。没有战斗机相对于没有轰炸机而言，危害可能稍轻。虽然只有轰炸机的空军也是不完整的，但拥有轰炸机是起点。

因此，一支独立空军应该同时拥有战斗机和轰炸机。战斗机和轰炸机的组成并没有一个固定的比例来约束，它们的构成比例受环境影响。为了使一支独立空军能自由主动并能牵制敌人，它应该即使面对敌人的攻击，也能飞向敌人上空的某个位置，也就是它要具备打败敌人战斗机的能力。如果其他条件相同，要想取得胜利，在战场上的实力就应当更强。因此，战斗机要尽量比敌人战斗机强，轰炸机数量当然尽可能大，规模大的进攻总是有利的。可见，战斗机和轰炸机是不能用固定比例来分配的。

由于这些原因，要想取得胜利，独立空军的组成必须满足：（1）战斗机部队比敌人强；（2）轰炸机实力达到最强。要谨记，独立空军必须尽一切力量保证这两种飞机的完整。

讲到这些，我们设想有一支这样的独立空军，它具备：（1）比敌人强的空中作战能力；（2）有一定限度的进攻轰炸力量。有这样一支空军，我们就可以在敌人的上空到处飞行，沿最有利的线路快速飞向选定的目标。原因可能是：（1）敌人的独立空军没有意向与我方抵抗，我方将自由通行；（2）敌人尝试抵抗，但没有交战机会，我方将自由通行；（3）敌人以没有优势的力量进行抵抗，最终战败，我方将自由通行。

其结果就是：在（1）、（2）种情况下，我方将不受任何阻力地对敌地面进行攻击，我方对敌人造成的损害也会因我方轰炸力量的大小而有所不同；在（3）种情况，我们将在空中打败敌人，然后将按照我方轰炸力量的大小对地面进行攻击。

如果我们选敌人的飞行设施（维修中心、集中点、生产中心等）作为目标，那么以上三种情况中的任何一种都能对其造成损害，从而削弱敌人的空中力量。因此，在任何情况下，我方独立空军如果直接攻击敌人地面目标，都会取得战果，削弱敌人的空中力量，将敌人的空中力量削减至零，也就夺得了制空权。而这些只要我方的空军能紧密行动，有足够多的飞机破坏地面，能选对选准破坏目标，就能迅速实现这个目的。

对我方的这种行动，敌人的独立空军采取不了什么行动，更不会直接对抗。因为要么它遇不到我方空军只能漫无目的地游荡，要么遇到我方空军而被打败。其实，它应当做的是避开战斗而反过来突袭我方的领土，从而削弱我方的空中势力。

两支作战能力不同的独立空军之间争夺制空权的战争有以下特点。

（1）作战能力强，行动不受敌人牵制的空军，能以充分的自由来活动，能选择最佳的攻击目标。

（2）作战能力较弱的空军，将努力避开战斗，而去摧毁它认为最有价值的目标。

这就是讲，两支空军的行动是有相同点的，唯一不同的就是战争中较弱的空军必须首先考虑在行动中自保。如果在斗争中实力较弱的空军能够保存自己的实力，避免了战斗，那么，双方空军的每一步行动都是在削弱对方的实力，而最先把破坏力度累积到最大的一方就是这场战斗的胜利者，它也就夺得了制空权。因此较强的空军如果想取得胜利，就必须紧密地活动，对地面进行最大攻击，还要选准敌人的价值目标，而较弱势的空军就更有理由这样做了。

由此我们将得出这样一些有实际意义的结论：

（1）一旦战争开始，就应以最强的实力和强度进行空中作战。独立空军应时刻准备，不能有丝毫懈怠，一旦行动开始，就要持续紧张地战斗到最后。独立空军的进攻规模和强度，不能依靠还没准备好的新飞机，更不能奢望它们在斗争中起到关键作用。换个说法，作战只能由战争开始前做好准备的飞机来执行，后备的飞机只能在夺取制空权后加以辅助使用。

（2）如果选择的目标特别重要，那么掌握目标在国土上的分布情况和如何面对敌人也是很重要的。从另一面来讲，一个国家重要的潜力分布应让敌人难以破坏。显然，如果独立空军的命脉——飞机，集中在前线的几个中心，敌人就很容易摧毁它们。

（3）空中战争的结局取决于敌对双方的力量，但更取决于使用这些力量的方法，即取决于指挥官的才干，他们果断、迅速的反应和对敌人空中力量的掌握。

前面我们确定，在空战中，唯一目标是使敌人遭受最大的损害，而不去考虑自身受到的损害。这个观念在第一篇已经解释过了，就是要求自己承受住敌人的攻击，以便用一切可能手段对敌人发动更大的进攻。这种思想难以被人们接受，因为它违背了一般战争中进攻和防御同时进行的观念。我们也不能理解一个战争只有进攻没有防御的形势，可空战就是这样的，因为航空兵的长处是进攻，而不是防御。事实上，航空兵对地面的主动突击是最容易的。

我们以一个最有优势的情况举例：一个国家的空军在战斗机方面比敌国强得多，这支空军能承担起保卫本国领土并对抗敌国空军的使命吗？可以有两种保卫方法：一是主动搜索敌人，另一种是守株待兔，等它出现再打击它。一支独立空军可能找得到敌人的空军，也可能找不到，或是找到了而对方有意避战，不能交战。当一支空军找到敌人却没有机会攻击它，它就陷入了徒劳无功的境地，不但不能打击敌人，还有可能遭到敌人的突袭，所以这第一种保卫方法形同虚设，对敌人没有任何作用。

有人会说，你可以用轰炸机轰炸敌人，对其造成损害，从而找到敌人的空军。这是没有问题的，但在这种情况下，这支空军选择目标就有了限制，它只能选择次要目标而非主要目标，只能攻击敌人空军区域中偶然发现的目标。

当然也可以等待敌人到来再出击，但能否取胜就不得而知了。如果敌人空军大规模集群攻来，那么我方空军必须更早一步集中成群。任何一支独立空军，尤其能力很强时，绝不能让出主动权，消极地等待敌人出现，更不能在遭到敌人攻击而失去报复的能力。因此，这第二种保卫方法也形同虚设，对敌人没有任何作用。

因此我们必须认定，在空战中只能采取猛烈进攻这一种态度，即使遭遇敌人同样的攻击也不能退缩，保卫自己领土免遭空袭的有效办法，就是以最快的速度摧毁敌人的空中力量。

任何以防御为目的的空中行动都将失败，等于把有利战机拱手相让。这个诊断对任何空军活动都是适用的，如果想用大量的飞机组成空中防御，用地面上的武器来对抗空中的进攻，那么一个中心的空中防御必须能粉碎敌人的进攻，阻止对这个中心的破坏。换句话说，这个中心的空中防御必须至少有和敌人战斗机相同的力量，才能去对付它。如果敌人有明确的行动目标，它必成群集结出动，一个中心的空中防御要想成功，它的战斗机数量须和敌人的机群战斗机数量相等才有可能，否则防御失败，中心损坏。

航空兵的活动距离很远，一支独立空军有能力去破坏其他防御中心。为了保卫所有受到威胁的中心，就必须在可能受到攻击的领土各处驻扎空军，每支队伍的战斗能力必须与敌人集中出动的总战斗力相同。另外还要建立一个巨大的通信网，以保证空军部队随时保持联络。

我在这里一再强调，航空兵的优势是进攻，不是防御。即使它比进攻者强大，如果担任防御工作，也会陷入被动地位，从而把主动权让给敌人。

即使确定防御的空军部队能及时到达发挥一定作用，这样使用空军部队也是不明智的，把力量分散开来是极其危险的。正确的方法是，集中一切可能的资源来壮大自己的独立空军，空军力量越强大，就越能快速地得到制空权，这是保卫自己领土不受空中攻击的唯一有效途径。

一个中心对空中防御能力是有限的，对空中武器的作用距离也是有限的。为了保卫每个中心的安全，必须有充足数量的高射炮。因此，想要发挥对空防御的作用，必须有大量武器布满整个地面。

而另一方面，高射炮有自身的缺点，如容易被空中活动限制、受到低空攻击或烟幕遮蔽等，不能进行有效的反击。如果把对空防御的人力、物力用于加强独立空军的实力，效果肯定倍增，因为保卫自己领土唯一有效的方法是夺得制空权。地面要从空中保卫，就像海岸要从海上保卫一样，方法就是夺得它的控制权。没有人会把舰艇和大炮布满海岸线来保卫着它，沿海城市也没有全城布满武器，因为舰队在间接地保卫它的安全。

综上所述，应将一切可用资源用来加强独立空军，加强它的作战能力，并完全依靠猛烈的进攻来保卫自己。我一再强调这一点，是因为它必须成为我国空中力量创建使用的基础，不容许例外、含糊或保留因素。

这个结论并不难解释，只要考虑空战的一般特性或飞机的自身最主要的特性就够了（大活动半径、高速度，能在空中战斗，能对地面实施进攻），根本无须深究它的技术细节。这个结论本身带有概括性，不依赖于技术细节。技术细节可能根据人的要求改变飞机的主要性能，它的发展完善会更加印证这个结论。只要参照有关空中力量的其他见解和我主张建立和使用的独立空军的主张和论述，这个结论就很容易得到证明。

我们设想一下：一支独立空军和一支按常规理解组织的空中组织，若它们的组建资源相同，那它们相遇时情况会是什么样的呢？

很明显，独立空军将利用它掌控的全部资源发展战斗机和轰炸机，而后者会把其资源分散用于发展专门目的的各种飞机而不去考虑战斗机，这样独立空军就有着明显优于另一支空军的战斗力。同样理由，独立空军在轰炸机上也将占优势。

这种情况下，独立空军将主动、紧张而不间断地去飞往它的目的地上空，集中火力持续攻击地面上的目标，不用考虑接触敌人，不去搜索也不用躲避。另一国空军面对这种情况将无法直接反击，它只有使用它的驱逐机去对付独立空军，一旦交战必被击败，它的轰炸机又只能在避开空战的情况下行动，也是没有任何效果。所有这些辅助性飞机既不适合空中作战又不适合轰炸，对夺取制空权造不成任何影响，它们作用几乎为零，还要努力避免遭到破坏。

因此，如果其他条件相同，制空权肯定被独立空军夺得。没有什么部队能对抗按我主张建立起来的独立空军，除非使用一支同样的独立空军。其他形式的空军力量，其他类型的行动策略，都将导致空中兵力的不正确使用，我对这点很自信。

我所描述的一切都是为了说明：（1）战斗机必须适合空中战斗；（2）轰炸机必须适合进攻地面。清楚了这些，我们将更深入地研究航空武器具有的特性。

## 飞机

飞机是空中作战的武器，一架飞机是否适合空中作战取决于它的攻击和自卫能力。空战中，作战飞机会遭遇敌人四面八方的火力攻击，它必须有还击能力。如果其他条件相同，武器和火力较强的飞机将占优势。为了顶住敌人的火力，保证还击的能力，飞机需要有最大能力的自卫手段。因此，如果其他条件相同，带有更强装甲的飞机将占优势。

在空战中，比敌人具有更快的速度和更大的机动性是有利的，它可以按实际情况根据自己的意愿进行战斗或避开战斗，一旦交战，又能迅速结束战斗。如果其他条件相同，速度较快、行动较机动的飞机将占优势。

最后，如果其他条件相同，具有较大活动半径的飞机将占优势，因为它能深入敌人的领空活动。

因此，随着航空技术的最新发展，作战飞机应具备以下四个特性：武器、防护装甲、速度和活动半径。

这些特性可以归纳为重量。飞机的空气动力结构决定按这四种特性协调分配的总重量，它与战舰的表现相似，源于它们的目的也相似，但在飞机的这些特性中还有其他问题需要考虑。

**武器**：独立空军的战斗机不是单机作战，而是编成队伍共同作战。它们必须组成相互配合、能够共同战斗的作战单位，这是空中战术的基础。因此要求有最大的火力密度，不是指单独的一架飞机，更主要的是指作战单位的整体力量，它的队形可以根据作战的需要随时改变。武器问题既涉及单架飞机，又涉及整个纵队，要根据以谁为重点而定。

单架飞机的火力作用不大，要依靠整体的力量，即一个作战单位，一个不能再分割的单位，所以重点也应放在整个队伍上而不是单架飞机上。单架飞机的火力应科学地组织起来，虽然每架飞机都具备大于最低限度的火力，却不应该夸大这种火力的重要性。因为如果两个战斗单位具有相同的火力，那么飞机数量较多的一方将更便于采取围攻行动，当然，实际情况只能靠作战经验来决定。

**防护装甲**：防护装甲的目的是降低损坏、保存武器威力。显然，两架具有相同武器的飞机，防护装甲更优的飞机的进攻能力将比另一架大一倍，因为它能在同一战斗中保持进攻能力的时间长一倍，或在同一时间内进攻能力加强一倍。这种防护装甲的特性不仅是物质上的，在精神上也给飞行员信心，所以认为防护装甲浪费了功率和材料是错误的。虽然防护装甲只涉及单架飞机，而不是整个编队，但如果飞机数量减少，想要保持队伍的进攻能力不变，防护装甲增加的重量并不算多。

**速度**：较快的速度当然是战斗中的有利条件，一支独立空军不希望在空中与敌人相遇，相遇也不求战，那必须靠速度避开。因此，速度优势只是较弱空军在躲避空战时发挥了相对的重要性，牺牲其他三种特性去追求速度的做法是不明智的。

**活动半径**：对敌人领土的进攻多少要取决于飞机的活动半径。如果活动半径小于到达敌方目标的距离，独立空军就失去了作战价值，所以，活动半径应尽可能大。

## 轰炸机

轰炸机的使用要与战斗机的活动相结合。战斗机主要负责扫除空中的敌人阻碍，轰炸机的特性就应当满足下列要求：活动半径、速度、防护装甲，这几个特性都与战斗机相等。

另外，作为轰炸机，其武器特征还需注意的是：

**武器**：轰炸机最重要的武器是用来攻击地面的炸弹，轰炸机与战斗机的不同就在于战斗机的武器与轰炸机的炸弹的重量不同。

由此，我认为应该有一种既适于空中作战，又能进行地面轰炸的飞机，简单起见，我称之为"战斗轰炸机"[1]。这种飞机满足活动半径、速度和防护装甲的要求，但它的武器应该既可以进行空战，又能攻击地面。如果用W表示满足其他三项特性后可以用于武器的重量，一支独立空军拥有C架战斗机和B架轰炸机，那么它的空战能力将为CW，轰炸能力将为B（W-w），w代表轰炸机用于防御的武器重量。但如果独立空军全部由战斗轰炸机组成，则飞机数将为C+B，空战武器的重量将为W（C+B）或CW+BW。如果现在每架飞机上两种武器（用于空战和用于攻击地面）都是按比例分配的，那么可以用于对地攻击的武器总量将为BW。换句话说，这支独立空军在空战能力上和另一支相同，但由于它没有自卫武器，在对地面的攻击能力上将略占优势。

我们还要看到另一点：一支独立空军的飞机分为战斗机和轰

---

〔1〕战斗轰炸机原文为战斗飞机（battleplane），为避免与战斗机相混，按其含义译为"战斗轰炸机"，但与现代的歼击轰炸机不完全相同。

炸机，在遇到敌人时错开时间行动。首先进行空战攻克敌人的抗击，然后对敌人的地面目标进行轰炸。这样起初阶段只有战斗机参加作战，第二阶段由轰炸机作战。同样，机枪手在第一阶段活动，轰炸手在第二阶段活动。

反过来说，假设独立空军由纯轰炸机编队组成的话，全部人员和武器就可以同时活动，首先进行空战，然后对地面发起攻击。也就是说，同一人既可以当枪手也可以当轰炸手，而节省下来的人员重量就可以用来增强独立空军整体的火力。

除此之外，由轰炸机和战斗机组成的独立空军在遇到敌人时，必须由它的战斗机作战，因为战斗机在交战时必须尽全力保护轰炸机，这样战斗机就失去了行动自由。如果空军全部由轰炸战斗机组成，那么全部飞机都能投入战斗，就有充分的活动自由。因此，从各方面看，独立空军最好全部由既能对空中作战又能对地面进攻的飞机组成。

在航天技术方面我们还可以更进步，飞机的这些特性至少有一部分是可以改变的。比如，一架飞机的总重量虽然是不变的，但是活动半径、防护装甲和武器，却又可以转化成运输力，其中任何一项的重量就可以用减少另一项或另几项的重量而得到增加。按飞机用途不同而进行某种变更，这种方法是可行的。因此，如果能在研制战斗机时考虑到这些细节，便可使这些特性得以相互转化。

假设独立空军的活动半径很短，就需要增加兵器重量，减少相应的燃料。相反，如果活动目的地较基地距离大，那么就需要减少防护装甲甚至是武器，因为一旦夺得了制空权，就不会再有空中战争，也就不再需要大量的防护装甲和空中防卫武器了。在制造战斗轰炸机时就要考虑减小或取消这两种装备的重量，用来增加飞机的活动半径和对地面目标的轰炸能力。在其他条件相同时，战斗轰炸机的这些特性最好可以随时增强或减弱。

我们已确定了战斗轰炸机的全部基本性能，制造这种飞机就留给技术专家和飞机制造师，他们要最大限度满足所要求的条件。如果要满足全部要求，这种飞机肯定是重型、多发动机和速度中等的飞机。既然独立空军的队伍既要在陆上活动，又要在海上活动，那么这种战斗轰炸机就是水陆两用的飞机。如果目前还达不到这样的水平，那么独立空军就应该由水上飞机和陆上飞机组成，并且两者具有相同的性能。目前的技术已经可以制造出一定程度上满足这些条件的飞机，今后的发展肯定会使这种战斗轰炸机的效能更强。

我们已经确定了战斗轰炸机应有的特性，它应该成为独立空军空中作战的唯一机型。

但是独立空军还要防止敌人的突然袭击，它还应有一个有效的情报组织，所以它应该具有侦察机以便随时观察敌人的行动。首先，我们必须理解"侦察"的含义，它是一种战争行动，是为了一方的利益而和另一方作对，因此和其他战争行动一样，会遭到敌人的抗击。为了成功地完成侦察活动，必须先打败或阻挡住敌方的反抗，陆上、海上和空中的侦察都是如此。就像骑兵侦察敌人时，可以用大股骑兵突破敌人防线获得敌方情报，或用小股精英绕开敌人潜入其后方获取情报。空中的情况也是一样，可由独立空军或它的一部分去粉碎敌人的抵抗，进行侦察，也可以用这种侦察机搜索、查明敌人的行踪，避免在之后的战斗中与敌人相遇。

要混入敌人空防的后方又不交战，需要有更高速度的飞机和比敌人更高超的飞行技能。为了获得有效的侦察信息，完整的独立空军就需要有专门用于侦察的飞机，它需要有比空军机群更大的活动半径，才能在有效的时间内发挥作用。简单讲，成功的侦察即看见、查明、报告，所以侦察机乘员需要有敏锐的双眼、灵敏的头脑和熟练的联络独立空军的技能。

### 侦察机

这种飞机应有以下特性。

**速度**：尽可能最快。

**活动半径**：至少与独立空军的飞机相等。

**武器与防护装甲**：它不是一架求战的飞机，武器对它来讲是无用的，最好将省下的重量用于提高速度和扩大活动半径。

**通信手段**：最完善。

**乘员**：只能有一个乘员。

为了避免与敌人接触，应当由一架飞机或由小队进行侦察，以防行动中可能发生的损失。一支大规模活动的独立空军，由这样的侦察机队四周查明侦察护卫，就能防止突袭，同时还可以用这些侦察机观测到地面的目标，以便随时进行攻击。

## 5

上述战斗轰炸机和侦察机的特性对任何独立空军都适用,但我们关心的是意大利的独立空军,综合意大利的地理位置,我们的飞机必须能飞越阿尔卑斯山和环绕的大海,这就要求我们的空军要有最低的升限和最低的活动半径。如果不能满足这两条,整个独立空军的价值也就等于零。

在这里要注意单架飞机和独立空军的活动半径是不同的,后者比前者可能小得多。一支将要进行一次大规模行动的独立空军,先是要集合队伍,然后行动,最后解散,各自回到自己的基地。一支独立空军的活动半径等于它的飞机的活动半径减去从集合点到最远基地距离的两倍。

由此看出必须重视独立空军各部队驻扎基地的配置,基地距离集合地点越近,空军的效率也就越高。但集合点会根据敌人方位的变化而变化,也会随对敌采取的不同作战行动而改变,这样就需要将大量的空军分割成大小不同的基地群,以便最充分地利用各飞机的活动半径,独立空军也将获得最大的活动半径。

这属于空军后勤问题,它时刻准备为发挥空军最大的作战功能提供最有利的条件。但这并不是我们讨论的重点,我想讲的是战场是不能修建机库的,这大小不同的基地群就要求有作为降落场使用的大量空军基地。实际情况中不可能修建大量机库，而基地又很容易暴露，因此飞机必须用金属制造，能适应各种天气。一旦战争开始，用于和平时期的大规模的空军基地及那些没有实用价值的基地，必须果断放弃，飞机要向备用机场疏散。

一支独立空军一旦降落，必须马上隐蔽或伪装起来，绝对不能暴露在宽阔的地面上，以免遭受敌人攻击。一支能干、大胆的敌人空军即使处于劣势，也会充分利用这一关键时刻。当空军停留在地面上时，必须尽可能地分散和伪装。一支独立空军应当掌握不同的基地群，以便灵活运用并疏散。空军部队应能自由活动，不受地面限制。

因此，空军组织应建立一个后勤部队，它能提供生活、运输、战斗所需要的一切。为了完成使命，独立空军必须不依靠外力，而是一个自给自足的组织，能够在空中和地面上独立自由地活动，这说明一支真正的独立空军并不是想象中的那样简单。

# 6

适用于独立空军的战斗轰炸机,是一种具有大活动半径,有飞越阿尔卑斯山的高升限,有足够速度,运载能力足够装备充分的武器和防护装甲的飞机。这种飞机和用于民航的商用运输机相类似,只要用相同重量的武器和装甲代替旅客、货物、邮件就行了,这表明通过一定的措施就可以把民用飞机改造成作战飞机。我认为我们应该加快这方面的步伐,组建一支随时可改为功能强大的空中军用飞机的民航,这将是每一个国家努力追求的目标。在和平时期,军用飞机只是有潜在作用,只有战争爆发时才能真正发挥它的作用。在国家日常生活正常运行时,一切用于维持军用飞机的资源都是着眼于它的潜在作用。另一方面,战争爆发时,能立即改为军用飞机的民航,它的潜在价值和军用飞机是一样的,而在和平时期,它还能用于民用服务,具有现实价值。

可以理解,如果在军用飞机组成的机群,可以立即改为军用的民用飞机机群,这两者之间做选择,则选择后者无论在精神上还是物质上都是有利的。从物质上讲,民用航空或多或少都会有所收益,收支相抵下来,一群能改为军用的民用飞机比相同数量的军用飞机开支少。同样的开支,可以改造的民航能获得更大的军事力量,同时它还是一支十分卓越的民用航空力量。这个好处不可估量。我毫不犹豫地断言：我们应当努力组建一支在需要时能够立即改造为强大军用航空的民用航空，而将军用航空在和平时期缩减为一支用于训练和指挥的部队。

　　按这里所讲的思维，就组成独立空军的大部分飞机来说是可行的，但航空界却不承认这种可能。考虑到空中力量需要有大量各种类型的专门飞机，而且有时需要有极高的性能，这种看法也是有道理的。现在也还没有过硬的技术将民用飞机立即改造成战斗轰炸机，因为这除了要配备用于空战和对地面攻击的合适武器外，还要安装合适的防护装甲。但是现在，将民用飞机立即改造成轰炸机是完全可能的，因为只要把旅客、货物、邮件等换成炸弹就可以了。

# 7

因此从现在起，民用航空就可以用来增强独立空军的轰炸力量了。根据实际情况，它可以用于夺取制空权的战争，也可以用于在夺得制空权后增加独立空军的轰炸力量，只要需要，没什么能阻止我们为此努力。

我之前阐述过，有能力夺得制空权的人才能将航空兵器用作陆海军的辅助力量，独立空军是一个国家必须创建的唯一空中力量。换句话讲，只有夺得了制空权的独立空军，才有能力用它的一部分力量为陆军或海军提供辅助服务。

独立空军的这一部分力量肯定能够为陆海军提供完整无误的服务，当独立空军面对一个不能飞的敌人时，采取的任何行动都将取得重大成果，因为敌人已经没有反击的余地。

独立空军一旦夺得了制空权，就能派出一部分力量支援陆海军。这些飞行部队非常安全，能够很轻易地为陆海军提供其所要的支援，如战斗巡逻、侦察等。有强大的武装并能从四面八方提供最大密度火力的空战队，能最有效地攻击敌人的行军部队、供应列车和铁路运输等，而轰炸队则能摧毁在地面作战的敌人目标。因此，一旦夺得了制空权，就不再需要驱逐机了。由此可想象，按我的想法建立起来的独立空军，在夺得制空权后，能执行一切想得到的空中支援任务。

# 8

前面一切言论都说明，独立空军在夺得制空权后，能担负战争需要的一切辅助勤务。前面我已经说明，即使夺得了制空权，独立空军也应该独立自主地行动，而不应把力量分散在次要的行动上。独立空军一旦夺得了制空权，就应该奋力进行大规模的进攻以摧毁敌人精神和物质上的抵抗。即使这个目标不能完全实现，也要尽最大可能地削弱敌人的抵抗，这样才能更好地帮助陆海军作战。要达到这个目标，就必须最大限度地集中使用它。

空中进攻的最大成果不是在战场上，而是要到战场以外去寻找那些反抗力小却又最重要、最易于摧毁的目标，尽管这些目标不直接参加作战，但和战场上的行动和战争结局的关系却是更为密切。从军事效果来看，摧毁一个火车站、军事工厂、供应纵队或战线后方的任何目标，都比摧毁堑壕重要得多。它在摧毁敌人斗志、瓦解纪律不强的组织、散布恐慌、制造混乱方面，比打击有较强抵抗力的目标效果要大得多，一支掌握制空权的独立空军能对敌人实施任何打击。

未来战争的胜利要靠打击一般平民的斗志来决定，虽然看起来有些矛盾，但这是被战争证明的，也将在未来的战争中再次得到印证。一战表面看起来是由军事斗争决定的，事实上，它是由战败人民丧失了斗志所决定的，人们在战争中长期的消耗造成了这种斗志的瓦解。航空部队能够直接攻击敌人战线后方的平民百姓，摧毁他们的精神抵抗，在敌人的陆海军还没开始作战时，人民的精神已被摧毁，这将是一场不战而胜的行动。当德国海军放下武器，陆军还能继续战斗，但当德国人民的抵抗力衰退，陆军就不战而亡了。

  我们不应该满足于航空兵今天是什么样，应该追求它今天能成什么样。如果我们认为各国现在有空中力量能够决定战争的成败，那是荒谬的，今天的空中力量还能没达到它应具有的水平和规模。设想，若敌人的空军夺得了制空权，可在皮埃蒙特、伦巴第、利古里亚上空来去自由，向这北部三省最重要的中心投下大量爆炸弹、燃烧弹和毒气弹，那将会发生什么情况呢？很明显，空中攻击直接摧毁了三省的日常生活，我们地面部队的抵抗也将很快瓦解。

  就算今天还没有方法发动如此规模的空中进攻，随着空中武器的不断改进和破坏物质效力的不断增强，这种规模的空中进攻在不久的将来就能成为现实。

  不管怎样，人们一致认定：空中进攻取得的战争效果是最好的，它使得地面的部队采取费时费力的防御措施，也限制了高射炮和防空手段的活动，这些本可以用于别处的武器，被分散得无用武之地。只要我们对航空的发展充满信心，情况必会如此。

  我们不应满足于和其他国家空中力量相等的水平，也许会有一天，敌人会像我们设想的那样使用它的这支力量。在这种情况下，根据我国航空组织的现状，敌国将很有可能快速夺得制空权，而一旦夺得了制空权，它就会对我们造成不可挽回的损失。我想没有人能负责任地告诉我"这是不可能的"。如果我听到不负责任的"不能",我将不停地指出它的潜在危险,并竭尽所能地斗争,以此履行我的神圣职责。

以下是我对我国空中力量构成的想法的扼要重述。

1. 空战的目的是夺取制空权。空军夺取制空权之后,应该马上对地攻击,彻底击垮敌军精神和物质上的抵抗。

2. 要想避免出现对敌有利的局面,我们在除了上面这两个目的之外,不应该制造更多的目的。

3. 怎样实现上述目的呢?唯一有效的办法就是组建大量战斗人员和少量侦察人员的独立空军。

4. 独立空军应该掌握最多的资源,所以,空军单位所掌握的资源都要用于主要目的。

5. 破坏物的威力要尽量大,在其他条件相等的情况下,独立空军的攻击力与它使用的破坏物的威力是成正比的。

6. 作为独立空军的战时补充力量,我们还要组建一支民用航空队,它的组建目标是建立一支实力雄厚的运输单位,能立即转化为强大的军事航空力量,而军用航空在和平时期应缩减为一个简单的训练和指挥机构。

7. 空中作战只能采取攻势,不允许采取守势。两支空军相遇,较强的空战队不应避开战争,较弱的一方则应努力避战。

但在冲突爆发前,双方都应积极备战,一旦战争开始,双方应不间断地以最大强度打击最重要的目标。

不过在战前,大家都要做好准备工作,这样,一旦战争打响,大家都可以持续地最大强度地攻击最重要的目标(即对空中力量和精神抵抗最能产生影响的目标)。

8. 独立空军一旦夺得了制空权,就应对地面目标采取猛烈不间断的攻击，以粉碎敌人精神和物质上的抵抗。

9. 独立空军的飞机在本国上空要尽可能快地行动，用最大力量去对付潜在的敌人。

10. 冲突爆发前做好准备的空中力量将取得空战的胜利，如果敌对双方实力相当，战斗会迅速分出胜负。

11. 一个国家应用全部空中资源组建一支独立空军，它由大量战斗轰炸机和一部分侦察机组成，进攻时勇敢坚决，迅速打败其他方式组成的敌人空军夺得制空权。

这些论断是经过我精密推理得出来的，也许还有很多人不能接受，但这对我没有任何影响，先进的思想总与顽固守旧的思想相抵触，这些我已习以为常，我相信这些激进的想法终会有一天被人们所接受。我这种坚持的态度使我完全不受影响，终有一天世界各国的空中力量会按我所讲的方法做事。

当然，我希望我的祖国是第一个实践者，因为我相信只要沿着这个方向第一个创建空军的国家，是有不可估量的优势的。即使我的愿望不能实现，我也尽力了，良心也不会受到责备了。

拜扎尼将军在《时代》周刊上谈道：意大利需要一支空中力量，能在冲突开始后的必要时间内保卫它的天空，使它的工业能生产出最新型的飞机来。

这个说法将矛和盾的观念运用到天空。按他的逻辑，空中的盾足以对抗空中的矛，达到预期目的。这就是说，他认为空中力量有能力保证地面上的生产和训练中心不受空中攻击，从而建立一支用于进攻的空军，同时希望将最新的工业科学用于决战。

矛与盾的观念在地面上是正确的，因为要攻破一个组织很好的防御，进攻方需要巨大的兵力优势。但用到天空中就不太准确了,空中的武器在防御上没有任何意义,但在进攻上却有不同凡响的效果。在天空中不能挖战壕,不能拉铁丝网,而航空工业也许正处在敌人进攻的范围之内,在我们投入大量生产之前,根本没有办法用空中防御阻止敌人的破坏,更不用讲什么安全可靠性了,敌人不可能等你生产好了航空兵器再来攻击你。

空中的战争只能用手中掌握的武器进行,凡手无寸铁者必将被击败。武器强大的一方追求速战速决,它不会照顾对手的意愿,更不容许它在自己的眼皮下有条不紊地生产武器来对抗自己。

一战时,航空刚刚开始诞生,各国都有机会从头开始创建空中力量,建设工厂,生产各种飞机。而在未来的战争中,航空兵已相当成熟,情况将完全不同。

我们不应该把时间浪费在讨论上,要付诸行动跟上武器发展的步伐。我们的工业应能永远生产最优质的产品,并能大量生产。航空工业应能大量发展出口贸易,这样就能大量生产优良产品,满足非常时期的需要,这对于国防是很重要的。对于国防来讲,有一个出口贸易的航空工业比依靠进口物资好得多,有几个中队的新式飞机比大量用凑合的装备武装起来的中队强得多。因此,航空部门应更加努力,提高我国工业的竞争力,这对国防也是有利的。

仅有经济支持是不够的,必须有明确的方向和保障措施来推动航空工业的发展,没有明确的航空政策,是不可能达到理想目标的。

我们研究主要国家的空中组织,就会发现它们都是依照一战的经验建立的。我们最近经常讲到空战,战争是用致命武器进行的斗争,尽管各国都有用于不同目的的各型飞机,却没有一国有空战型飞机,好像所有的空中武器不是用来战斗的。我所知道的有驱逐机，但它不是作战飞机，它是用来驱逐活动，虽然它也带有进攻特性，但它的目的是防御。这源于它的最初职能和有限的活动半径，使它不能在敌人的领空进行有效的活动。

能任意横行的空战飞机当时还没有发明，也不会很快发明，空中活动还处于幼年时期。一战已经结束，人们还没有懂得战争中最重要的是飞机能参与作战，相反，人们一般认为似乎没有空战也行，大量的作战飞机并不适于空战。

由于这种认为进攻作战没有空战也行的认识，各国建立了轰炸航空兵。轰炸航空兵通常分成两类：昼间轰炸部队和夜间轰炸部队。前者利用速度优势避战，后者利用黑夜避战。采取这种避战态度的人只有很少的主动权，他受敌人和环境支配，不能自由地行动，而且他又没有抗击敌人的手段。

一战中，轰炸机不过是起到了骚扰敌人的作用，进行轰炸时避开敌人的抗击是可能的。现在要求不止能起到这个作用，要能通过空中轰炸取得积极巨大的效果。一战中进行的少量夜间轰炸，也是由少量飞机对敌人目标投下的少量炸弹而已，我们就曾在伊索诺索战线最北段和越过皮亚韦河进行过一些轰炸。要在现在的条件下进行轰炸，不管敌人是谁，我们都必须从战线后方接近内地的平原地区，集中大量飞机，飞越阿尔卑斯山，到达敌人目标上空，进行轰炸，再原路返回。所有这些不能在夜间进行，即使能，也没必要。如果可以在白天进行轰炸，那就没有必要夜间作战了。我们完全没有必要将我们的实力分成两半，集中的打击力量更大，还方便训练人员和补充器材。

早期对独立空军缺乏明确的认识，以至于它的节构出现畸形：通常包括昼间轰炸机队、夜间轰炸机队和驱逐队。独立空军这个词本身就带有统一的性质，而事实上，它通常被认为应包括三个特性不同的兵种，这使它们不能在一起活动，甚至两个也不能在一起。昼间机轰炸要求有高速度和大活动半径，夜间轰炸机要求有低速度和大活动半径，而驱逐机要求有高速度和小活动半径。

现在的空军大都有侦察队，这种飞机也是受过去思想的影响，认为不用战斗也能完成作战任务。由于这种认识，侦察机被认为是最理想的飞机，它的全部性能最适合进行侦察活动，不是用于作战，而是自主进行活动。在和平时期，它需要理想的视界、中等速度、良好的照相设备、良好的无线电台等，而敌人一定会反制这种侦察。

假设两队敌对战机A和B：A有500架侦察机，B有500架驱逐机。显然，A方的侦察机不能完好无损地飞越B方去侦察，而B方虽不适合侦察，却能飞到A方战线去观察敌情。这表明战争中，对于侦察机枪比照相设备更有用。

侦察是一种作战活动，和其他作战活动一样，会给敌人造成损害，因此敌人会尽力阻止它。为了空中侦察成功，可用武力打退敌人的抗击，或用速度和计谋躲避。所以，侦察队应是空战队或是能避开战斗的驱逐队。

由于人们没有意识到战争中飞机的战斗能力，过多地注意到它的次要辅助能力，结果造就了大量的专业飞机，分散了空中力量的打击能力，偏离了最主要的方向。

这一切在和平学习中是很好的，双方都有相同的兵器。红、蓝双方都没有空战队，自然也不会发生空战，双方自由地展示它们的航空兵器。这在实际战争中情况就不同了，如果一方不考虑空战，而另一方认为这是主要职责并采取相应的武装，这时没有准备的一方既不能进行空战，又不能侦察和轰炸，也不能进行其他专门性的空中活动。

在备战时，我们绝不能轻敌，要永远认定敌人和我们一定勇敢能干，而且他们将用最强的火力对付我们。就空战而言，如果敌人的装备是用于防御、观察和驱逐等辅助性空中武器，那对我们是有利的，因为这样它就掌握了少量的能阻止和破坏我方活动的空战机和轰炸飞机。

虽然这对我们有利，我们还是向相反的方向准备，即敌人将把它全部资源用于空战和轰炸飞机。我们按这种最坏的设想武装自己，才能更好地对付其他情况。

不管是哪里的敌人，我们都将在前线附近的高山与它相遇，这意味着我国的陆军将在那里进行艰苦卓绝的战斗。因此，我国的配属航空兵应能在高山的上空作战，如果阵地被敌人占领，我们的航空兵要能在其上方活动，这就要求航空兵能在离地面3000米以上的空中活动，或是它的最低升限要达到5000～6000米。如果我国的独立空军想对敌人的重要目标实施进攻，就要能满载武器飞越敌方防守的阿尔卑斯山。

这对我国飞机提出了一些特殊要求，要求它的装备具有一定的性能。如果我国的飞机不能满足这些条件，它的价值也就化为零。而且，如果期望我方陆军能打退敌人，在高山上又有适合做机场的地点，那么在我方陆军占领山那边敌人的平坦地区之前，我国的航空兵必须先从我方的平坦地区上起飞。因此，我方的全部航空兵必须能由我国后方的基地出发，飞越阿尔卑斯山，到达敌人领土上空。

航空兵在战争开始前就应该开始行动，因此它应当永远做好动员和展开的准备。动员就是行动，离开平时驻扎的基地，依靠现有的飞机就能独立生存和活动。展开是指将自己的兵力按照敌人行动的要求做出最有利的配置，对独立空军来说，展开就是按计划将要进行的行动做一个最有利的配置；对配属航空兵来说，展开就是进行最有利于配合陆军或舰队行动的配置。

展开当然要随战争情况而变化，但任何时候都要有明确的规定，以便每支部队或指挥部都知道按情况怎样行动。因此，航空兵的所有部队都要随时做好准备待命，能立即转移到展开所指定的地点，按战争计划开始行动。

为了做好立即动员的准备，航空部队必须一直拥有独立生存和活动的条件，一旦部署完成，航空部队和后方供应部门之间将建立起不间断的物资供应。所有这些手段称为"动员供应"，它应包括零备件、发动机、小型修理站、燃料站、物资和人员供应、武器和弹药、地图，以及其他各种必需装备。供应必须持续不断，数量也要超过平时数倍。由于航空部队必须处于能立即行动的最佳状态，就要配置最高效的装备，要拥有比平时更多的飞机发动机和其他装备，因为它必须保持最佳的作战状态。

为了采取有利的部署，展开不同的队形，所以供应装备不能由空中运送，应使用其他交通工具，通常的方法是汽车运输。因此，一支航空部队不但要拥有多于平时的动员供应，还应该备有汽车去运输那些不能空运的东西。只有具备这些条件，在战争时，航空部队才能迅速、有效地动员、展开和使用。

碰到紧急危险状况时，航空部队必须疏散到临时机场上去。为了避免遭到破坏，它必须尽可能地隐蔽伪装，并在被敌人发现后立即转移，这就要求航空部队必须有高度的机动和自给能力。前线附近的大型永久性机场尽量后移，以防其中的物资受到破坏。

空中部队的建立相当复杂，它不仅是生产一定数量的飞机和训练一定数量的飞行人员那么简单，要建立这支队伍需要满足许多要求。如果正确使用，它就能发挥巨大的作用。这些要求相互联系，如果其中一个得不到满足，空中力量就会大打折扣，丧失大部分效能。

上面已经讲到根据不同的战争情况进行展开，航空部队展开是战争的一种基本要求。要满足这个要求，必须首先根据战争中空中行动的目标和陆海军的展开来研究航空部队的最佳部署，就是说要确定每个航空部队应当转移的地点。并且，根据我国耕地密布的情况，要提前选定可以用于立即起飞和降落的地点。

至于供应问题，为了使空中部队有效的活动，必须不断地向它提供各种物资。为了形象地说明这个工作量之大，参照一下一战的数据：为了保持100架一线飞机有效活动，必须有300架飞机为后备，工厂每月要生产100架飞机做补充。未来的战争，空战规模更大，供应问题要求也更高。

因此，一支空中部队的真正威力取决于众多因素，没有一个可以忽略。如果要估量一支空中部队的真正价值，就要考虑构成它的一切因素。

空中的飞机数量并不能说明这支航空兵的真正威力，飞行本身不是目的，而是完成作战任务的途径。为了进行战争，航空兵器应当组成建制部队，有相应武器受过专门空战训练，易于使用，随时待命准备出动，等等，所有这些应当协调一致，以满足空战中的实际需求。

我确信今天没有任何人再真正坚持空中力量问题只具有次等的重要性。航空兵越来越得到加强，它的活动半径扩大，它的运载能力增加，破坏物质的效力也不断得到提高。按照我国的地理和政治地位，我们全部领土领海都暴露于敌人从陆上基地发动的大规模进攻之下。阿尔卑斯山脉所环抱着的我们最富饶、最工业化的省份，全部都能被敌人从山那边发动的空中进攻所击中，而我们周围的狭窄海域对从敌方海岸发动的空中攻击也提供不了多少防护。

我国高度集中的工业，暴露的大型居民中心，易遭破坏的主要交通线，我们所依赖的水利资源，所有这些使我国比任何其他国家更恐惧空中进攻。一方面阿尔卑斯屏障使我们能防守我们的大门，另一方面则由于地形复杂、道路稀少，敌人的空军能很轻易地切断我们山中作战地面部队与基地的联系。

如果我们认真考虑所有这一切，就只能同意，制空权是意大利安全必不可少的条件。然而甚至今天，人们仍然把一个试图指出空中力量在未来战争中重要性的人，叫作幻想家。人们承认，敌人空中进攻可以迫使我们整个城市撤退，但是不承认这对战争结局会有重大影响，似乎在阿尔卑斯山的陆军不会因米兰、都灵、热那亚的撤退而受影响，似乎撤出一座城市就和搬出一所公寓一样。尽管人们承认空中进攻能够阻止工业生产，可是仍认为只要把工厂迁往内地就可以避免这个小小的不便，似乎战争期间全部工厂可以不必加紧生产。人民斗志的崩溃可以决定战争的结局，这种见解被认为是不合情理的，尽管事实证明一战正是由战败一方人民精神抵抗的崩溃而结束的。

一战中的军队只是双方各国企图摧毁对方抵抗的一种手段，

尽管战败方的陆军赢得了最多最大的战役，而当全体平民的斗志开始减弱时，这些陆军也只能瓦解或投降，而整体舰队也完整地交给了对方。一战中国家的崩溃是由陆军在战场上的行动间接造成的，在未来，它将由空中力量的行动直接造成，这就是过去和未来战争的区别。

空中轰炸能迫使城市数十万居民撤退，这肯定比在一战中经常进行的没有明确结果的作战影响更大。一个丧失了制空权的国家，会发现自己最重要的中心城市不断处于直接空中攻击之下而又不能进行有效的回击，不管它的地面军队还能做什么，它必然会认识到一切都已无用，一切希望都已丧失，这就表示战败。

如果不考虑其他条件，即使承认（我并非要做让步）以充分力量运用制空权并不能打败敌人，但无可争辩的是制空权能给敌方带来严重的物质和精神损害，从而对战胜它做出有效贡献。因此，即使不考虑制空权所能起的作用，也必须主宰我们的天空。陆军和海军首先关心的应当是看到自己的航空兵夺得了制空权，否则他们的一切活动将会受到掌握制空权的敌人的妨碍。

虽然陆军和海军部队还没有充分认识航空兵的价值，但他们确实感到必须保护自己免遭空中攻击。能够飞行，通过飞行去进行作战活动，仅仅这一点就应成为考虑改进陆上、海上战斗的决定性内容。可以举一个简单例子：如果认真注意到空中力量的威力和它对陆海军及国家整体资源的影响，今后就不能再设想建造室外露天油库了。如果我们能控制自己的天空，自然也就能控制地中海上空，也就是控制了地中海。如果我们希望有一个光辉的前途，地中海就应属于我们。独立空军应当成为意大利的坚盾和利剑，用它为意大利创造未来。

目前这些思想还处在萌芽阶段，但是可以肯定，首先学会正确运用它的国家将会胜过所有其他国家。随着时间和经验的积累，所有国家的独立空军都将采取类似形式，正如它们的陆海军很久以来那样。今天，独创性可能还有用，明天就要考虑更高的质量了。意大利尽管比别的国家穷，但由于人民的天赋，我们仍能为自己锻造一支独立空军，赢得其他国家的敬意。

多年来我一直在阐述这个主题，我准备继续阐述，相信我作为一个公民和战士在尽自己的职责。同时，正当我国政府力求领导意大利走向光明前途的时期，我也在尽力地配合工作。我们拥有创建优等空中力量的一切必要条件：勇敢的飞行员，有才干的技术员，大批熟练的能工巧匠，独特的地理环境，了解自己目标和如何使之实现的强有力的政府。我们所需要的一切只是团结起来埋头苦干，坚决攀登顶峰，绝不后退。

航空已经脱离了它那初期的、应当说带冒险性的阶段，现在已进入一个工业生产时期。最初，它的目标仅简单是飞行，现在它的目的是要通过飞行去完成某些更有价值的事情：在平时缩短远程距离，战时进行战斗。我们进入这第二个时期，应当决心努力在空中做点什么，要比世界其他国家做得更好。

注：由于各种原因，本书手稿付印与它的出版日期之间相隔将近一年。在这期间，许多国家已在使用2000马力的飞机，6000马力的飞机正在制造。这正可以实现制造战斗轰炸机（类似突击力量中的战列舰），也是按照我在本书中阐述的思想建设真正的独立空军的基础。面对这些巨型飞机，它具有强大的武器，坚固的装甲，足以飞越海洋的活动半径，每一架都能破坏一座城市的要害中心，那么还要死守一战中通行的飞机使用观念吗？100架

6000马力的飞机造价相当于一般无畏舰，但是一个国家一旦在夺得制空权后能够保持100架、50架即使20架这种飞机，它必定会胜利，因为它将能在不到一星期内摧毁敌人整个社会组织，而不管它的陆军和海军能做什么。在这种形势下，还能否认这场革命吗？还能拒绝承认作为本书基础论断的正确性吗？即制空权是赢得胜利的必要条件。

# 第三篇

## 未来战争的可能面貌

# 序

研究战争，特别是未来战争，会发现一些非常有意思的特点。首先是全人类相互残杀的广泛性，同一时间他们忘记了自己是为同一理想目标奋斗的人类家庭中的一员。他们变成了残忍的人，像着了魔一样地进行着痛苦血腥的破坏。其次是战争规模的巨大，集中了全国巨大的物质和精神力量，形成了巨大的破坏力，把生产力变成了更大的破坏力。这是一个庞大而多样化的工作，战前就要做好预测的各项准备，战争中以极大的热情工作，但又依据科学，以便获得最大的成果。最后，战争还带有神秘性，不管人们把它想象得多少遥远，它终将来到每个人面前，而且蒙着一层厚厚的神秘面纱，因为战争本身包含着未知的、不可预见的事件。

准备战争就是准备面对这个形象模糊的未来事件，因此，准备战争就要运用合理的想象力，我们必须对未来进行智力探索。一个人想要制造一种有用的工具必须先明确清楚这件工具的用途，而制造这件工具的人必须用头脑想象下次战争是什么样的。他必须努力寻找最接近未来战争实际情况的答案，因为情况越接近，他制造的工具越适合用于未来的战争。因此，探索未来的战争不是在白白浪费时间，而是一种长期的实际需要。如果我们认识到这种探索能发现人类将会面临的战争性质，并且只有严格按照逻辑运用想象力才能完成它，这种研究就很能吸引人。

算命先生和游手好闲的空谈家，是不能准确地预见未来战争的形式和特点的。它是一个认真严肃的问题，它的结果也必须通过从因到果的逻辑推理才能得出。

有一种预言未来的简单方法，就是问问现在对未来有什么设想，现在的因会产生什么样的果。大多数人认为明天只是今天的延伸，就像是种瓜得瓜种豆得豆，天文学家能准确地说出金星和火星相遇的时间一样。

我要重点说明，我们这个历史时期，战争特性和形式经历了深刻、根本的变化。未来的战争将和过去的一切战争有很大不同，它将是一件不同于过去的新鲜事物。这会令人更感兴趣，我将和你们一起探索未来。我们的旅行路线很简单，从过去到现在，然后奔向未来。我们将充分考察过去的战争，掌握它的最主要特点，我们将考察现在如何对未来做准备，最后我们会考察按现在的做法未来战争会有什么变化，会有什么必然结果。读者将发现道路是平坦易行的。我不想告诉你深奥难懂的事情，因为我也说不清楚。战争是简单的，如同一般常理，也许我告诉你的事和通常听说的很不相同，但这些也是常识的简单发展。

# 第一章  一战的主要特征[1]

这一章我们将探讨一战的主要特征。这是我们亲身经历的,作为协约国的意大利三次获胜的事件:第一次是脱离三大国联盟,在马恩河之战中获胜(1914年8月至9月德、法在巴黎附近马恩河地区的会战);第二次是在协约国的关键时刻参战;第三次是和协约国一起取得胜利。这是令我们心情激动、值得骄傲的回忆。但是,如果我们想为未来打下一个坚实的基础,应该暂时忘掉这次胜利带给我们的荣誉,应该冷静地去观察总结它,如同一名外科医生冷静地解剖一具尸体以探索生命的奥秘,而不是为生命的消逝伤感。

一战是一个巨大的悲剧,整个世界成为战场,每个人成为参与者。要想重塑它的整个过程,我们要站在更高的角度,把望远镜反过来看,以月为时间单位来计算。如果我们这样做,就能看到一战与以往战争不同的特性,我称它为社会性。以往战争是专业化军队间不同程度的冲突,当时这是作为一种"最终方案",各国按惯例解决它们之间的冲突,专门为此目的服务的特殊集团就是职业军队,通常是雇佣兵。这些集团在陆地上或海洋上交战,其结果相关国家自愿接受,几千人的战争常常足以决定整个民族长期的命运。

---

[1] 本篇章名是编者加的——编者注。

各国的最高领导从民众那里为自己的军队搜集物资，并将这些物资全部用于战争这场赌博中，赌注就是民众自身的命运。军事博弈的胜败决定了事情的结局，除非引进新的军队重新开始博弈。只有占民众一小部分的军队能决定这种冲突的结果，大部分民众不予理睬，即使不是漠不关心，也基本是无关痛痒的态度。简单地说，这些国家的高级将领使用陆军和海军在战场上为自己和本国民众的命运而奋斗，这些陆军和海军就相当于棋子，战区也就是棋盘，因此，冲突的结局取决于这些棋子的数量和质量以及棋手的能力。"军事学"，也就是最佳棋法的汇编，它包括一系列下棋规则和要求；棋子布局即编制，棋子走动即战略和后勤，出击是战术。能够出色运用这些规则和要求的人就成了伟大的将领。

棋局的主要规则保持不变，尽管棋子形式有变化，而棋手不变，棋局始终一样。棋局主要规则不变，棋子的在具体情况下的活动则取决于棋手的操作。出色的将领不过是较聪明、幸运的棋手，即使在自己的实力不如对方的情况下也能取得胜利。他们实际上就是突破陈规、使老旧的棋术焕发新生的棋手，他们具有强大的信心，他们相信自己的运气，关键时刻坚决果断，对敌人的作战方法有本能了解，有迷惑敌人的能力，能对突发事件进行处理，对自己的能力绝对自信。

这就能解释类似"为什么拿破仑仅凭一小部分人就能横扫欧洲"的问题了。但是，其实在一战到来之前，人民就开始认识到自己的力量了，他们本能地感到把自己的命运寄托在小部分人的战斗结局上是多么靠不住。当两个人（或是动物）进行生死决斗时，他们必将拼尽全力去战斗，他们唯一的目的就是打败对方，取得胜利。一旦各国人民意识到自己的力量和地位，他们之间的斗争就将是同样的情况。他们会把全部能力和资源投入到战斗中，因为对于一个面临死亡的人，一切节约都是没有意义的。

大范围的征兵壮大了武装部队的规模，但这还远远不够，人民还掌握着其他巨大的资源，而这全部资源也必须投入战斗，因此一战是两个民族联盟间倾尽全部人力、资源和信念的生死大搏斗。

因此，在大战中，棋子就是倾尽全部精神和物质财富的民众自身，武装部队只是参战的人民力量的一部分。在以往的战争中，武装部队是作战的唯一力量，而一战中的力量则是民众自己，武装部队只是他们使用的手段，只要民众坚定信念，也就能坚定地掌控它。当民众开始动摇屈服，强大有组织的陆军也将动摇屈服，整个舰队也将完全被敌人占据，就像德国。

这种战争的结局不能依靠某些聪明的将领指挥棋子来决定，也不能由某些军事事件来决定。百万高度文明、有觉悟的人民是不会把他们的未来托付给别人，也绝不会把他们的命运寄托在一个"雇佣兵首领"的英雄主义身上的。两个国家的队伍肯定不顾一切地直接战斗，任何一方除非全面崩溃，否则绝不会后退或认输。这种崩溃只有精神和物质受到严重的摧残、折磨才会发生，它几乎不受战争中纯军事活动的影响。

这就说明了为什么赢得军事胜利最多的国家成了战败方，也说明了战争的持久性是因为需要打败的是一群国家而不是一群军队，这也解释了为什么战胜国和战败国在战后所处地位的不同。

武装部队只是国家人力、物力的一小部分，当战争仅由这一小部分决定时，无论战胜国还是战败国，都不会受到触动。战争的影响并没有被人们感受到，它只不过是获胜的一方向战败国索取赔偿后开始新的战斗。但是一战却用掉了参加战争的民族的所有资源，一方的全部力量在另一方全部力量的打压下完全瓦解。胜利者筋疲力竭，失败者一无所有。战败国像经历了强大的风暴袭击被破坏得体无完肤，而战胜国也用尽了全部力气，却发现并不能从败给他的敌人身上找回补偿。

用倒过来的望远镜，我们就能理解这场战争的社会性，认识到它所带来的后果。能够首先认识到现状会导致不可避免的结果，这是有好处的，虽然认识到这一点并不难。为了证明这点，我引用1914年8月11日都灵《人民报》刊登的《谁能胜利？》一文中的几段话：

今天要说这场巨大战争的结局似乎是大胆的，但并非如此。这场巨大斗争的各种因素在大的方面是清楚的，因为它是由参战国全部物质和精神力量所构成的。今天各国不再把它们的命运交付给一支军队，军队一旦被打败，国家也就战败了。今天的斗争范围更大更复杂，这是国家之间而不是军队之间的斗争。在这场斗争中，战场上一次胜利或多次胜利并不足以决定结局，更重要的是国家的抵抗能力。

如果我们根据军队的实力和部署、它们的可能行动、参谋部的各种准备来进行预测，我们将犯大错误，因为我们忽视了真正的对抗力量——国家本身，军队只不过是斗争中的代表。不是法国、俄国军队对抗德国、奥匈帝国军队，而是法国、俄国、英国对抗奥匈帝国和德国，这个差别是很大的。

在这样一场巨大的斗争中，德、奥军队想要通过内线作战取胜，是注定要失败的妄想。德、奥迟早必然会发现它们面对着整个法国、整个俄国、整个英国，胜利将属于懂得在战斗中如何更有利地运用兵器、力量、信念进行抵抗的一方。德国和奥匈帝国的海港被封锁，陆地边界被为生存而战的敌国所包围，正如被一个铁环锁住。它们像一对野猪被一群猎犬紧逼在洞穴里，左奔右突，这边冲开了，那边又收紧，而猎犬越来越凶猛，野猪直到力尽被咬死，森林中响彻负伤猎犬准备庆贺的胜利吠声。

这篇文章写于一战第一周，是对大战做的一个预测。好像预测战争的主要特性并不难，其实不然，各国政府并没有看到即将发生的战争必然具有的特性。

今天，人们不会相信德国参谋部中有教养、智慧的人只要完成一次出色的军事行动就坚信"德意志高于一切"，更不会相信德国的管理者也接受了这一信念，可事情却偏偏是这样的。

这种奇怪的现象之所以能发生是因为其他怪现象早已存在，尽管战争慢慢走向总体化，可政权和军权的分界却越来越明显。当政府头领统治人民时，这两种权势是重合的；而当政府转为人民意愿的代表时，政权和军权之间就产生了矛盾。依据自然规律，战争越是需要平民参加，平民就越是会把有关战争的事务委托给他们绝对信任的专门人员。民事与军事之间建起了一堵隔断的墙，切断了彼此的了解。墙内人从事的工作在普通人眼里是难以理解的、神秘的，他们甚至会带着崇敬的心情去看它。

那个圈子里做出的任何决定都会被人们轻而易举地接受。当危机爆发时，国家的命运就完全依赖于这些名义上很有能力的人，而他们却是一直脱离国家的生活、工作和活动。一旦宣布战争，政治家们将停止活动，把战争的任务交给军事家们，他们则袖手旁观，军事当局也试图缩小政治活动而扩大自己的活动范围。按性质，政府人员不能任职军事事务，政府却有权力任命和罢免最高指挥官。这种任命和罢免只凭借一种判断，而这种判断却是没有战争经验的人做出的。显然，国家将为这种责任上的怪事付出代价。

许多国家都存在这种状况。在意大利，我们的国家首脑凭借其聪明才智结束了这种状况。政府的首领也是武装部队的首领，对战争部署有最高的控制权，必要时，他将拥有战争的最高指挥权。

对战争特性不了解的后果终于在战争本身表现了出来。德国总参谋部由于只相信军事当局的作战计划和能力，从而断定用较低的代价也能迅速取得胜利。这种错误的判断建立在对形势的错误评估之上，而当时的政治家也不假思索地接受了，认为它是绝对胜任的机构做出的判断。如果不为总参谋部的声誉所惑，认真研究一下问题的实际情况，他们可能对形势就有比较正确的认识，看到失败的可能及战争要付出的惊人代价，他们对这场赌博就会犹豫不前。

陆地的战争分为两个时期：第一时期是从战争开始到马恩河之战，第二时期是从逐步建立绵亘的战线直到战争结束。第一时期比第二时期持续的时间短，它只是一个调整时期，外表看起来和以前的战争几乎相似。之所以这么说，是因为它是一场运动战，每次的交战都不会取得决定性结局，只是导致形成了绵亘的战线，成为一战的最主要形式而已。

从经典的观点看，德国的战争策划在战略上是无懈可击的。这使人们想起了拿破仑，他是建立在著名的内线机动之上的，把自己置于中央位置，利用自身的优势，依次打击周围的敌人。当然，为了成功，必须在其他敌人围攻自己之前果断地击败其中一个，否则他将被重重包围，陷入困境。对德国来讲，他们必须在俄国人全部出击前打败法国的陆军，因此他们以自己强大、无懈可击的军队，对法国人发动了一场迅速而坚决的进攻。为了尽快取得这场战役的胜利，他们避开了正面进攻而只进攻它的左翼。虽然这样做必须经过比利时，但是他们也毫不犹豫，因为战略需要如此。虽然他们知道冒犯比利时会促使英国参战，但他们希望英国的陆军并没有做好战斗的准备。通过法国左翼迅速到达它的首都巴黎，由此获得的战略成果被认为超过了比利时和英国的参战。一旦打退了法国的陆军，他们就有足够的时间去进攻俄国人及可能参战的英国人。因此，德国的总参谋部并没有完全认清形势，把战争看成了传统战场上的棋局，执行了它的经典计划，使英国用全部力量投入了对德国的战争。德国政府跟随总参谋部之后，宣布条约作废。

　　信奉相同理论的法国总参谋部的战争计划也是天真和急躁的，没有考虑到敌人的作战计划及其兵力规模。很难找出比法国更简单的战略了，它可归纳为几个字："前进，相信胜利！"在经验丰富的19世纪，就没有人会把国家的安全寄托在这种简单天真的理论之上了。法军总参谋部无疑具有高度的爱国主义，但他们却守着老一套不肯前进，受一种貌似神秘的信仰影响而脱离现实，这种状态直到被事实严厉冲击至失败为止，空谈爱国和没有准备的行动就是法国天真的计划。

　　事实上，比利时到瑞士的整条边界都驻有法国军队，在中后方有一支后备队，负责在敌人有任何动作时突击并打倒它。法军在部署完成之后，计划用全部武力从两翼同时发动进攻。法军总参谋部虽然意识到德国意图突击它的左翼，但它对可能发生的状况考虑不周。法军的打算不过是当德军通过比利时时，自己的左翼向西北方延伸而已。

法军的进攻能力在战争开始几次无关紧要的交战中就消耗掉了，德国的右翼军队攻破了没有优势的法军的对抗。9月2日，法军总参谋部下令后退100公里，当时的陆军部长亚历山大·米尔朗甚至要求宣布巴黎为不设防城市。法兰西的命运还不错，并没有受到过于严厉的惩罚，马恩河之战后，双方向海峡港口前进，建立了一条连续不断的战线。

这时开始，战争有了相持不下的特性，直到最后结束。这才是真正的国家冲突，除了与以往战争的相似之外，过去的传统作战方式都消失了。

在不可逾越的障碍接触线上，挖战壕，修胸墙，构筑带刺铁丝网，人员、步枪、机枪、大炮沿线分布，开始你追我赶的比赛。它不再是传统意义上的战争，更像是延续数百公里没完没了的战斗。它在看不到尽头的战线时而激战时而僵持，持续了好几年，接连的战线一直没有被真正突破，因为只要有一段被突破，战线很快在它的前面或后面就会重新连接起来。

这是一个僵持不下的战争，它不是一场军队间相互交锋的战争，而是国家之间相互围困的战争。就像两个摔跤手，谁都没有抓住对方并摔倒他，而是对峙着，都等着对方由于长时期紧张而导致精神崩溃的那一刻。这是一场没有参照物的战争，它面貌全新，一切传统的经典战争规模在这里全部失效，没有任何参考价值。

灵活行动是不可能的，因为你不可能对中国的长城灵活；战略也没有用了，因为战略是在战场上展开大量的人，而战争中各群人已经被固定地展开并对峙；战术在这儿也没用了，因为战术是选择各自攻防地域的艺术，这场战争中没有地域供选择。这里只有一个战场，没有人能改变它。军事学术已失去了它的作用，全部物质力量都用上了，没有潜在力量可用。这是一场不停地进行最野蛮屠杀的战争，是一场杀害和破坏的残酷战争。

这条绵亘的战线对每个人而言都是意外的，它违反了当时一切理论和所有参谋部的思维模式。历史上出现过一些防御性作战的例子，守方想方设法建立一条牢不可摧的防线，但是攻方只要集中力量，就能轻易地突破它。如果攻方沿一条固定的战线展开自己的兵力，世界所有军事学府的研究者们可能都会认为这是荒唐的。可是以往的事情过去了，现在两条战线彼此相对，交战双方只能互相敲打。

当然这并不是最奇怪的，还有更奇怪的事情发生。一些新加入战争的国家，它们的军队也同样快速地占据了同样的绵亘战线，而且是沿着最长的战线展开。1915年5月25日，意大利的军队也沿着斯太尔维奥到海边的不间断战线展开，奥军也据守着从海边到斯太尔维奥的战线。没有一国的总参谋部预见到这种情况，他们感到意外并努力改变，但是都无疾而终，因为这种绵亘是残酷的、有威力的、不可改变的现实。

出现这种违背了战争指挥者意志的奇特、普遍的现象是什么原因呢？它肯定是由某种普遍存在的，不是单靠人的意志就能改变的原因造成的。

这个原因纯粹或完全在于火器——小口径火器的巨大威力。

小口径火器效力的任何增强，都会增大防御的作用。譬如我在一个战壕中，有一支一分钟射击一发子弹的枪，我最多只能阻止一个从一分钟距离外向我冲来的敌人。如果两个敌人同时向我冲来，我也只能阻止一个而不能阻止另一个。但如果我的枪每分钟可以射击100发，我就能阻止100名由一分钟距离外向我冲来的进攻者。因此，攻击我的人要有101人才行。第一种情况，我防御时只能对付一个进攻者，而第二种情况我能对付100个，这只是我的枪的效力发生了变化，其他条件并没有变化。

如果在这两种情况中，我在战场上设置足够多的铁丝网做障碍，使进攻者减慢速度，5分钟才能到达我所处的地方，那么按第一种情况，我能阻止5个进攻者；第二种情况，我能阻止500个进攻者。其他条件没变，由于铁丝网的障碍，间接增大了枪的效力。第一种情况，我能多对付4名进攻者；第二种情况我能多对付400名。

部队用于保护自己的各种手段，如堑壕和放慢敌人速度的带刺铁丝网及他类似设施，都对防御系统有很大帮助，有了这些措施，兵力较小的部队就有可能对付比自己兵力大得多的部队。因此，火器的一切改进都对防御有利，进攻者必须以更优势的兵力进攻，并将付出更沉重的代价。

实际上，防御作用的增强效果是可以立即十分清楚地看见的，最强大的进攻也可能轻易地被挖有堑壕的小部队阻止，这就导致战线的停滞。因为双方一旦接触，却谁也不能突破，只有停止，继续挖壕固守。在马恩河之战和冲向海峡港口之后，双方战线逐段凝固直到北海。防御使战线的兵力减少，战线从瑞士连绵不断地延伸到海边。由于防御的优势，即使兵力减少，敌军也仍然难以突破战线。

如果使用的还是老式的前膛枪，就不会发生这样的情况。现在双方每个人都有快速射击的火器，他们不可能再去用那种老式前膛枪进行战争了。

没有人预见这种情况，但可能德国例外，在德国，另一种观点正流行，就是认为火器的改进将有利于进攻，这种观点公开发表在当时的官方文献及教材中。很难解释为什么会有人犯这种必然带来严重后果的错误，但可以确定它不是某一个人的主张。人们曾经深入地研究了1870年普鲁士和法国军队在亚眠地区的战争，这种从战争中汲取教训的做法已经成为一种习惯。1870年德国人一直进攻，一直在取得胜利，由此他们总结：一直进攻就能取得胜利，而忽视了能一直进攻是因为他们力量强大。人们甚至宣称进攻是取得胜利的唯一方法，因此，军方的思想是进攻，不惜一切代价地进攻。在法国风靡一时的思想是主张指挥官集中一切力量用于进攻，甚至不用考虑搜集敌人的有关情报。

进攻一方总是成功的，因为人们不敢让防御的一方得分。防御从来不起决定性作用，却能帮助争取时间积聚力量。防御完全被忽视，甚至发展到有的军队在战术教学中只字不提。在这种思想习惯的支配下，也就不难理解人们为什么认识不到火器效力的增强对防御比进攻更有价值了。人们把火器效力增强当作是进攻能力的增强，可能是受每分钟射击100发枪比射击1发能打掉更多的敌人的影响。

绵亘的战线在不经意间很自然地出现了，防御系统显示出惊人的效力，以往的战争规模失效，所有这些都严重地迷惑了当时的军部。最英勇的、训练有素的部队都被步枪、机枪的速射火力阻挡在铁丝网前面，反复进攻，结果却没有改变，直到进攻者精力耗尽，防御者守住了阵地或者后退，这时斗争停息，等待新一轮开始。孚日的代表阿贝尔·费里，参战时是步兵中尉、国务次官、陆军委员会成员，1918年9月25日死在战场上。在战争爆发之后22个月，他写道：

  只有亲身参与过这次战争的人才能够认识到，法国总参谋部对战争性质、机枪火力、带刺铁丝网的价值及重炮的必要性是多么无知。我们的总参谋部具有很高的道义感和伟大的个人品质，非常努力进行战争准备，但不幸的是我们选择的方向是错误的。我们总参谋部的军官使自己成为拿破仑式的专家，但是忽视了经济、工业和政治力量；他们不是现代国家战争的专家，没有预见和研究过主要由小部队进行的堑壕战。总参谋部没有经历过，也没有领导过这种战争，对它完全不了解，这种经验还没有由基层传到上层。

  当一切战略计划都已经失败，当一堵墙对着另一堵墙建立起来时，斗争变得分散而不协调。由于即使付出沉重代价也不能取得战略成果，交战的军队不得不退而求其次争取战术成果，但这些战术成果的代价也是很大的，它们开始抢占有利地位。既然在任何地方付出代价都能取得战术成果，战术活动也就成了整个战场的特点。在有利的季节，在调进足够数量的人员和弹药后，交战双方也会周期性地进行一些大规模活动，在人员和物资上都付出了很大代价，而结果至多是部分地楔入敌人防线。在一系列动作之后，战线变得歪曲，这不是战略战术的结果，而是双方在进行这些无效的活动遭到阻止的结果。偶尔在战线上有一个较深的突破，又总会迅速修复。实际上，从马恩河之战到最终胜利，一直是以最高的行动代价换取一次次插曲式的单个战役胜利。

  进攻永远比防御付出得多，直到它能压倒防御。进攻方在胜利后将获得大量的劳动成果，但如果在达到目的前被阻止，那就是纯粹的损失，因为进攻者的消耗比防御者大。这个事实很明显，但为了替进攻辩护，法国产生了要像老鼠啃咬东西一样的理论。

  这种理论也有一个前提，即协约国比德、奥两国具有很大的人数优势，即使每次进攻法国付出比敌人大的代价，遭受比敌人更大的损失，因为敌人的兵力比法国少，最终法国也将把它拼垮。这个理论违背了军事科学，严重妨碍了取得最终胜利。俄国崩溃以后，协约国的人数已不再占优势，他们遭受的巨大损失对西线协约国的军队产生了瓦解士气的效果。

  1916年7月阿贝尔·费里就沃厄弗战役情况在递交维维阿尼内阁成员一份备忘录中写道：

  消耗战不仅是公开承认战略上无能为力，还将导致未来法国遭破坏，这是一种新闻界的方案，而不是军事方案。不管怎么说，这种战争是危害我们本身的战争。当我3月18日回到团里的时候，人们正因愚蠢的英雄事迹而兴奋。我的连有260人参加攻击，只有29人返回，同样的事情也发生在第8连。在得而复失的德国堑壕里，只找到了一个被打死的德国人。27日我们再次攻击，又一次被挡住了。4月5日、6日、12日，我们又发起了攻击，特里翁炮台的光荣守卫者X上尉甚至单独跑出战壕被打死了。这个勇敢的团现在已经丧失了它的一切进攻能力，最多只能待在堑壕里了,我可以说我所知道的其他20个团也都如此。

他们说,由于准备不足,对敌人采用人海战术能提高我们的士气,但是躺在德国堑壕前面的成千死去的法国人,反而提高了我们敌人的士气。如果继续这种人力的浪费,那么不要很久,我军已经严重削弱的进攻能力将会完全被破坏。

对于进行那些大的进攻,一切牺牲都是值得的,而这些小的局部攻击只适用于发布每天的战报,却已经造成30万～40万人的无谓牺牲。去年12月仅仅对哈特曼·威勒堡的攻击就损失了我们1.5万人却没有夺得1米堑壕。

1917年5月,在一次流尽鲜血却毫无成就的进攻后,法国陆军委员会报告人费里这样结束了他的报告:

悲惨的时刻来到了,法国的士气受到了严重损害。一些度假的士兵听到人们高喊:"和平万岁!"这就是过去三年来我们的军事活动收获的结果,法国政府没能从统帅部没头脑的政策中保全法国士兵的生命。

这个时刻确实是悲惨的,不仅对法国,对整个协约国也一样。接替尼维尔的贝当预料到俄国不久将崩溃,采取了一个新方针,避免无益的进攻行动,以拯救士兵生命,提高军队和全国的士气。但在1917年的整个夏季和秋季,英国发动了一系列攻击,损失了40万以上人的生命。他们无法弥补这个损失,因此,当1917年下半年俄国人签署停战协定后,协约国人力不足,士气低落,只有当美国军队开始进入法国,才重新恢复了平衡。

战争最终阶段的特点是政策和方法上发生了根本的变化。协约国军队认识到必须保存实力争取时间,等待美国援军到达和得到充分训练,德国人也认识到必须在美国全部实力援助起作用之际结束战争。协约国军队放弃了过去消耗战的理论，认识到最好让敌人发动进攻，等到它筋疲力竭再进行反攻。自此，进攻取得了胜利。

主动进攻并不一定意味着能任意发动进攻，它也可以意味着能让敌人自由地进攻，如果这样对自己更有利的话。这应是协约国在战争开始时就采用的方法，如果不是他们头脑被进攻带来的成果所迷惑的话，也会这样做的。协约国不仅没有做好战争准备，而且也没有充分了解战争的实际情况。他们本应争取时间来增强他们潜在的实力，造成由于防御作战的作用增大而必需的人力、物力优势。他们本应放弃一切无用的攻击，因为时间是他们最好的朋友，是对方最坏的敌人。一个人应该永远朝与敌人想的相反的方向去做，因为敌人想推迟决战，直到拥有一切必要、有利于自己的手段。这就是他们战争开始应该做的，而不是像一头公牛那样对着敌人挥舞的红布没头脑地冲上去。

如果在这个等待的时候德、奥采取进攻，那就更好了，它们会更快地耗尽自己。不要把手里的人员和弹药用在向敌人发动的没有积极效果的攻击上，最好把自己的防线铸成坚不可摧的，然后集中后面有巨大能量的大批部队，等待时机采取一次有效的行动。

人力的巨大消费并不值得，它不仅本身是个错误，给协约国也造成了严重的政治损失。因为他们不得不承认，是美国的帮助使局势扭转，这导致美国在签订和约时以及签约后处于主导地位。

对一战陆上战争的回顾，让我们看到了它的最重要特性。这是一场国家与国家之间的战争，每个国家都投入了它的全部实力，都企图用消耗战拖垮对方。两军在阵地上交战，但由于小口径火器的威力所起的作用使防御的价值大大增加，因而双方都不能从阵地上进行运动。同时我们也看到，由于对小口径火器改进这一技术因素的错误评估，使军队在进入战斗时精神和物质准备不足。事实上在战争过程中，每件事都在变化，很多东西都要随之改进。平民的动员工作也开展得很缓慢，英国的征兵法令就讨论了很久，而法国总参谋部直到1916年5月30日才通过了制造速射重炮的计划，这时已是战争爆发二十多个月之后了。由于战前没有人正确地想到这场战争的面貌，延长了战争时间，危及了最后的结局，致使为胜利付出了更大的代价。

这是制度的错误而不是人为的错误，在当时的环境下，人们被强烈的爱国心和坚定的信仰鼓舞，做了可以做的一切，我们应当向他们致敬。

战争中不能忽略的方面就是经济方面。战争的目的是胜利，但也应以最小的代价获得最大的成果。在战场上，代价就是人民的鲜血，目的就是拯救国家。战争是一个极大范围的活动，没有人能摆脱它、避开它。罗马在最辉煌的时代从它的永久公民中挑选了最优秀的士兵，他们全都热情地关心军事学术。年轻的罗马人开始学习政治、法律、公共行政、哲学、演讲，一句话，他们在懂得并参加了罗马公共生活之后，进行军事活动以赢得声誉和威望，然后再回到他们的政治和行政事业中去。恺撒也不是终身从事军事，却成了伟大的统帅，他利用并凭借自己的天才智慧、敏锐的直觉、强大的适应能力和坚定的意志获得了军事声誉。

过去是这样，今后也一样。国家战时的领袖不能只关心军事，而应该关心本国和其他国家多方面的活动。换句话说，他必须是一位全面的真正的领袖。

回忆过去，如果能认识到我们的错误，承担我们该承担的责任，那么我们对取得的胜利会更感到骄傲，因为我们不仅战胜了敌人，也战胜了自己。这就是像我这样无比挑剔的人，却要赞扬那些无名战士，把他们看作我们常胜民族神圣象征的原因。

## 第二章　海洋战争

第一章我们简单讲述了一战的陆地战争情况和它的主要特点，以及由于错误评估一种技术因素带来的后果。本章我们将讲述海洋战争，我们将看到海洋特有的另一个技术因素受到错误评估带来了几乎相同的后果。

海军上将圣文森特勋爵曾有一次在上院攻击首相皮特，这是因为皮特赞成鱼雷和潜艇试验并加以鼓励。他告诉皮特："我想你是世界上最大的傻瓜，你竟然支持一种我们控制海洋根本不需要的战争工具，而这种战争工具一旦成功，将会夺走我们的制海权。"

不过伟大的英国首相怎么会是傻瓜呢，而圣文森特勋爵的预言也没有错。这种工具制成的一个世纪后，英国人就丧失了制海权，富尔顿用他的"瑙提拉斯"号潜艇和鱼雷首次炸沉一艘双桅船"多洛西亚"号。之后的百余年间，潜艇武器已经有很大发展，可是英国海军的技术人员并没有认识圣文森特勋爵话中的真理。因此，德国潜艇战出乎他们意料，英国海军完全没有任何准备。

在过去很长的一段时间内，想象力丰富的人们就预言潜艇将用于战争，试图引起人们的注意，但并未成功。英国作家安威尔斯也充分地预见潜艇战的可能，碍于他幻想小说家的身份，人们不会严肃地对待他的预言。战争前夕，著名的海军炮战战术革新家和火炮装甲专家海军上将柏西·司各脱爵士写道："由于潜艇具有的实际威力，战舰无论进攻或防御都已无用，因此继续建造它将浪费国民贡献给帝国国防的钱。"

但这位海军上将的意见也同样被支持战船无敌的一片批评声淹没了。1913年英国一艘潜艇连续6次撞击海军上将的座舰，而海军上将6次警告潜艇艇长"去死吧"。

美国海军上将西姆斯写道："直到大战前，多数海军将领和舰长对潜艇的看法是：它是奇妙的玩具，能做出壮观的表演，但只是在精心选定的地域、良好的天气和良好的海上条件下才行。"

权威的海军人士曾指出，潜艇的活动有限，只能在白天和气象条件良好的环境下活动，在雾中和夜里则不行；必须升到水面发射鱼雷；船舱内不适合人员生活，因此船员一周左右必须换班；它不能执行远洋任务；它必须依靠母舰才能活动；等等，还有其他一些类似反对意见。此时潜艇已明确存在，居然还有这些偏见存在，简直让人无语！

甚至在"克莱塞"号、"海格号"和"阿博科"号被击沉以后，潜艇也没有被这些偏执的人所接受，因为他们认为，这三艘巡洋舰是在狭窄海道上、于潜艇特别有利的条件下才被击沉的。

英国海军上将柏西·司各脱爵士写道："德国潜艇剥夺了英国船舰的活动自由，由于有了它，没有一条大船敢在没有鱼雷艇和驱逐舰护航的条件下驶离海军基地，潜艇阻止了英国舰队轰击德国港口；击沉了我们10万吨战舰，迫使我们尽量远离敌海岸，我们的舰队不得不到百慕大去进行射击演习；我们派往达达尼尔的船除了被击沉的以外，不得不藏在慕德洛斯湾内。换句话说，潜艇极大地破坏了这支世界最大的舰队的战斗潜力，使它在漫长的时间中第一次感到自己无力保卫英国。"

玩具变成了可怕的武器，圣文森特勋爵的预言变成了现实，英国丧失了它无可争议的制海权。事实上，在1917年春季潜艇战争最激烈的时候，英国海军界和政府就觉察到战争可能会因为潜艇而失败。同年4月初，美国海军上将西姆斯和英国海军部部长杰利科上将举行会谈，并交换了以下意见。

"在我看来德国人正在赢得战争。"西姆斯说。

"如果我们不能立即制止这些损失，他们肯定会赢。"杰利科回答。

"难道没有什么解决办法吗？"西姆斯问。

"据我知道，至少在目前没有。"杰利科说。

这段话里看出了潜艇战的作用，尤其当美国将要参战的时候。强大的英国海军，无可争议的海洋主人，尽管有法、意海军同盟，还有美国的帮助，却依然意识到战争将因潜艇战而失败。这一时刻实际标志着英国丧失了海上霸权，虽然最后它赢得了胜利。

德国潜艇战没有达到目的是由于以下原因。

1. 协约国有能力运用世界各地及本国的舰艇生产对抗德国潜艇的任何武器。

2. 德国人并没有及时、充分认识到潜艇的军用价值，如果他们能真正地认识到潜艇的价值，就会把建造水面舰队的钱分一部分来造潜艇。他们会在战争开始就发动潜艇战，并投入大批的潜艇，那么他们这一活动一定会获得巨大成果。我们可以看到1917年中期潜艇战最激烈的时刻，英国水域的德国潜艇从来没有多于

35艘，我们大致就可以了解这支队伍的实力了。

3. 直到1917年1月前，德国人才坚决全面地发动潜艇战。当时，在军界和政界之间、陆军和海军之间时刻充斥着没有意义的讨论，浪费了大量时间，直到发动战争后他们仍然犹豫不决。换句话讲，他们不能一心一意地投入，这点在战争中是最糟糕的。

协约国利用这些空白的时间发明了或多或少的防卫手段，拖延了德国的时间，制造了足够多的新潜艇。当全面潜艇战的支持者在德国获得势力时，已经来不及了。建造新潜艇的计划开始了，但已没有足够的原料和熟练的工人。1917年底，德国总参谋部拒绝从陆军中调2000名技术人员给海军。德国舰队因长期不能活动，军心涣散，最后连水兵也招不到。所以，法国海军参谋部军史部写道："如果德国人在发动全面潜艇战中不延误，如果他们的指挥官和水兵的非凡勇敢没有被德皇及其总理大臣的多疑和犹豫所破坏，我们本来会输掉这场战争。"

因此可以看出，协约国赢得胜利部分还要归功于德国人。双方都没有认识到海战的事实，这使德国人失败，同时也给协约国造成了危险。

1917年4月7日美国加入一战，很可能是由于看到当时德国将取得胜利，而这个胜利不仅会使协约国毁灭，也会对美国形成巨大威胁。参加战争使美国在海洋领域也取得了优势地位，美国人可以理直气壮地说，由于他们的加入，海洋领域倾向了协约国一方，因此，美国人不可能承认自己在海上的势力不如英国。可以说，当美国舰队与英国舰队并肩作战的时候，两国海军之间的竞争就开始了。

希尔海军上将曾写道："至今为止，很少几个国家能承担大量财力建造大舰，使它们能控制海洋。可是现在潜艇推翻了这种局面，今后不必再担心英国海军施加政治压力了。"

这就是为什么富有的国家建造大舰用于施加政治压力，坚决反对潜艇，同时又战战兢兢自以为是地宣称它不人道的原因。

一战的海战方面有一种经常被人误解的特质。从表面看，海军的任务似乎只是攻击敌人交通线和保卫自己的交通线。的确也发生过几次海上冲突，但是规模不大，也没有决定意义，这导致一部分人主张海军未来最重要的任务就是保卫自己的交通线和攻击敌人的交通线，报纸杂志在这方面也发表了比较正式的文章。

可是这个现象会导致严重的错误。一战的海上战争是在特定的条件下进行的。协约国舰队在地理位置和战略地位十分有优势。德、奥在战斗刚刚开始就觉得自己没有取胜的可能，它们不想自寻死路，就躲在要塞基地内，由潜艇防守着，等待同盟国出现失误的时候出来攻击。德、奥自愿放弃自己的海上交通，把商用船只停在港口或任凭它们被中立国扣留。协约国海军实际上并没有接触敌国海军，但他们也必须时刻高度警戒，严密监视在他们控制范围外的敌人的舰队。他们在整个期间不得不这样做，他们寄希望于在敌人出现的时候能捉住它。对他们来讲不是怎样攻击敌人的交通线问题，因为敌人的交通线就不存在——敌人自愿放弃了它，他们的任务是保护自己的交通线不受到破坏。

因此并没有真正意义上的海战。英国舰队进行着隐蔽的活动，它的这种活动在还没有形成真正的力量之前，敌人就封闭了自己的海军力量，放弃了海上交通。如果不是德国人强烈的劣势感,绝不会发生这样的事情。由于这个原因,一些肤浅的人就轻易地认为大的水面舰队尤其大型军舰在一战中并没有起到任何作用,这些人犯了一个天大的错误,从错误的前提得出错误的结论。

事实上,从战争开始,庞大的水面舰队没有发射一发炮弹,而靠潜在的力量就赢得了战争。海战胜利的结果就是敌人停止了一切海上交通,海军部队也不见了。敌人只能依靠潜艇伏击,潜艇活动的确有可能扭转局势,但这并未降低海面最初胜利的价值。这也证明,海面胜利只是阻止了敌人的交通,却保卫不了自己的交通安全,因为在海面胜利后还要预防潜艇的突击。逼迫敌人海军部队躲藏起来或用其他办法阻止它航行,再用水面舰艇去破坏、进攻它的交通线,达到这个目的没有必要去求助于潜艇,因为用水面舰艇破坏交通线比潜艇要方便得多。

因此,如果认为由于潜艇承担了水面舰队的某些任务从而降低了水面舰艇的全面作用,那么按海军最重要的任务是与敌人海军交战并击败它来说,潜艇并没有降低水面舰队的作用。正常情况是交战双方的实力相当,一方不至于在刚开战就投降。在这种情况下,一种真正意义的海战就会发生。

"制海权"原本的含义是,自己可以自由航行而敌人却不能。如今这一概念已完全失去了它原本的含义,因为拥有海军基地的敌人很难被全部摧毁。当一支海上力量在战争中实力大大削弱后,它就会像德国舰队在一战中那样行动,胜利的一方也必须紧密监视战败方剩余力量的一举一动。因此,战胜方没有充分的航行自由,但它能完全阻断敌人的海上交通,同时保卫自己的交通不受潜艇的威胁。

今天的制海权只能理解为一种态势，拥有它的一方比敌方有更大的航行自由，类似一战中协约国海军所处的状态。虽然他们没有了过去意义上的制海权，却能有效地阻止敌人的交通，使敌人的海军部队到处躲藏直至最后投降。海军的最重要的任务就是夺取制海权，在没有取胜之前，任何一方舰队都不应冒险分散兵力，去保卫自己的交通线或攻击敌人的交通线，这种行动只有在夺得了制海权以后才能进行。夺得制海权的一方应立即切断敌人的一切交通，还必须确保自己不受潜艇的袭击。

这就是一战中海上战争特性的变化，但这种变化并不影响水面舰队的根本价值。

从上述对一战的考察我们可以得出以下结论。

1. 它是国家与国家之间的战争，影响全体人民的利益和幸福。

2. 取得胜利的国家，在自己筋疲力竭之前就粉碎了敌国的物质和精神上的抵抗。

3. 军队的职能是作为交战国家的消耗代理人，各国将其资源变成战争手段不断送往前线，消耗以后，再由另一些继续补充。这种消耗和补充过程持续进行，直到一方物质上和精神上完全衰竭，不能再补充它的消耗为止。

4. 海军是加速或延缓消耗的机构，当它用于阻止补充资源进入时是加速消耗，而当它促进资源进入时是延缓消耗。

5. 陆上战争违反了其指导者的意愿，采取了相持的形式，原因在于小口径火器的巨大威力，增加了进攻的困难，使它需要极大的兵力优势。

6. 只有当各国经历了长期而痛苦的消耗过程，再不能从物质上精神上支持它的军队时，陆上战争才能决胜。

7. 由于协约国军队的巨大优势，海上战争一开始就胜负已定。结果使协约国进入了一个漫长疲惫的监视时期，而德、奥则进入漫长消沉的等待，希望出现机会打击敌人。

8. 虽然协约国处于能阻止敌人海上交通的地位（这是敌人自动放弃的），但自己却又被迫保卫本身的交通线不受潜艇攻击，这种攻击一度很严重地威胁着协约国取胜的机会。

9. 陆军和海军都由于错误估价了技术因素，在开始交战时都没能充分地了解战争的实际情况，因此，随着战争的进行，他们不得不弥补由于物质上精神上备战不足而造成的后果。

这就是我们探索未来时可依据的前提，我们可以斩钉截铁地说：

1. 未来的战争再次涉及所有国家和它们的全部资源。
2. 胜利将属于能首先粉碎对方物质和精神抵抗的一方。
3. 武装力量如果能正确适应未来战争的形势，并按它的要求进行训练，就能对战争做出更好的准备。

我想这三点是无可争议的。

4. 陆上战争本身就具有一战的相持性，因为形成相持性的原因依然存在，在未来将更明显。

从停战至今，火器的威力一直增强，将来会更强。火器时刻在改进，各国军队装备的高速小口径火器数量也一直在增加。导致的结果是，防御价值也一直增加。为了打破这种僵局，想要进攻必须有比以前更大优势。新武器并不会改变格局，因为双方都会同样拥有。新武器又总是更容易防御，即使对很弱的敌人进攻也十分困难，在当敌人的边境是山区、部队很难广泛展开、供应困难时更是如此。双方都认为等待才有最好的时机，所以都继续采取守势，这样就违背军事领导人的意愿而出现绵亘的战线。要想打破敌人的绵亘战线，需要用到很多的作战手段，没有一个国家在战前做好了这些准备。因此，在相持的战争中加紧工业生产是很有必要的，将国家资源转为有效的战争手段。双方都会以同样的思维这样做，所以僵局会一直持续很难打破，这个局势直到某一方国家的资源完全耗尽，未来的战争无疑是持久的、缓慢的、代价巨大的。

从整体看，可以想象未来的战争将和一战一样，也将出现漫长绵亘的防守战线。它同样很难突破，即使有一个很小的突破也会立即修复。它将无声息地消耗交战国各方的资源，直到一方耗尽崩溃。所有运动战概念和理论在这种绵亘战线前都起不到任何作用，因为不管强方想怎样突破，弱方都会由于准备不足、没有自信心等因素采取防御措施阻挡进攻者，并以此赢得时间准备，加强自己的力量。弱方利用防御的优势抵御强方，以至于强方虽然较强，但不能战胜弱方，勇于进攻的精神和自由活动的意愿都不能改变这种局面。不可否认，一支军队必须具备进攻精神，退让是荒唐的。但如果用自己的头去撞坚硬的石墙来显示进攻精神，碰得头破血流而石墙却岿然不动，这是不明智的。每个人做事时都要有进取精神，但这个人在下命令时必须保持清醒的头脑、锐利的眼光，知道怎样发扬这种精神，只有相持战的僵局被打破才有机会进行运动战或机动战。

5. 海上战争，具有和一战相似的特性。开始当然要在海洋战争中进行较量决定胜负，除非一方在开始就有绝对的优势。如果双方力量相当，则双方都会试图打击对方，获得优势。海上胜利的意义是它剥夺失败方的航行自由,胜利者用自己的海军阻止失败者的通行,而失败者只能用潜艇去对付胜利者。总之,就算战胜了,也不得不时刻警惕、保卫自己的交通线不受敌人潜艇的袭击。

由此合理推理:相同的原因导致相同的结果。既然导致一战争特性的一切原因没有实质性变化,那么未来的陆战和海战就本身来讲应该具有和它相似的特性。

## 第三章　天空的新发展

情况不一定会按人们的意愿去发展，因此，即使海上或陆上没有新的发展，在天空却有了不同。既然海洋和陆地的上方都有天空，那么空中的发展将影响战争全部，也将改变陆战和海战的形式。天空有了新发展，出现了航空兵，由于它在一战时才开始萌芽，对那次的战争并没有造成很大的影响。

为了更快清楚认识到航空兵给战争带来的根本性变化，我们首先要看到人类交战以来战争的基本特性。当人类只在地面活动时，战争也都在地球表面进行。战争是两种主观性思维相冲突的结果：一方想要占领某片领土，而另一方不让它占领。因此每次战争都有地面展开的军队的运动和冲突，一方军队竭尽全力要突破敌人防线，夺取其后方土地，另一方则尽全力打退敌人的进攻保卫领土。这样，地面上的军队双方都有各自的目的：一方奋力突破敌人奔向目标，另一方努力保卫敌人想要夺取的目标。

这就是自古以来战争的基本特性，是直到一战期间地面军队最高职能，这次战争以最大的规模显示了各个敌对军队的基本特性和职能。现在人类可以离开地面，飞向天空，这就改变了战争的特性，缩小了地面军队的职能，因为这种战争特性和军队职能源于战场局限在地面。

换句话讲，不需要去突破敌人的防线就能到达它想到达的目标，战线不能再保卫它后方的东西。航空兵的出现造成了新的情况，则战争的形式和特性也必然发生根本变化。

陆军和海军已经没有能力保卫国家的后方了，这个国家的陆军和海军已经完全暴露在空中敌人的攻击之下。战场无限大了，它扩展到所有交战国家的陆地和海洋。参战人员和不参战人员已经分不出界限：全体公民不管在什么地方都可能成为敌人进攻的牺牲品。没有一个地方可以安全、平静地生活和工作，办公室和堑壕一样不安全，办公室可能更不安全，每个人无时不面临着危险。

很多人以为航空兵只是一种武器的改进，如同基于火药的发明出现了火器、有了蒸汽机后轮船代替了帆船一样。这些想法都错了，人类历史上还没有一种武力能和航空相提并论。原始人投掷的石块和著名的"伯莎"大炮发射的炮弹之间只是性能上的差别，而不是品种上。在原始人和克虏伯中间经历过一系列提高弹丸推进力的改进，但这些改进都是沿同一思路。沿同一思路向前，只能叫革新，而不是革命。三层战船和近代轮船之间，只是推进的方法上有了改变。自从有战争开始，它都是以不同程度的相同特性和相同手段展开的。因此，总体来讲，战争的情况都是相同的。但航空兵器不是一种改进，它是具有自己的特性的新事物，它为人类提供了从未有过的能力。

它是一种全新的因素，给古老的因素带来自己特有的全新性质和能力。由于这种新因素的出现，战争的趋势开始从这里中断了它原有的连续性，突然转向一个完全不一样的方向。它不是革新，而是革命，在这个转变的关键时期坚持走老路的人注定要被淘汰，他将发现自己脱离了现实。航空兵打破了老旧的战争形式,也就打断了战争特性演变的连续性。

　　几乎同时出现的毒气武器给这种演变带来了更大的转折。一战中最可怕的事件莫过于1915年4月25日的氯气攻击,它被看作战争中毒气历史的开始。在这个时间以前,似乎人的生命只会被劈、刺、打或其他有冲击的工具伤害。从原始的天然武器到现代化的武器,经历了无数次的改进和创新。从石斧和粗燧石发展到刺刀,从用手投石发展到步枪、大炮、机枪,不过是用火药的爆炸力代替了在它以前的人为发出的力量。但从广义上讲,一个弹丸要击中一个目标,这个目标就必须在一定时间内处于弹丸发射轨道的某点上,因此弹丸的攻击是瞬间的、线性的。而毒气攻击的作用是立体的、持久的,只要你在毒气的有效时间内处于它范围中,就会受到它的攻击。弹丸在推进力消失后就无害了,而毒气则相反,它会在存在的空间内一直起作用。

　　一颗305炮弹爆炸后的威力还没有一个小孩子的危害大,而一颗芥子气炸弹从爆炸起至随后几天一直是致命的。炮弹爆炸声音很大,而毒气的释放是无声的,也经常是无形的。弹丸的发射轨道如果被合适的平面遮挡,人就可以隐蔽在后面不受伤害,而毒气却是能从每个缝隙渗透扩散,渗透到人类一刻都离不开的物质中,因而能在宽阔的地面上杀害许多人,由此可见,毒气的攻击力比炮弹要大得多。如果我们承认世界上的一切时刻改变着,那么1915年4月25日残酷的毒气攻击对于明天的士兵和平民来说只不过是小把戏而已。

　　掩耳盗铃是没有用的,和平时期制定的所有规定、国际协定都将被抛到一边。一个为生命而战的人,有权利使用一切手段。战争手段没有人道不人道之分,战争从来都是不人道的,而使用手段也不能根据效力、潜力或对敌人的伤害程度区分为可取不可取。战争的目标就是打败敌人，凡是有助于这一目的的手段都能被采用。如果有人不想违背正式协定而甘愿使国家战败，那他不是叛徒就是蠢货，何况这些协定只是规定了杀人和破坏的方法，并没有限制杀人和破坏的权力，对所谓不人道和残暴的杀人手段加以限制不过是国际上迷惑人心的假仁假义。事实上，世界各国都在试验和改进毒气，这绝对不是为了纯科学的目的。由于毒气的可怕威力，它在未来的战争中将被大量使用，这是残酷的事实，要正视它，不要虚假地同情伤感。

"飞机提供了向军队和大片土地投放大量毒气的手段，飞机使进行化学战从而对大片土地造成可怕后果成为可能。"

这是前不久福煦元帅写的。事实上，航空兵能把毒气散播到敌人领土的任何地方，这两种武器的结合比历史上任何武器的进攻能力都大得多。每个人都知道一战中毒气的可怕，也都明白世界各地的实验室中都在悄悄地研究着如何增大这些毒气的威力。每个国家都想对这一事实保密以达到出其不意的效果，但是，尤其国外，却不断地发表着这方面的报道。因此，我们没有理由不去关注和讨论这方面的问题。

在美国已经进行了毒气试验，受过毒气扩散的土地荒废了多年，人类防御这种毒气的唯一办法就是特殊材料制成的防护服和进行人工呼吸的适当装备。现在已经了解了一些挥发很慢的毒气，它的作用能保持几个星期有效。所以说用80～100吨毒气就可以覆盖伦敦或巴黎这样的大城市，而按适当比例结合使用爆炸弹、燃烧弹和毒气弹就可以完全摧毁大型的居民中心，因为毒气使人们没有能力去救火。

爱幻想的德国人已经发明了一种他们称作"毒气外套"的系统，他的设想是：在一个城市上空布下一片看不见的密度大于空气的毒气云雾，慢慢接近地面，毁灭地面的一切，不管是地下室还是摩天大楼的阳台，没有一处是安全的，没有地方可躲，没办法逃脱。

飞机和毒气在一战中已经使用，但当它们刚刚出现在战争中，还没有发明恰当的使用方法。目前我们还没有实例来讲述现在和将来毒气的使用问题，但是关于航空兵却已经有了很多实战经验。今天航空武器的潜力比一战结束时大了将近10倍，今天，装有2000、3000甚至6000马力发动机的飞机已经在制造或使用。在这方面，要感谢当时意大利的航空部长巴尔波，他的才能和创新精神使意大利走在了其他各国的前面。他已经委托意大利著名的飞机设计家兼制造家卡普洛尼去负责这个事情，意大利最初的重型轰炸机就是以卡普洛尼命名的。部分飞机已经造成，有的正在进行中。6000马力的飞机总重约40吨，其中有一半是有效载重，也就是说它就像是四节可以飞行的铁路货车。这种飞机用来高速、安全地运送旅客是非常理想的，它也能成为强大有力的战争武器：带有一前一后两门炮，16～24挺大口径机枪，6吨炸弹，将成为真正的空中巡洋舰。它的关键部位可用轻装甲防护，巨大的机身使它能在水面安全降落。由于它有多个发动机，基本可以避免迫降的危险，因为它能在飞行中排除小的发动机故障，即使有一半发动机故障，也能继续飞行。

这就是现在和将来的航空武器，它用金属制造，不需要机库停放。相比之下，一战中的航空器更像一些玩具。忘掉那些用木料和帆布制造的可敬的但脆弱的旧飞机，感谢在飞机制造方面按几何级数取得的进步。300马力的卡普洛尼飞机逐渐变成了600马力、1000马力、2000马力，现在是3000马力和6000马力的飞机。

一位英国军官算出，今天的一支独立空军在一次飞行中能够投下的炸弹为800吨，这个重量比一战中全部英国飞机投下的全部炸弹还要多。事实上，人们算出今天一支独立空军一次飞行能携带1500吨炸弹，相当于150节铁路货车的运载量。

英国舰队每次能发射出总重200吨的弹头，一支独立空军投下的炸弹重量是整个英国舰队舷侧同时射出的7倍。英国舰队只能向对它还击的舰队或海洋目标发出舷侧齐射，而对方也有办法还击，航空队则能向敌国领土领海任何地方包括最重要的目标猛烈投掷炸弹。英国舰队射出的钢铁远远多于炸药，而独立空军投下的钢铁远少于炸弹和毒气。即使英国舰队能飞起来，也比独立空军的进攻威力小得多。

一战时，特雷维佐市市民在被投下80吨炸弹前就早早撤退了。假如这80吨炸药在空袭中投下，由于大火不能扑灭以及给人民带来的精神上的影响，特雷维佐的损失肯定会更大。今天，一支普通的独立空军能向20个特雷维佐这样的城市各投下80吨炸弹，这种行动除能极大地破坏物质外，对精神上造成的影响也将是不可估量的。

飞机每天从伦敦飞往巴黎后再返回，1000架飞机从法国北部飞到伦敦，这在任何时候都是很容易办到的，同样它也很容易由英国的南部飞到巴黎上空。没有人会怀疑今天1000架飞机各带1吨炸弹由巴黎飞到伦敦的能力，也没有人会怀疑1000吨爆炸弹、燃烧弹、毒气弹会毁灭巴黎和伦敦，它们是各自国家的心脏。

我希望读者能长久深入地思索我提到的可能性，这是今天的现实，而不是明天或未来10年、20年后的情景。可以确定的是，不管地面上陆军和海军的情况如何，今天的飞机能够对敌人领土发动更强大有力的进攻。航空兵提供了到达敌人中心的手段，而毒气把这种进攻的破坏程度发挥到最大。

这就是事实，虽然它是不人道的、残酷无情的行动。不管它被认为多么不人道和残酷，如果有需要，没有人会拒绝使用这种手段。在这之前，敌对双方能用盔甲保护自己，而努力以沉重的打击击穿对方的盔甲，只要盔甲存在，盔甲下面的心脏就是安全的。可是现在情况改变了，盔甲失去了它的防护效力，它再也无法保护心脏，心脏能由航空兵直接达到，用毒气加以杀伤。

罗瑟米尔勋爵写道："从现在起没有一个国家再能夸耀海上霸权，这对我们英国是一丸苦药，但我们不得不吞下它。"

鲍德温首相1924年7月24日说："很多人认为英国应当与欧洲隔离，这说来容易，但必须记住，我们隔绝的历史结束了，因为随着飞机的出现，我们不再是一个岛。不管我们喜欢不喜欢，我们现在不可分割地与欧洲拴在一起。"

这是英国必须吞下的第二丸苦药。事实上，不管多么强大的海军，也阻止不了准备充分的敌人，不管是德军还是法军，都可以攻击这个迄今为止自以为不可被侵犯的伟大城市——伦敦。它没办法阻止它的腹部商港受到攻击，也没有办法阻止它的心脏海军基地受到攻击。英国的舰队已经没有了它的防护能力，它的安全只能依靠建立一支能够对付空中威胁的空军。

这就是一幅战争革命性变化的图卷，足以让人们明白未来战争与以往战争的不同。当然它的意义不止这些，它还意味着诸如潜艇、飞机这些纯技术因素的影响已由军事领域进入到政治领域。飞机和潜艇不可否认地动摇了英国政治地位的基础，并肯定是不利于日不落帝国的。技术因素带来的政治影响是有趣的,但我只是想说明在未来战争中,错误评估航空兵,重复一战前所犯的对技术的估价错误是很危险的。因此,密切关注航空对战争形式和特性的影响是至关重要的。

## 第四章 展望未来

现在我们展望一下未来,这将是一个非常有趣的话题。也许有的读者会不理解或感到困惑,但这只是表面现象,而不是实质。我们确定的起点,看到了正在成熟的事物,现在要做的是从中推出一个结论。人类理智的预见能力不比上帝差,麦·克斯韦以抽象的微积分为基础,发现并阐明了我们凭感觉不能发现的电磁波,赫兹按同样的基础制成了能显示电磁波的仪器,而马可尼把这一发明用到现实中。而我们现在研究的问题,是眼睛可以看到和感觉到的,因此我们只要摆脱过去的固定思维,就能很容易地得出结果。

1921年我在书中曾提到过:面对有充分准备的,决心侵犯我国领土,从空中破坏我国交通、生产和工业中心并在居民中心散播死亡恐惧的敌人,不管我们在阿尔卑斯山部署多强大的陆军或在海上部署多强大的海军都是无能为力的。当时的人们也都承认这一点,今天的观点也是一样的,明天也必然一样,除非人没有常识地认为飞机不能飞、毒气不能杀人。正如我在前文中所讲的,陆军是间接消耗国家抵抗力的机构,而海军是加速或延缓这种消耗的机构。

当陆军和海军努力寻求间接的方法粉碎敌人的抵抗时,航空兵却能直接打击敌人的资源力量,以更快的速度和更高的效率粉碎它。人们曾经很满足于用炮弹击毁炮队,而今天却能摧毁为炮队生产大炮的工厂。一战时，为了击破带刺铁丝网保护的地域，人们发射了成吨的炸药和相当于整座矿山重的钢铁，而航空兵却可用轻而易举地用它的炮弹、炸弹和毒气更好地达到目的，根本不用考虑这种障碍的存在。陆军必须经过一段漫长时期的战斗击退敌人后才能到达它的心脏，航空兵则不一样，它甚至在开战前就可以准备好破坏敌人的首都。

对顽强抵抗的国家给以直接还是间接的摧毁，两种效果是不可相比的。当一个国家能够躲在陆海军的坚固盾牌后面的时候，它本身几乎感觉不到来自敌人的打击。这种打击完全由陆海军组织自己承受，它们有良好的结构和纪律约束，物质和精神上能够抵抗，也能攻击和反击。而航空兵则相反，它的打击对象是组织和纪律性较差、抵抗力较弱、不能攻击和反击的实体，因此，一定会更快更容易地使其精神和物质崩溃。在密集轰炸下，一支部队即使只剩一半或三分之一的人员也能继续作战，而作坊、工厂或港口的工人在第一批伤亡后就会瓦解。

给敌人精神和物质以直接打击将会缩短战争进程，迅速结束战争。著名飞机制造家福克非常了解他的所有外籍职工的心理，他说："不要相信明天敌人会在军队和平民之间做出任何区分，敌人会用最有威力最可怕的手段如毒气等来对付平民百姓，尽管在和平时期他可以表示最良好的意愿。接受最严格的武器限制也无用，敌人会派出许多中队的飞机去摧毁主要城市。未来战争将是可怕的，对此我们现在只有一个笼统的概念。"

福克是对的。我们不能等敌人开始使用条约禁止所谓的非人道武器，才认识到以牙还牙是正当的。这种做法没有任何意义，且代价太大，因为它把主动权交给了敌人。各交战国是绝对需要地、必须毫不犹豫地使用一切手段，不管是不是被条约禁止。这些条约和即将发生的悲剧相比，不过是一堆废纸。

这是一幅阴暗血腥的图画，但它必然发生，躲避起来是没用的。如果人们认识到防御只是一种幻想，那么这幅画面就更血腥了，这也是由航空兵的特性造成的。一架活动半径为500千米的飞机由科西嘉岛中部起飞，不仅能够攻击撒丁岛全部，还能攻击意大利半岛其他任何地方，东至塔兰托和威尼斯，南至特尔莫利和萨勒诺。为了保卫这架飞机威胁的所有城市中心，我们不得不向每个城市派出防空飞机和高射炮。

为了确定能打退这架飞机，需要多少防空飞机？多少高射炮？为了不受突袭，需要在地面组织什么样的观察勤务？为了及时发现敌机，观察哨、防空飞机、高射炮要如何警戒？而当它到来时是不是一定有把握阻止它的攻击，总之为了这种防御要投入无法计算的资源和精力。而所有这一切的投入仅仅是因为这一架甚至根本不用起飞和飞行的飞机，仅靠它的潜在威力就牵制了所有的资源和人力。

如果一架飞机扩大为100架或1000架呢，如果我们考虑到战时必须有相当规模的空中力量与之抗衡，就会认识到，为了这种纯粹消极的防御行动投入的资源比采取攻击要大得多，可能会大到我们无法承担的地步。我想我们有更好的出路，放弃这种消极的耗费巨大的方法，用我们自己的空中力量去主动进攻对我们有威胁的敌人，在它的巢穴中击毁它，从而结束这场噩梦和威胁。用最小的代价取得最大的成果，这不是更好吗？

航空兵有卓越的进攻手段，完全不适合防御。实际上，将它用于防御会陷入困难的境地，防御需要的空中力量比敌方的进攻力量大得多。一战中虽然没有明确的进攻原则，但凡是坚决的进攻都是成功的。我们在合适的时机轰炸了波拉，尽管我们的航空兵在最后的关头一直处于优势，可奥军直到停战那天还一直在轰炸我国的特雷维佐。

几个月前，英国伦敦进行了一次防空演习，除高射炮和各种部署外，用于防御的飞机和进攻方一样多。另外，防御方知道进攻的日期。进攻方的实力和防御方不相上下，而攻击目标在时间和空间上都受到限制。一切条件都对防御有利，可演习结果是伦敦仍然遭到轰炸。

因此防御应只限于减轻空中进攻的威力，如疏散重要机关、准备防空掩蔽部、采取防毒气措施以及类似活动，只有特别重要的中心才应由高射炮防卫。因为从物力上来讲，不可能有很多的高射炮来有效地保卫整个领土。据说，要有效地保卫米兰，需要有300个高炮连。计算一下要保证意大利所有重要城市的安全，将需要多少高射炮呢？海岸防御和对空防御的情况一样。既然不可能防卫整条海岸线甚至较重要的海岸要塞，从军事观点看，只能保卫最重要的点——坚固的海军基地。其他各点即使大的海岸城市也只能不加防护或依靠舰队去保护。同样，保护领土不受空中攻击也应该依靠航空兵，它能击退、打败、摧毁敌人的空中力量。

唯一一个可靠的防御空中进攻的方法就是夺得制空权，阻止敌人飞行，同时保证自己自由飞行。要阻止敌人飞行，就必须摧毁它的飞行器。这些飞行器可以在空中，以及地面的机场上、机库中或工厂中找到。要摧毁它们，就必须有一支能在任何它存在的地方加以摧毁的空中力量。根据这种认识，多年来我一直在宣传建立独立空军的重要性，它是一个足以进行空中作战来取得制空权的飞行器集群。

一战中人们还没有这种认识，当时航空兵只是被当作配属兵器用来协助和促进陆上或海上的战争。当时并没有真正意义上的空中战争，进行的几次空战和冲突只是局部有限的活动，而且常常是孤立的一架飞机的活动。人们并不追求空中胜利，只希望取得空中优势。在停战之前，双方根据拥有兵力的多少进行着辅助性的空中活动。今天的情况完全不一样了，空中力量的规模将导致大群飞机之间真正的空战。

我们不用讨论细节就能明白，能进行空战又能对地面进行轰炸的独立空军能夺得制空权，因为它能在空中或地面上摧毁敌人的飞行器。因此，独立空军通过空中进攻能使敌人的飞行器减少到最小，使其在空中战争中发挥不了作用。

制空权会带来以下优势：

1. 它能防护一国领土、领海不受敌人的空中攻击，因为敌人已经没有办法发动进攻，因此，它保护了国家物质和精神的抵抗力不受敌人的直接攻击。

2. 它使敌人的领土暴露在我方空军的进攻之下，因为敌人已经不能在空中活动，所以我们对它们的进攻很容易，它能对敌人的抵抗给予直接残酷的打击。

3. 它能完全保护自己领土的陆海军基地和交通线不受损害，进而威胁敌人的这些领域。

4. 它能阻止敌人从空中支援其陆海军，同时使其无法支援空中。

除了这些优势，还有一点是最重要的：取夺制空权的一方可以阻止敌人重新建立空中力量,因为它能破坏对方的物质资源和制造场所,这就等于最终控制了天空。

认识到制空权的这些优势,就应该明确了制空权对战争结局的决定性影响。

我已经完整地讲述了制空权,因为掌握制空权的一方能阻止敌人重新建立它的空中力量。不仅如此,拥有制空权的一方还可以根据意愿增加自己的空中力量。空权受限的国家不得不忍受敌人在空中对自己领土发起进攻而又无计可施,随着敌人进攻性的空中力量增强,这种进攻也会加强,自己的陆海军对这种进攻却束手无策。先不去计算它的物质损失,单对于处于长久恐怖中的民众及其感到无能为力的军队,在精神上就会产生巨大影响。

陆军和海军的交通线将被切断,基地将被破坏,国家向军队运送的供应也将完全断掉或变得断断续续和不安全。即使一个国家能够保护自己的海上航道,有制空权的独立空军只要破坏它的商用港口,就能切断它的海上交通线。这时会有一个很合乎逻辑的想法就是:一个国家处于这样一种劣势地位肯定会丧失获得胜利的信心,这也就是失败的开始。

仔细想一下,就会认识到这是多么切合实际。英国的天空被控制后,它英勇的舰队和海上优势就起不到任何作用。即使它的商用船能把供应品运到港口,也不能从船上卸下运出。未来战争的概况就是:遍布全国的饥饿、荒芜和恐惧。这样的情景还不能破除在这个问题上的陈旧保守观念吗?

夺得制空权本身即使还不能确保一定取得胜利,却一定是进行未来战争的必要条件。它将永远是必要条件,如果独立空军有足够的进攻实力粉碎敌人的精神和物质抵抗,那么它又是充分条件。如果空军剩下的实力不足，剩下的战争将由陆海军部队决定，它们有了制空权，对完成任务也将大有帮助。

既然掌握制空权具有决定性意义，就必须马上创造一切条件实现这一目标。最重要的就是要有一支能进行空中作战的独立空军，它应是在一国人力、物力可能范围内最强大的，因此必须利用国家的全部现有资源。这是我倡导的坚定原则，没有例外，因为任何资源如果脱离这个重要目的，或不用，或只用一部分，都将减少夺得制空权的概率。

我已经阐明空中防御为何要投入很多的兵器，因为航空兵的防御价值比进攻价值小得多，独立空军100架进攻飞机比500架或1000架防御飞机的作用更大。如果敌人夺得了制空权，我们陆海军的配属航空兵也许没有付诸一次行动就会被摧毁，但如果我们掌握了制空权，我们的独立空军就能向陆海军提供重大有效的帮助，配属航空兵在己方没有制空权的情况下是无用的，而在己方夺得制空权的情况下又是多余的。

因此我一直认为：不需要进行空中防御，因为它实际是没有用的；不要配属航空兵，因为它实际也是多余无用的。相反，只需要一支无例外的包括国家全部可用的航空资源的独立空军。也许有人认为这是极端的，但这只是与一般论断不同的另一种论断而已。一般论断是一种很差的答案，在战时也是最糟的。我的论断会使我和不同意我的人发生冲突，但我坚信我会赢。

既然保卫自己免遭空中攻击的唯一方法是攻击并摧毁敌人的空中力量，既然一切资源的使用偏离这一基本目标都会减少夺得制空权的机会，那么空战的基本原则就是：在准备承受敌人空中进攻的同时最大可能地进攻打击敌人。

乍看这个原则很残忍，尤其想到空中进攻可能造成的痛苦和恐怖时更是如此。但这就是原则，是一切战争活动中都要遵守的原则。一个陆军指挥官为了给敌人更大打击，通常做好损失几十万人的准备，不管牺牲多少人，只要能取得胜利。一个舰队司令官为了能击沉敌人更多的舰船，宁愿损失一些部队。同样，一个国家必须做好忍受敌人空中进攻的准备，以便给它更大的打击，因为只有给敌人造成比自己更大的损害才能赢得胜利。

人们可能会认为这条原则不人道，主要的原因是，当这一条原则应用于空战时，必须改变传统观念。因为战争已经不再是军队与军队之间的冲突，它是国家与国家之间的冲突，全体人民之间的冲突，一战的形式是军队之间的长期消耗，这自然是合理的。现在由于航空兵的加入，使人民直接对抗人民，国家直接对抗国家，越过了以往战争中隔在它们中间的保护屏，现在的实际情况是人民和国家融为一体与另一国作战。

一个很普遍的现象：当人们听到一些妇女儿童在空袭中被炸死会心痛，而听到成千上万的士兵战死却无动于衷。人的生命是平等的，可是传统观念认为士兵的生命就应该是在战斗中死去的，所以他的死亡引不起人们的重视，而实际上士兵这样一个健壮的年轻人在人类经济生活中具有极大的个人价值。

德国人已经快达到他们使用潜艇的目标了。我们批评潜艇战，说它是残忍的，以激起世界舆论的赞同。这对我们是有利的，我们也有权力这样做，但我们担心的真正原因并不是它多么惨无人道，而只是它威胁着我们。潜艇只造成了大约1.7万人的死亡，这和被人们认为人道和文明的兵器造成的几百万人的死亡屠杀相比起来根本算不了什么。如果一战是潜艇战，将不会有这么多的流血牺牲，人们应该把战争看成是没有感情的可怕的科学。

人们曾经强烈地批判潜艇让沉船的人听天由命，不给予任何救助。但潜艇所做的只是和英国人一样，当一艘英国船在救起另一艘船恰巧被鱼雷击中时，指挥官不得不下令让遇难船上的人听天由命，以免救援船再受到鱼雷的袭击，而这艘遇难的船上的人就是他们的同胞，不是敌人。战争要么不打，只要打起来，双方必须毫不留情地攻击。法国青年学校对这个问题的提倡态度很像德国人。认为战争不是这样的，这肯定会使自己陷于困境。

今天，不管从事实上还是理论上来讲，都不再有战斗人员和非战斗人员的区分了。从理论上，当国家进行战争时，每个人都是参与者，士兵拿枪，妇女在工厂装炮弹，农民种粮食，科学家做实验。从事实上，今天的战争可攻击到任何人，目前看来最安全的地方可能是堑壕。

粉碎敌人的抵抗就赢得了胜利，而直接攻击它抵抗最弱的地方能更容易、迅速、经济、牺牲少地做到这一点。武器的效力越大，威力越大，就越能更快地实现主要目标，对精神抵抗的影响也越深，因而它也就成为最文明的战争，因为损失与关系到的人数相对较少。武器越适用于攻击一般平民，个人的利益受到的损害就越大，战争爆发的可能性就越小，因此人们不能再说："我们大家都准备战争，但去战斗的是你们。"

现在人们都会相信战争将从空中开始，因为双方都想获得突然性的优势，甚至在宣布战争开始前，就会有大规模的空中活动。空战必将是紧张激烈的，因为各方都想在最短的时间内给敌人最大的打击，并从空中摧毁敌人的航空兵器，使它无法进行任何还击。独立空军会在最短的时间内集结最大的力量，坚决地打击敌人并反复攻击。因此，在战争爆发时就做好准备的空中力量将决定空战的胜败，不能只依靠战争过程中动员起来的力量，被打败的一方不可能再建立另一支独立空军。一切可用力量都必须立即投入战斗，保留任何兵力或移作他用都将降低胜利的可能性，集中使用的原则必须绝对遵循。

陆战中可凭借防御改变兵力的劣势，争得时间挖战壕，架设带刺铁丝网，占据坚固的阵地。而在空中却不能阻止敌人以赢得时间。空中战争是完全暴露的。

空战是紧张的、激烈的、暴露的、紧迫的，没时间创建新的部队，作战的高速度和高效能决定了空中战争须速战速决。我讲过，一战之所以持续了很长的时间是由于防御的巨大作用造成的。而在空中，防御根本没有任何价值，没做好准备的一方就将失败。空中战争的时间是短暂的，一方将迅速获得优势，一旦夺得制空权将是永久性的。

空战的结局绝对比陆战、海战来得快，因此，陆军和海军必须做好在天空被控制时的作战准备，即使这种局面非常短暂，我们也应加以考虑。

如果丧失了制空权，陆军和海军将处于一种什么境地呢？到现在为止，陆上和海上的战争一直依靠基地和交通线的安全。占领敌人的基地或破坏它的交通线是战略和战术上的巨大成功，因为这样就把敌人置于困难危险之中。如果陆海军的天空被控制，这将使它们的基地和交通线不仅暴露在敌人的进攻之下，而且它们也无法对这种进攻进行有效的反击。换句话讲，如果陆海军的天空被控制，他们将彻底被隔断。因此如果陆海军在失去制空权后想保持作战能力，就必须改变它的作战形式和方法，使之尽可能不依靠基地和交通线，这也是不可避免的结果。

　　航空兵的出现给陆军和海军提出了一个重大的问题，但必须加以解决，哪怕做出根本上的改变。如果解决不了，陆海军的作用将因为敌人掌握了制空权而接近于零。现代陆军的装备庞大且消耗巨大，必须依靠铁路和公路提供的大量正常供应。如果这种供应不能正常运行或被切断，陆军的正常活动就会受到干扰，它的打击能力也将减弱，甚至瘫痪。在丧失制空权后，一支陆军越是需要紧急的、连续的供应，它就越容易陷入危险的境地。为了清楚地认识这种局面，我们只要设想一下：我们的陆军部署在阿尔卑斯山西部，我们仅有的四处铁路中心切瓦、尼扎·马利提马、阿斯蒂、奇瓦索被破坏，其结果就是，再没有供应品能由伦巴第省和利左里亚省，即从我国内地送往军队。这四个铁路中心距国境现在只有约30分钟的飞行距离，我们坚信有进攻能力的敌人在掌握制空权后，一定会破坏它们并阻挠对它们的修复。因此我认为现代陆军要变得灵活，尽可能不依赖基地，这是很重要的。

　　同样，海军想要在失去制空权后仍能继续作战，也必须摆脱和基地之间的依赖关系。大型军港及其兵工厂、仓库、供应站、各种设备，都是空中进攻的好目标，即使有高射炮防卫，它们的安全也是个难题。海军需要考虑这种局势带来的变化并采取相应的措施，这是很重要的。

　　另外，不管我方海军的实力如何，夺得了制空权的敌人只要破坏了我们的商业港口，就很容易切断我们的海上交通。瑞士独立空军如果夺得了制空权，就能切断我们的海上交通，这看似不可能的情况却是现代战争中最可能的。

以上简单介绍了航空兵对陆战和海战的影响,这种影响要求陆军和海军有一个新的调整,它足以使人们认识这一革命的涉及的范围之大和陆海军面临问题的严重。必要的改革不仅涉及形式,还深刻影响着这两个军种的实质,而新的问题也不是仅靠增加一些配属航空兵就能解决的。

航空兵的另一个作用是使进行战争更容易了,创建一支独立空军比组建陆军和海军要容易得多。1000架6000马力的飞机,费用大概相当于10艘战舰,只需要2万吨物资、2万~3万人,其中驾驶员4000~5000人。而具有1万架飞机的独立空军除携带1.6万~2.4万挺机枪和2000门小口径炮用于空战外,在一次飞行中能向敌国任何地方投下4000~6000吨炸弹。可以说,这是一支迄今为止最强的进攻力量,只有另一支和它相同的独立空军才能与之抗衡。

一个工业组织成熟的国家能很快造出1000架飞机,而一个组织良好的化工部门能很容易地提供弹药。航空运输发达的国家,训练飞行员也是件容易的事。此外,民用飞机几个小时就可以改装成军用飞机,它的乘员也不用花时间去寻找,只要换上制服就可以变为军人。

这样一种情况,让复仇的希望更容易滋长,因为它不再需要摧毁庞大的陆军和海军。禁止战败国家重建陆海军或许是错误的,因为这将迫使它们转战天空。

为了更清楚地表述独立空军的重要性,可以将飞机和一种特殊的大炮相比,它的炮弹射程和飞机航程相同并有专门的观测员能将炮弹引向指定目标。独立空军可以和一个大的炮队相比,它虽驻扎在广大地区,却能集中火力射击在它飞行半径内的所有目标。

我们假设在帕多瓦谷地有一支航程1000公里的独立空军，这支"炮队"的火力能射击任意集中于法国、德国、奥地利、南斯拉夫甚至伦敦的一切目标。我们设想不是独立空军，而是与它相当的大炮队。不管我们的敌人是谁，也将有一个类似的大炮队，能够打击意大利国土任何地方。怎样避开敌人这些炮弹呢？我们不可能有一把能遮住全国的装甲保护伞，最容易、最实际的方法当然是摧毁炮队，使它沉默——这就是争夺制空权。

在摧毁敌人的炮队之后，我们就可以根据自己的意愿选择目标，因为我们已经不受敌人的攻击了。那要选择什么样的目标呢？当然是当时的条件下对我们最方便有利的目标。可以是直接影响敌人抵抗的目标，如大城市、工业和居民中心等，通过这种直接打击国家本身的方式让它投降；也可以攻击敌方陆军基地和交通线，以削弱其对我国陆军的抵抗；如果敌方海军给我们带来很大的麻烦，我们也可以攻击它的海军基地；如果敌方的供应是依靠海运，则可以破坏敌人的商港。选择目标是战争最高指挥官的职权，因为他是唯一掌握情报最全、能选择资料的人。但在任何情况下，炮队应在集中的时间和空间里密集使用以获得最大的效果。

用这样一支炮队去对付失去了类似炮队的敌人，这种优越性就是制空权的价值。既然夺取制空权是要摧毁敌人同样的"炮队"，那么在达到这个目的之前，一门"炮"也不能从"炮队"中抽走，因此，空中防御和配属航空兵是不应该存在的。因为如果我们的"炮队"被摧毁，这些最终是无用的，而如果我们的"炮队"摧毁了敌人，这些又是多余的。

另外，独立空军对地面的进攻威力取决于它能携带并投向敌人的破坏物质的数量和威力，这些物质的效力是不同的，因此，独立空军的破坏威力和它使用的破坏物质效力成正比。如果其他条件不变，破坏物质的效力提高一倍，独立空军的破坏威力就增大一倍，这使我们懂得改进破坏物质的质量是十分重要的。换个说法，也就是化学工业必须与战争所采取的措施合作。航空兵的建立和加强不仅依靠航空训练部门，还依靠制造优良飞机的工厂和埋头苦干寻求威力更大的化学物质的化学家们。

我自认为已经讲清楚了未来战争中航空兵和夺得制空权的重要性，以及航空兵给战争形式和特性，包括给陆战和海战所带来的革命性变化，我们的想象力使我们合情合理地认清未来的战争。

不管进行战争的一方是什么目的，只要你决定战斗，在这一刻就要对敌国集中地投入全部空中力量，不要等到宣布战争开始，利用突然性的优势，直接攻击和使用化学武器最大限度地去攻击敌人。为了先发制人，由来以久的外交礼节都将被抛之脑后。在某天的早晨，大城市、大工业中心及重要机场将被突袭，就像遭遇地震一样。例如，德国可能决定摧毁巴黎而不是法国50处航空中心，宁愿摧毁法国心脏而不是它的航空兵。当然，对方的空中力量将迅速反击。随后，在空战最激烈的时刻，陆军将出动，海军也将开始战斗，二者都将不同程度地受到空中进攻的影响。随着空中斗争接近结局，一方对敌人国土及其陆海军的空中攻击将减弱，而另一方的进攻将更强更猛，最后赢得制空权的一方将保护自己的领土不再受空中攻击，而失败的一方却无力对付它。

这时也是战争最悲惨阶段的开始，丧失制空权的一方不得不忍受着无情的攻击，进行力量悬殊的战斗。它的陆海军也不得不在基地和交通线极度危险的情况下作战，而对方的陆海军却有安全的基地和交通线。失败方的海上交通将在港口处被切断，它的领土的要害也将遭到残酷可怕的攻击。

这种情况下，丧失制空权的一方只能进行持久而缓慢的陆地战争，但取胜的机会变得十分渺茫。从一切前景看，除非在兵器和资源上占极大优势，不然丧失制空权的国家根本等不到陆上和海上来决定胜败，斗志就崩溃了。

因此我说，无论如何，让我们控制自己的天空吧。

## 结 论

我所描绘的自然是幅想象图,因为它只是在观察未来,也只能如此。但由于我是用现实的油彩按合理的逻辑推理"画"的,我想未来和我的图画的相似应该很高。无论如何,我想在回答"不久将来的战争将是什么样"这个问题时,可以提出以下肯定的论断。

1. 它将是国家与国家之间的战争,并直接影响全体公民的生命财产。

2. 战争中赢得制空权的一方将拥有决定的优势。

3. 它将是一场激烈、可怕的战争,目的是要击垮敌人的精神抵抗,这场战争将是速决的,将是相对经济的。

4. 在战争中没有做好准备的一方也将没有时间准备,因此战争由冲突开始时做好准备的部队来决定胜负。

根据上述论断,为了做好充分的战争准备,要求:

1. 组建能够夺得制空权的独立空军,并且使之在我国航空资源范围内尽可能强大。

2. 独立空军要随时待命,因为即使不宣战,它也要能立即出动,而不能指望临到要决定空中斗争胜负时再得到加强。

3. 改变陆海军组织和作战方式,使它们尽可能不依赖基地和交通线，以便在即使敌人掌握了制空权时，它们仍能继续活动。

4. 研究武装力量之间的合作，要以不同情况下出现的一系列新事物为出发点，明确每种武装力量能完成的不同职能。

5. 研究各种准备措施，使国家能够经得住空中进攻而损失最小，由于这种进攻将主要指向平民，在民众中应尽可能增强民族自尊心和纪律观念。

未来战争的这些特性及由此产生的新要求表明我们今天面临的国防问题是多么艰巨。我指出航空兵在未来战争中的重要性，并没有降低陆军和海军的价值的意思。我比任何人更坚持，这三种力量是一个不可分的整体，就像三叉戟，只要是用来保卫我们的国家的一切人员和兵器都有同样的价值，无论在陆上、海上还是空中，它们都是必不可少的。在所有这些领域，它们需要完成同等重要的职责，执行同等重要的任务，赢得同等的荣誉。但这并不是说，为了祖国的利益，我们不应该制造一个更适合国防的工具，在必要的时候改变一下这三叉戟任何一面的大小、形状、作用，以便更深地刺穿敌人的抵抗力量。

我并不认为我们对未来的展望是在空想，而如果人们能够相信下述两个简单的真理就更好了。

1. 全体国民都应该关心未来战争的形式，因为每个人都将加入战斗。我最初就讲过，战争的主要依据是常识，尤其在广泛的意义上。但由于它要求国家提供全部物质和精神资源，就不能局限于国家的一部分，也不能局限于国民中的某个阶级和人群，一切有形无形的人力、物力都必须用于战争。全体国民必须用心关心它，探讨它，了解它，以便迎接将要到来的考验。请原谅我的言辞，我很诧异，各大学和学院传授世间一切课题甚至梵文，唯独没有军事科学的一席之地。

2. 我们必须用渴望的心情睁大眼睛看着未来，坚强地迎接可能到来的事，正视现实，这在我们生活的革命时期是最必要的。否则没有做好准备的将不再有时间准备，也没有时间改正以往的错误，因此我们绝不能被以往的幻影引入歧途。在前进中向后看总是危险的，当道路充满急转弯时更是如此。

研究战争的人总是总结过去的经验为未来做准备，这是与现实不合拍的。战争理论只能在发生着的战争中检验，这就是为什么1914年进入战争的国家与1870年的战争观念发生了冲突的原因。幸好他们及时发现了自己的错误，努力使自己适应1914年形势的紧急要求。尽管在战争中遇到了严重的困难，付出了巨大的代价，但他们还是相对容易地做到了，因为两次战争中间间隔的只是个演变时期，但是如果用1914年的理论和体系准备未来战争的人就没那么幸运了。

我的意思并不是讲以往的战争经验毫无借鉴价值，我只是说应该对它进行剖析，使未来更接近现在而不是接近过去。经验就是个生活教师，懂得它的人能学到很多，但通常会有更多的人误解它。拿破仑是个伟大的统帅，但我们不应该问他做过什么，而应该问如果他处在我们的环境、地位，他会做什么。拿破仑可能给我们一些有价值的建议，但我们不应忘记当这位科西嘉人离世时，世界还没有被钢带环绕，大炮还不是从后膛装填，人们还不知道机枪，还不能用电线和电波传送情报，人们也不知道汽车和飞机。我想他的离去也许是件好事，不然他肯定会用尽各种不堪的词语来嘲讽那些误用他名字和威望的人。

分析得差不多了，最后我还要指出航空兵一个内在的特性。现代庞大的陆军和海军，尽管还在依赖一切机器的灵魂——人，但它消费巨大，只有最富有的国家才有能力装备它们，享用它们。和它们相比，航空兵的耗费要小得多。另外，它还很年轻，时时迅速地变化着，它的一切，从编制到使用都处在创建过程中。空中战术不像陆战和海战，它还没有一个标准化和创新的余地。空战是真正的运动战，需要迅速发现、决策、执行，它的结局和指挥官的才智有直接关系。简单地说，航空兵是对物质和精神、体力和智力都要求有高度勇气和创新精神的兵种。

航空兵不是富裕民族的兵种，而是热情、大胆、有创造性、热爱空间和高空的年轻民族的兵种，所有这些都特别适合于我们意大利人。它所具有的重要性和对战争一般特性的影响对我们有利，它最适于我们民族的才智。坚固的组织和坚强的纪律把意大利人民有力地结合在一起，使我们有足够的勇气接受即使胜利也会带来的可怕后果。我们的地理位置使我们成为地中海上的桥梁，这使航空兵对我们更为重要。以罗马为中心，以今天飞机的正常航程1000公里为半径航行，就能看到古罗马帝国的全貌。

控制我国的天空就等于控制了地中海的天空，因此我们要满怀希望和信心地看待未来，并感谢那些有足够勇气和创新意识并将这一武装力量强大的人。

# 第四篇

# 导　言

　　这篇反驳文章是针对在意大利出现的有关军用航空的诸多言论阐明自己的观点，本文原载于1929年11月的《航空技术杂志》。

　　《航空技术杂志》的主编及时介入，平息双方的争论。和陆战一样，争论已分不出胜负。攻击方重复同样的攻击，而防御方被迫还击对方申述过的同一辩护词，结果是单调乏味的老生常谈，使旁观者厌烦不堪。但是如果把这场旷日持久的舌战的观点加以简要重述，可能有所裨益，以便总结这场重要的争论，并作为在适当时候重新开始争论的基础，因此，我应编辑之请总结一篇分析争论的文章。请原谅有时我会重复自己的观点，所以文章可能不会像想象的那样简短。

　　1909年，也就是20年前我第一次肯定航空兵的重要性。那个时候，我就毫无保留、肯定地讲过，只有重于空气的飞机才能解决人类的飞行问题，尤其是军事领域的飞行问题。航空兵不是注定用来促进和加强陆军和海军行动的辅助角色，它将成长为与陆军和海军同等地位、同等重要的第三个军种，军用飞机最终将具备空中的战斗能力，制空权也很快会有与制海权同等重要的价值。

1909年以来，我一直重复和强调这些基本主张，事实的发展也毫不吝啬地证明了我原先的推断，总是使我备受鼓舞。以同样的思路，1921年我出版了《制空权》一书。第一版中我试图说明建立一支独立的空中力量而不是一支辅助的空中力量的重要性，即我称之为独立空军的组织，它能用它特有的方式进行战争活动。我还试图说明给予这一组织以陆海军同等地位，并将此组织隶属空军部的重要性。

当时意大利正处在困境中，前途渺茫，所以我的书也并未得到适当的考虑。但无论如何，它注定要得到最高的荣誉，即付诸实践。意大利政府事实上是先成立了航空部，后成立了独立空军。这里我不敢邀功，要感谢思想开明的政府首脑，空军获得了与它的姐妹军种陆军和海军同等重要的地位。这三个军种已处在并列的地位，三个军部在政府首脑的参与下联合起来，设立了总参谋长之职，这一事实确立并完善了我国武装力量的中央组织。独立空军迈开了最重要的一步，也将最终清楚地显示它的价值。

虽然独立空军的基本概念是明确的，但在一般人心中的认识还是模糊混沌的，他们会问：独立空军是干什么的，用来完成什么任务，它怎样去完成这些任务，它有什么价值？为了回答这些问题，我只能把我在《制空权》中所讲述的思想加以发挥，更加详细具体地加以叙述。当时我曾很明确地指出，夺取制空权对胜利是绝对必要的，据此推断：夺取空中权利的准备工作是十分重要的，因此大部分空中力量都要集中到独立空军这一用于夺取制空权的组织中去。

集中是分散的对立面，所以在1927年版的《制空权》的第二篇中，我做了进一步阐明，肯定了把现有的航空力量集中到独立空军中去的必要性，这支空军持续战斗，只为了夺得制空权。为了达到这个目的，我认为，最好是放弃地面军的配属航空兵的防空部队，因为这两者是有害无益、多余的分散力量。

  这样就开始了新一轮的论战，大多数人持反对意见，特别是在本杂志内的意见都是针对上述论断的。我曾试图回避这些攻击，但更好的方法应是以这些反对意见作为出发点，来对论战的主题进行一般性辩论。我一直坚持自己的立场，并且补充说明：无论谁，如果能清醒考虑战争的未来，就会看到有一种根本性变化正在进行，这种变化是由天空将成为未来决定性战场的诸多情况和事实带来的。为此，我坚决主张，根据军事学术的基本原则，单单放弃配属航空兵和防空部队来集中兵力还是不够的，还必须采取更大胆更革命的方法，即将国家的大部分资源集中用于空中战场这个决定性战场。于是我提出了一个新的军事学说，其基本原则是在地面抗击，以便集中一国的力量用在空中。当然，我的论点又引起了争论，而且反对的人数急剧增加，可这正是我所希望的。

  要检验一种理论的价值，最好的办法就是将它付诸实践。我是第一个认识到我的思想是多么创新和大胆的人，当然，我并没有希望这一思想被人们很顺畅地接受。我的思想如此创新和大胆，与街头巷尾谈论的截然不同，当然会引起不同的目光。在研究中所激起的反应真的很有趣，为此，我真诚地感谢那些直接批评我的反对者们。即便我的思想没有被完全接受，我也感到十分满意，因为这些争论中还没有一个论点让我对我的言论的价值和正确性产生怀疑。看到这么多来自陆军、海军、航空兵，甚至非军界的知名人士作为我的反对者，却没有一个新的论点来驳倒我，我感到很满意，我常常自赞自夸："好啊！老家伙，你总算干得不坏。"

有的读者可能认为这是由于愚蠢的假想或缺乏理智所产生的偏执，不错，这个世界上什么事都可能发生，但同样正确的是每种意见都应得到尊重。因此，我尊重那些读者的意见，但是他们不能阻止我按自己思路去推理，我请他们好好地对待我的推理。

有几篇十分重要的关于讨论主题的文章现已发表，说它们重要是因为它们出自著名的陆军、海军和非军界权威之手。现在提出少数几篇：巴斯蒂科将军的《关于空中作战以及全体与其组成部分的比例》，载于《航空技术杂志》第6卷；博拉蒂将军的《航空、战术暗语和武装力量》，载于《意大利军事杂志》；菲奥拉万佐上校的《从陆上抗击以便集中力量于空中》，载于《航空技术杂志》第7卷；萨尔瓦托雷·阿塔尔工程师的《航空兵是胜利的决定性因素》，载于《航空技术杂志》第7卷。

总的说来，这些文章包括了对我的理论的全部批评，代表了我的反对者们的观点。它们在以下几个综合课题中还常常要涉及，我将其分为以下几章：（1）配属航空兵；（2）防空；（3）空战；（4）空中战场是决定性战场。

# 第一章  配属航空兵

我曾讲过配属航空兵是无用、多余、有害的,我的反对者们曾满足于强调陆上和海上作战时这些配属航空兵的重要性,因而保持甚至夸大了这种航空兵的重要性。在最近的一篇文章《论海军航空兵》中,一位海军高级官员贝塔分析了舰载航空兵的重要性,讲述了地中海作战的海军部队从离开基地起,配属航空兵需要帮助几点:(1)反潜搜索;(2)防空;(3)侦察;(4)战术协同作战。在讲述论点时,作者称一定数量的航空母舰是必不可少的。

只要读到这篇文章的人都觉得这是对的,同样,所有有声望的军界和非军界作者都认为:没有配属航空兵的陆军或海军面对有配属航空兵的陆军和海军将处于严重的劣势。他们也是对的。1913年我还是航空营营长时,就颁发了第一本《战争中飞机使用规则》,那也是很对的,我为此感到骄傲。当时,人们还很少了解飞机,陆军部命令我将在《规则》中谈到飞机时出现的"兵种"一词全部删去。

当两支陆军或海军相遇,一支配有航空兵,而另一支没有,没有的那支部队肯定是处于非常不利的地位,这不用争论,就是顽固守旧派也会点头。但是这一论点的问题在于不可能设想有两支陆军或海军完全孤立地行动,完全只靠它们自己来行动。

  这里,我们不是判断航空兵在陆上或海上的价值,我们是判断它作为一个整体在整个战争中的价值,这是两个完全不同的观点。当航空兵仅仅被认为适合用于陆上或海上作战的协助工具,也就是说航空兵唯一的活动就是辅助行动时,那么我的反对者们得胜了,但现在独立空军已经合法地组成,无论如何必须考虑到这一点。独立空军是有相当规模的空中力量,它在陆军和海军的上空飞行和活动,它的飞行和活动场所和配属航空兵一样。现在讲配属航空兵,一定要考虑到独立空军,陆军和海军的上空不止供给配属航空兵使用。相反的,现在只能讲独立空军和配属航空兵在同一战场上共同存在。

  配属航空兵只有在与地面统一行动时才能发挥最大的作用,但如果配属航空兵不能与独立空军并存,那它最大的作用将不复存在。我仍然坚持这两者是不能并存的,因而配属航空兵是无用、多余、有害的。

  在两支独立空军间发生斗争时,不管过程如何,一支必然要胜过另一支。一支具有支配地位的独立空军不会允许敌人的配属航空兵任意活动,当这种活动会造成危害时,更不会允许。实际上,配属航空兵也许不能影响战局——这种情况下,它自由活动会消耗汽油;也许在某种程度上能影响战争结局——这种情况下,有支配地位的航空兵可以任意攻击和摧毁配属航空兵,尤其当它没有战斗机时更容易。要使配属航空兵有用,它的独立空军必须要具有支配地位,因为配属航空兵只能和一支有支配地位或胜利的独立空军并存。

  作战方只有首先在空中取得胜利,才能显示使用配属航空兵的好处。因此，首先要做的事，是把它的独立空军武装成可以轻易击败敌人独立空军的力量。简单讲，独立空军必须尽可能强大，避免兵力分散，因而必须放弃配属航空兵，废弃配属航空兵是获得保持配属航空兵时无法获得好处的最好方法。

听起来好像在玩文字游戏，但并非如此。我们放弃了配属航空兵就可以增加独立空军的力量，使其更有力量打败敌人的独立空军和敌人的配属航空兵，并能在陆军和海军部署中加上航空兵器，行动时便不用再担忧敌人的抵抗。但是，如果我们保留配属航空兵，就要减少我们独立空军的兵力，结果就会被敌人打败，我们的配属航空兵也会被摧毁，或者不能给我们的陆军和海军提供任何帮助。

因此，尽管从陆上海上作战本身来讲，配属航空兵似乎是有价值的，但从陆、海、空三军同时行动的战争全局来考虑，配属航空兵却是多余、无用和有害的。

我们设想，有两支陆军在沿海打仗。很明显，两支陆军都会得到海上辅助武器的帮助，海上辅助武器与沿海进行的陆上战斗配合，并促进其进程。但如果存在这样的海上辅助武器，那海军就是不存在的，可事实上是：海军是存在的，而海上辅助武器不存在。对于一支在海岸或离海岸很近的地方作战的陆军来说，只要己方海军比对方海军占优势，受到海上武器的支援是完全可行的。对比陆、海、空的关系，情况是一样的，一旦独立空军建成，配属航空兵就没有存在的意义了。陆军和海军能依靠的空中支援应该是取得胜利的独立空军，而陆海军为了自身的利益，也应该放弃它们自己的配属航空兵部队。

现在无论谁考虑什么样的战争都必须记住，在陆地和海洋的上方是天空。在天空中只有燕子和信天翁飞翔的时代，把陆战和海战看成是孤立的事情是行得通的，因此除了特殊情况外，这两个战区的作战是互不相干的，但是现在很大程度上，陆战已经和空战分不开了。再说，空中作战可能针对陆上和海上目标，而相反的情况却不会出现，因而合理的推断是：空战是唯一可以独立于其他两种作战之外的。而这一既定事实通常不被考虑，也许是因为缺乏先例的验证，陆战和海战仍然被看成是在空间和时间上孤立的，就好像它们是在各自封闭的战区内，顶多会考虑到在封闭战区内作战的还有航空兵。

这样就等于拒绝接受现实，在《论海军航空兵》一文中，作者说他试图描绘"一幅在地中海作战的海军部队从它离开基地时开始对空中支援主要需求的图景"。作者开篇就明确要求保证海军部队出动的那个基地的安全，因为一个不安全的基地就等于没有。在敌人独立空军没有被削弱到不能进行重要行动之前，这种安全是无法保证的。只要敌人的独立空军还有威胁能力，就必须有一支至少和它实力相当的空军来保证海军基地的安全。由于海军基地有很多个，不可能为每个基地指派一支和敌人实力相当的空军来保卫它，除非是敌人非常缺乏航空兵器，更不能把贝塔认为的十分重要的全部别的航空兵器配属给舰队。

另一方面，只要敌人的空军没有受到损害，在地中海作战的舰队总会遭到敌人空军的攻击，这种情况下，这支舰队需要一支相当或超过敌人独立空军的舰载航空兵，但这明显是不可能的。

只有当除了舰载或非舰载的海军航空兵外，其他飞机都不能在地中海上空飞行时，贝塔所描述的对活动在地中海上的海军部队必不可少的空中支援才能实现。但这种情况在地中海是不会出现的，一支独立空军可以从任何方向飞进地中海的上空，袭击海军基地、巡航中的舰队、商港及交通线。地中海的海军要想解除这种威胁，它的空军必须能控制自己的天空。只有取得了制空权，海军才能享有空中支援，这种支援因为敌人没有而显得更有价值。

贝塔的观点，海军部队只能在独立空军不能飞行的区域内活动才是正确的，而这种区域只有在大洋上才有。贝塔的观点只适用于太平洋或大西洋上活动的英、美或日本海军，而在这种情况下，它的应用也是有限的，只有在舰船远离敌人的海岸时才行。一旦他们驶进敌人独立空军的作战区域，他们不仅要和舰载航空兵作战，还要和独立空军作战。这就说明，即使在大洋上，独立空军也不是没有价值的。

由于我时刻关注我国横跨地中海的特殊位置，我相信我们的海军会非常有兴趣拥有一支能打败敌人空军的独立空军，并且愿意放弃配属航空兵，以加强独立空军，使它在作战时能快速夺得制空权。

我多次向陆军和海军的反对者们提出："如果陆军和海军被迫与已获得制空权的敌人作战，那将会怎样？"但从来没有得到一个明确的回答。这是一个难题，对不愿接受独立空军的人来讲更难。但现在这个问题必须回答，因为现在的政府正在削弱独立空军而加强配属航空兵，我的问题所包含的情况很容易被忽视。有的人觉得空中没有胜败可言，还有的人咬文嚼字地质疑"制空权"一词的含义。

我所讲的制空权绝不是扩大到不让敌人的苍蝇飞行的范围，而只是使敌人处于无法进行有价值的空中活动的境地。我也声明，我并不是对这个词偏爱，我不反对用一个更响亮的名词，如"空中优势"。制空权是指国家控制空间的能力，即在空中力量和航空工业方面占有统治地位，因而可利用这种控制能力在平时和战时对另一国施加影响，带有威慑的含意，因而制空权并不意味着双方一定发生了军事冲突，也不限定在纯军事方面，在和平时期也可有制空权。空中优势是指空战时一方军队对另一方的控制程度，具有空中优势的一方，其陆、海、空军部队的作战活动不遭受对方航空兵的严重干扰，这种空中优势实际是航空兵优势。现在我国军语中制空权的含意与西方的空中优势基本一致，但我并不赞同空中战争没有胜负的说法，这样说是违反常识的。空中战争和陆上战争、海上战争或其他战争一样，任何战争按其本质来说，结局都是一胜一负，否则就不是战争。空军和其他军队一样，敌对的斗争总会带来胜负，我把这件事归之于人类基本的常识。

还有很多人认为制空权只是局部的、暂时的。如果说有一种战争，在那里战斗因为艰难止于局部，那么空中肯定就是这种战场。那么制空权是暂时的吗？如果我方的独立空军使敌人处于无法进行有效的空中活动的境地，那么这种制空权是全面的，并且只要敌人永远处于那种境地，制空权就是持久的。

我的反对者们很了解这一点，他们在使用"暂时"一词时称，一个国家在空中失败之后还可以重建另一支空军，并扭转局势。这当然是有可能发生的，如果真的发生了，那就意味着制空权已经由敌方转到自己手中。这就好像一支陆军被打败后，建立了一支新的陆军又打败了原来的胜利者，也好像一支海军在海上被打败后建立了一支新的舰队打败了原来的胜利者一样。但不论是在陆上、海上或空中，要做到这一点是很困难的，我们只讲正常情况不讨论例外情况。

在空中战场，被打败的一方能够重新建立一支实施报复的独立空军的可能性要有以下条件做基础：获胜的空军有绅士风度，它允许敌人重新组建空中力量；或是天真，不去加强自己的力量，使自己的力量和敌人的重组力量一样多，在战争中这样的事情蠢极了。

菲奥拉万佐上校写道：

在这样一种假设下（敌人由于装备低劣，缺乏政治勇气，或者怯于冒险，会试图回避一场决定性战役），较强的一方手中的制空权将是不稳定的，至少有潜在的不稳定，因为敌人的兵力依然存在；如果较弱的一方不肯冒险进入一场决定性战役，也很难强迫他进入。例如，很可能发生这样的情况，较弱的敌人有一个组织良好的积极或消极的地方防空，有地下机场，故而不冒重大风险就不可能将其空军部队吸引出来，或者袭击其工业中心和人口中心。

时间长了，战争开始时曾是强大的空军部队就可能被战争折磨得一天天弱下去，直至变成劣势。如果敌人聪明机警并有意拖延时间，敌我态势就会主客易位，然后进行战斗，就像在海上作战的情况一样。

在他的假设中，"好像"太多了。他在结论时假设海上作战和空中作战是一样的，但这是一个不合理的假设。在海上，可能很容易把一支舰队收缩起来，使敌人很难把它吸引出来并给予伤害；在海上，不可能使敌人舰队得不到任何供应；在海上，除非冒巨大风险，否则很难攻击位于海岸上或离海岸不远的有防护的工业中心和人口中心。

　　但在空中作战的情况下，要把部队收进地下的掩蔽所中去，从绝对意义上说是可能的，可实践中却是很难做到的，尤其当空军部队兵力很强大时，而且单收起部队还不够，还要把部队赖以生存的一切东西全部收起来，这当然就更困难了。用防空兵器将敌人的进攻阻止在远离工业中心和人口中心的地方，与在海上将敌人阻止在远离海岸的地方相比，受到的限制更多而取得的效果更小。再者，这些防空兵器必须非常分散，因为所有的中心都可能遭遇来自空中的攻击，而不像海上作战那样，可能仅沿海几个中心受攻击。世界大战清楚表明，强大的舰队认为安全的海军基地却是最原始的防空兵器的口中物，而且攻击它们也不需要冒大风险，因此这两种斗争的情况相似之处很少。

　　要是认为较强的独立空军不能随意对弱方的基地、供应中心及生产中心行动，或进一步讲，较强的独立空军因为敌人有积极和消极的防空而受阻，那么我们会认为：这支比敌人强大的独立空军是无用、多余、有害的，因为它除了被战争折磨得一天天弱下去，然后变成较弱的一方之外，将一事无成。

　　作者写道"然后进行战斗"，为什么较强的空军要等到变弱才参加这场原来较弱的空军拒绝参加，而变强后又参加的战斗呢？

　　作者继续往下写道：

　　看来通常的结局是在敌对双方之间不停地进行积极的竞争。在竞争中，在较短的一段时间内将产生一个胜利者和一个失败者。那就是说，战斗（一次或多次）在空中战争中发生的可能性比海上战争大，因为必须考虑空中的特征是不能静止不动的。

我承认我根本看不懂这段文字，如果结局是一场不停息的竞争，又怎么会在一个较短的时间内产生结果呢？如果较弱的空军一直拒绝参加战争，而且只要拒不参加就可变为较强的一方，那么战斗又怎么成为一件可能的事情呢？

作者又继续写道：

紧接着决定性战斗之后，胜利者将享有不受抗击的飞行自由，换句话说，获得制空权并不意味着胜利者享有无限制的通行无阻的飞行自由，因为没有理由认为摧毁敌方主要空军部队也会使敌方的地方防空变得一点用处也没有。

很明显，这样想问题是毫无道理的，但是我们却有足够理由去相信，一支能摧毁敌军主要空军力量的独立空军必然也能对付那些次要的防空部队，尤其这些防空部队是分散的，他们只能分散地抵抗独立空军的进攻行动。

作者又写道：

如像德国那样，感谢它的工业组织，使它能够在协约国击沉多少艘潜艇就补充多少，获得制空权的一方却没有足够的剩余兵力利用它的暂时优势在对方重建一支有相当价值的空军之前，取得能结束战争的决定性效果，那么战争就会像世界大战那样拖延下去。

我完全同意。如果胜利者不能利用他的胜利，那这种胜利就不是决定性的，而只是一种暂时的优势，但这并不是空中战场特有的，陆、海、空军战场都会发生，而作者的比喻是不恰当的。能够迅速补充德国损失的潜艇工业组织是建在协约国海军部队进攻行动范围之外的，协约国的海军只能无意义地等待德国潜艇建成、装备部队出海后才能对付它们。

但是一个能重建一支独立空军的工业组织却位于获得制空权一方空军极易到达的地方,获得制空权的一方可以在敌方制造飞机、增加武器设备和送往空中的时候攻击并摧毁它们,而同时,它自己却能够在绝对安全的条件下制造飞机、增加武器设备和送往空中,生产多少就投入多少。当然,制空权也可能是暂时的,这除非是获得制空权的一方只是个皮洛士[1]。他说:"再来这么一次胜利,我就完蛋了。"故皮洛士把胜利比喻为一次得不偿失的胜利。如果获得制空权的一方满足于精神上的统治或者只一味享受胜利带来的喜悦,不去建设新的航空兵部队,而让敌人去重建空军部队,这个胜利就会成为得不偿失的胜利。但如果获得制空权的一方知道怎样利用制空权,就不会任凭敌人随心所欲地活动。因为获得的制空权是否会变成"暂时的",不取决于航空兵的特殊性能,而是完全取决于获胜方独立空军司令官的智慧。无论怎样,我们都希望有一个好的司令官。

我特别向巴斯蒂科将军提出我的问题:"要是陆军被迫在敌方控制了天空,亦即在陆军上空,敌方空军部队可以自由地活动的情况下去作战,那它将会怎么样呢?"他的回答只对"自由地"一词做风趣的评论,而对其余的话却一言不发。但是"自由地"一词并没有什么可笑的,就像陆军在粉碎敌人的抵抗后自由地进入敌国领土,占领对方的重要城市、掠夺对方的财富一样;又好像海军在击沉敌人战舰后自由地在海上游弋,阻断敌人的交

---

[1] 皮洛士为希腊庇鲁斯国王,279-280年与罗马交战,曾在赫拉克里亚和奥斯库伦得胜,但损失大批有生力量。

通一样。独立空军也是一样，在摧毁敌人的独立空军之后可以在空中任何方向自由飞翔，可以随意投掷任何物体到任何地方。和过去一样，这些都留着用常识去判断吧。

不能理解的是，有些人坚持陆军和海军绝对需要一支配属航空兵，费尽心思地指出没有配属航空兵对作战如何不利，但却一点不考虑陆军和海军就算有了配属航空兵仍有可能被迫在敌人控制的天空下作战这一情况。对于主张一国的航空部队应分散成各个不同方向的国家来讲，这种不测的事情是会发生的，必须加以考虑。因为这样做一定会降低空军的潜力，而空军的主要作用是用来夺取制空权的。

没有人怀疑夺得制空权的独立空军可以对陆海军基地、交通线和供应线造成破坏和障碍，没有人怀疑夺得制空权的独立空军会妨碍配属航空兵执行任务，没有人怀疑陆海军在敌人占空中优势情况下作战的危险，更没有人怀疑占有空中优势的敌人的空中攻击将使整个国家的民心、士气低落，对武装力量产生破坏作用。

但是，人们对空军问题并不关心，好像与他们无关一样。为什么呢？因为一旦他们静下心来，仔细想一想，就会得出与我相同的结论来。那就是说，当面临空战时，必须首先使自己处于有利地位，这就要求必须快速地把现存的空中力量集中起来去战胜敌人。但是他们不这样做，反而像鸵鸟那样把头埋在沙里。

"毫无意义！"他们中有些人说，"毫无意义！我们只要记住世界大战的经验就行了。那时难道不就是敌对双方的航空兵进行拉锯战，根本没有得出个结果来吗？那时……"

世界大战确实是这样的，当时只出现了配属航空兵，而在拿破仑作战时，连配属航空兵也没有。在世界大战时，真正的空战概念还没有产生，因而也没有一种合适的打空战的手段，就好像在拿破仑战争时没有配属航空兵，是因为没有飞机诞生一样。

　　我承认：如果未来战争中的两个敌手像我的批评者指出的那样，相信空中战争无所谓胜负，那么空战将是个没完没了的拉锯战，就像世界大战中那样。当提前形成了不可取胜的成见时，就很难做出打胜仗的计划并去执行取得胜利。但我相信这种情况不会出现，因为现在有了独立空军，世界各地的许多人们在研究如何取得空中优势。

　　发动一场真正的空中战争，意味着为夺取制空权而斗争，只要斗争的一方执意采用这样的办法就可以了，即"使敌人在空中丧失力量是对我很有利的，因此，不要把我的航空兵部队分散，用它们去进行毫无结果的拉锯战，我要使用它们去击败敌人的空军部队"。

　　过去的经验与这件事情没有关系。相反，过去的经验只会误导正确的推论，从而起消极作用。在世界大战时，航空兵还只是一个小孩，小孩能玩战争游戏，却不能进行真正的战争。现在航空兵成年了，清楚自己的力量和目的，可以接受并完成空中作战的任务，就像陆上和海上的军种一样战斗。独立空军的成立目的和陆军、海军一样，都是为了进行战争，我们要谨记这一点。

　　在《舰队杂志》上，艾莫内·卡特上校写道：

　　如果陆军和海军的配属航空兵要发展到许多人主张的那种程度，全部航空预算将不够用了。

　　这是对的，甚至可以这样讲，如果配属航空兵要承担陆海军要求它做的所有支援，那么把国防经费全部给它用也不够。事实上，由于航空兵的特性，对胜利有利的任何事情它都可以执行。

它能在高空快速飞翔，把地上的东西看得一清二楚。它可用于各种战略的或战术的、远的近的、地形侦察和照相侦察的侦察勤务，炮火引导和控制，观察和联络，传递命令和情报，以及其他凡是看得清和走得快的工具能做到的一切勤务。

它是有武装的，快速的，有威力的，这就是它被认为能完成各种直接或间接与战斗有关的各种任务的原因，这些任务包括：轰炸炮火射程以外的目标，在长度和广度上延伸了炮火；在攻击或退却的关键时刻，在低空用机枪扫射敌军地面部队；给军心动摇的部队增加勇气，阻止敌军在夜间集中，轰炸敌军司令部和偏僻道路上的运输队，以及其他需要一种有武装的运动，能迅速地引起恐惧的工具的协同作战任务。它是能在空中作战的唯一兵种，因而它可以警戒天空，阻止敌人配属航空兵部队而支援自己地面军队的行动。

配属航空兵为陆军提供的每个帮助都同样适用于海军，只要稍动脑筋就能想出更多的各种各样的辅助勤务，所有这些当然会使没有航空兵的一方处于非常不利的地位。不仅如此，如果一支具有Q数量航空兵器的陆军或海军部队面对有2Q数量航空兵器的敌人明显处于劣势，结果配属航空兵数量会不断增加。配属航空兵的支持者知道这样会减少独立空军的力量，他们不敢无视取得合法地位的独立空军，于是他们说："至于谈到配属航空兵，我们会满足于最少的必须数量，给我们这个最少的数量吧！其他随你们的便吧！"博拉蒂将军写道：

……独立空军是重要的……主要的考虑是它的实力与它未来的任务之间的关系，因此，我们必须给Z（独立空军的航空兵器数）以最大可能数，而给予X及Y（陆军及海军配属航空兵部队的航空兵器数）以最小的必须量。

"最大"一词与独立空军的航空兵器数数值相联系是重复的，博拉蒂将军建立了如下的方程：现在航空兵器及资源的总数=陆军配属航空兵器数+海军配属航空兵器数+独立空军配属航空兵器数。只要陆军和海军的最低需要量确定后，独立空军的航空兵器数就能很容易得出。

现在的独立空军航空兵器数不能是最小值或最大值，它就是它，是总和减去其他数据之后的结果，或者更愿意称它为一个平衡数。这个平衡数不能确定，要看陆军和海军的配属航空兵器数量而定，因为总数是个常数，主要的因素是独立空军的实力，但这个实力只不过是把一切供给品都给了配属航空兵之后的平衡数的实力。博拉蒂将军继续说：

两个较老的军种——陆军和海军不得不承认它们的小妹妹——独立空军已经能在它们无法活动的地方独立地（从战争全局看）进行活动，在某些情况下取代了它们的地位，或者积极地与它们协同作战，它们不让空军拥有完成这些任务的手段是荒唐的。但空军的地位已经能给陆海军以珍贵的工具，这些工具是不能没有的。……因此，尽管它得到的报偿不多或没有报偿，它却有责任在它的能力范围内慷慨行事。

博拉蒂将军的意思是这个小妹妹应该是家庭中的一个"灰姑娘"，她的两个姐姐必须承认她能在她们无法到达的地方独立活动的能力，当然是这些活动对于两个姐姐是有利的，在某些情况下代替她们，当她们需要的时候拉她们一把；但"灰姑娘"还有责任乐于牺牲自己，慷慨地帮助自己的姐姐。她不必过多担心，无论如何总会有点东西剩给她。

没有人思考独立空军对战争全局做出的贡献，它只利用剩余的力量去尽力而为，这样它所做的也就有限了。陆军和海军的实力必须保持某个标准，现在又来了独立空军，它的任务就是全心全意地给其他军种提供帮助，其他都是次要的。这就是所谓的武装力量的协同作战，但实际上，这就是一支武装部队的精神，不仅不能上升为一国武装力量的精神，还堕落为纯粹的利己主义。

如果独立空军在战争全局担负特殊使命，它就需要有像陆军和海军那样拥有足够的力量去执行使命。只要空军为配属航空兵提供经费，它们之间就会存在不可调和的利益关系，每个航空兵都想多获得一些好处，并且都不知道知足。

如果陆军和海军认为没有配属航空兵他们就支撑不下去，那为什么它们不从自己的经费中拨款给它，就像它们自己需要物品一样。同样情况，独立空军也应有自己的预算支出，以便可以不受干扰地生存下去。像巴斯蒂科将军的话就不对了，他这样讲：一个国家在它的武装力量上耗资50亿元，其中7亿给了航空兵部队，而实际上7亿之中的大部分都给了配属航空兵，以便增加地面军队的实力。实际上，我从1921年起就一直在重复这个问题。

只有陆军和海军才有权利去估算它需要一支什么样的配属航空兵，这种估算不应该是陆（海）军和空军之间讨价还价产生的折中物。最好是公平公正地面对这种情况，想个万全之策，确定下来，以免受到干扰和反复。按实际经验看，经过打折的协议定下配属航空兵的规模，空军方面总觉得自己太大方了，而陆军方面总觉得还不够大。

陆军和海军不应该让自己的实力依靠空军部的慷慨或自我牺牲。如果认为配属航空兵是陆上和海上军队发挥作用所必不可少的，那么航空兵就应像其他兵器和装备一样，在这些军队的编制中有它应有的地位。航空兵器的固定、适当比例份额应包括在庞大的陆军和海军部队编制中，正像大炮和其他战争工具一样，而确定这些份额应是陆军和海军当局责无旁贷的事务。独立空军自身也应有固定的预算，不应像之前那样不明确和不固定。这样它就可以研究用最好的分配方法去使用这笔经费，而不是伤脑筋地去保住它的拨款不被别的机构要走。

这种做法并不违背航空兵统一性的原则，统一性原则必须要坚持，因为最好的飞行方法只有一种，不管这飞行是为陆军、海军、独立空军还是民航。空军部申请将航空兵器和人员提供给陆军和海军，并收回生产成本，这样就摆脱掉其职权范围外的事务和责任。这种制度对陆军和海军来说也应该乐于接受，因为它们既得到了想要的配属航空兵又不受外界干扰，并可按自己的方式组织、训练和使用这些兵器。

为什么配属航空兵的支持者们对这种制度一言不发呢？艾莫内·卡特上校在《皇家陆军配属航空兵的使用、组织、动员、训练……和使命》文章中写道：

毫无疑问，配属航空兵的问题远没有解决。要是问题解决了就意味着配属航空兵全部建制都适合未来战争的情况，那就比圣达利想的还要复杂得多。完全正确，每样事情都得重新做起。

怕并不是积极的说法，作者继续写道：

皇家陆军和空军部之间的协议对配属航空兵不会有好处，协议的道路是值得怀疑的，既不是军事途径，也不是合理途径，因为这条道路是用小人意见和影响铺筑成的，它不是，永远不是客观的。

真是太妙了。卡特又接着论述。

答案不是说，"让我们坐下来，看看我们能做些什么。"而更可能是如下的对话。

皇家陆军："我对航空兵的要求，战略的、战术的和后勤的要求如下……"

空军部："我能满足你要求的资源如下……"

皇家陆军："根据我的需要及适合你的资源情况，我的配属航空兵的编制如下……"

依我看，所有这些可能只是前进的一步，而不是决定性的一步。人的本性是：如果你能免费获得某种东西，你会尽量多要；如果你要无偿放弃某种东西，你会尽量少给。卡特上校提出的这种制度实行起来就会出现这种情况：为了尽量多要，陆军会夸大它的需求；为了尽量少给，空军会尝试缩小它的资源。结果是：配属航空兵的编制再一次成为讨价还价的折中物，这就是所谓的协议。

我们需要的是决定性的一步。陆军和海军应当说："我需要这么多，钱在这里，拿给我！"然后空军部收下钱，提供陆军所需要的。如果这样，就不需要妥协的协议，各方都满意，都将各尽其责。

卡特上校进一步说：

现今要想一个部门能具备有关陆上和空中战场（我加上一句，当然也包括海上战场）的全部知识是做不到的，必须在组织上进行最重要的协作，并应该是密切和连续的。发展这种协作的最重要形式的方法之一可以是组建皇家陆军配属航空兵指挥部，这样的机构应该在战时出现。

这是向前迈进的一步，但并不是决定性的一步。当然，在战时应该有陆军和海军的配属航空兵指挥部，这些指挥部最好在和平时期就组建起来，至少能搭起个架子。但它们的使命不应该是不间断地协同作战，因为协同作战在性质上是模糊不清和非决定性的，它取决于个人的影响，只有让步和妥协才能发挥作用。相反，它们的使命应该是制订自己的行动方案。

只有负责编制陆军和海军的所属部门当局才有权决定它们所需航空兵器的数量与质量，谁负责陆军的编制，谁就有权力说话，像陆军需要一支供战略侦察的航空部队之类的要求。提这种要求并不需要有专门的航空技术知识，只需要有常识性的航空兵器知识就行，这在目前已属于一般文化水平，然后陆军和海军配属航空兵指挥部用它们自己的权力去决定这些航空兵器的编制和费用分配，于是陆军和海军负责编制的当局就能掌握做出最后决定所需的全部数据。一旦确定了这些数据，配属航空兵指挥部把兵员兵器的申请呈报空军部，空军部就按生产成本提供这些兵器。

这就是这一问题明确合理的解答，它不需要讨价还价的协议，而是精神上和物质上一个明确无误的答案，这样的解答会带来如下的好处：

1. 配属航空兵将成为陆军和海军的组成部分，和其他战争手段处于平等的地位。负责编制的当局对航空兵器的态度和对其他兵器一样，也会将航空兵器的使用与其他兵器协调一致。所有的兵器由一人领导分配协调，可以达到效率最大化，使用的结果也会达到一个令人满意的效果。

2. 陆军和海军负责编制的当局有义务编制它们的配属航空

兵，并从预算中拿出钱来支持航空兵，协调航空兵与其他兵种的关系，使它们的费用获得最大的价值。只有看到了这些实际行动，我们才会确切地了解当局把航空兵的帮助放在何等重要的位置。现在它们只是一味地申请航空兵，从不担心经济支出，因为那些钱是从别的预算中拨出的，它们觉得申请是必要的。如果只要谁申请说他极需一辆洗车，就免费送他一辆，那样不是每个人都要来一辆了？

独立空军有自己的预算，可根据自己职责需要自由地组建部队。

我相信，如果这种制度被采用的话，不仅配属航空兵会得到真正发挥，陆军和海军也会节约使用它们。万分需要配属航空兵的支持者们也不会再问"我们可以从空军部的慷慨解囊中申请什么"之类的问题，因为要从自己的预算中拿出钱来支付，不管预算多大，即使要增加到新开支内，他们也会问问自己："要增加陆军（或海军）的潜力，哪种办法更好些呢，是把一部分预算用在航空兵器上呢，还是把它全花到陆军（或海军）兵器上呢？"这些现实的问题会把不切实际的幻想打消。答案可能是这样的："在我们的独立空军没有夺取制空权以前，航空兵器究竟有什么用呢？如果制空权已经夺取，我们难道不能要求独立空军合作去对付一个被剥夺掉空中力量的敌人吗？所以，最好的办法是把我们的全部拨款用来增加我们的陆上（或海上）兵器。"于是，配属航空兵将被它自己的捍卫者扼杀。

## 第二章　防空

我所尊敬的反对者们经常用"实际的"和"现实的"观点和我对阵，他们喜欢称我为"理论家"，也就是幻想家的意思。阿塔尔工程师在前面说过的那篇文章中写道：

我不是杜黑将军的反对者。我研究他的思想，不是为了否定他，而是为了弄清楚他的思想。由于职业的原因，我习惯于从我所要考虑的问题中寻找现实性。这里我愿试图把这种理论转换成实际，我想从一般到达特殊。

谦恭的阿塔尔工程师使我想起一类女人，当她们谈论到她们的某个朋友时，会说："哦，是某人吗？啊，是的，她真可爱，真迷人，真善良，但是……"接着会把这位朋友讲述得比魔鬼还坏。

他开始恭维我时，说了一大堆让我脸红的话，他一再强调他不是我的反对者，但他总是在文章的结尾时提出和我不同的论调，结果造成我在现实上已经错到无可救药了。事实上，他是配属航空兵的绝对支持者，强调防空的重要性，只承认空中战场的相对决定性作用，实际就是我所主张的他全部反对。我不禁自问，如果开始他就是我的反对者，关于我的理论他会写些什么。

但是，严肃来讲，我必须承认他批评的体系是实用主义的，特别是在没有正确的论点的时候，实际上他说："哦，是的，从理论上不能说你错，但在实践上你是大错而特错。"这是一个极聪明方便的反驳，因为这是一个还没有实践经验来证明的理论。如果我是幻想家，他就是诗人和梦想家。关于防空，他这样说：

我们必须使自己处于这样的地位，在任何时候和对任何敌人都能保证我们国家成就的安全和发展！

这是理想中的情况，我们必须看看在现实中我们是否处于这种地位。

……我们的航空预算必须符合实用思想："要保证在我们领空上的制空权，需要航空兵部队的最低数量是多少？"在这个数量的基础上再增加三分之一。

这不是预算的实际基础，是个富有想象的基础，至少这是任何财政部长都应注意的一种方法。

……我们的防御不应受预算的约束，预算却应符合防御的需要。

这类事情在美国可能是适用的，但肯定不适用于我国，只有理想家才不受预算的限制。

杜黑将军总是在担心预算的限制，他考虑得很周到，就像一位军事首领时常为实现他的计划而努力争取一个足够大的定额一样，但我却是商人的思考方式。在我的职业生涯中，我曾有机会做过生意人，但我发现，我应考虑的只是这笔买卖是不是好买卖，它值不值得我去做，只要值得，总会赚钱的。

我虽不是一个专门的商人，却也知道做买卖追求的目的是从投资的钱和设备中猎取最大的利润，这就是所谓实际的打算，从投资中获得最大的利润实际上是必要的。如果商人怀着美好的愿望付诸行动，而不考虑自己手头有多少现金，通常会导致破产。战争也是一笔买卖，和别的买卖一样，它是一笔分配的买卖。在战争中必须保证自己不会陷入破产的地步，这就是一个预算的问题。杜黑比较的是意大利菲特亚公司和美国福特公司汽车的数量，而不是这两种汽车的相对价格。这件事就像希腊神话中的马人涅索斯，被英雄赫拉克勒斯用毒箭射死。马人临死前劝赫拉克勒斯之妻收集他的毒血，以便用来恢复丈夫对她的爱。她就将抹上毒血的衬衣送给丈夫，赫拉克勒斯穿衣后，痛苦难忍而投火自焚，那样叫人不舒服，但是又不能摆脱它。

决定一个国家能为防御调拨什么，并不是军事家们的职权范围，就像决定一家工业公司的资本不是电气工程师的职权一样，两者都只是把拿到手的东西充分利用起来而已。

军事家必须精确了解国家的经济潜力，而国家必须是先能生存，才能武装，否则就等于把死人装进一套厚重盔甲一样。即使盔甲再厚重再安全，对那个人也是没有用的。如果意大利像美国一样富裕，我也没必要用我的理论来自寻烦恼了。如今，国家能提供的物资越少，在利用的时候越要格外小心。我认为这不管是从商业还是军事来讲，都是一个非常实际的原则。

阿塔尔工程师写道：

我从来没有说过，防御所需的经费只能从军事预算中来；民用预算也可以抽调。

阿塔尔工程师对国家预算让人有一种难以理解的想法，他不了解所有预算，军用的和民用的组成一个不可分割的整体。他可能认为也可以从农业和教育经费中抽取资金，他可能认为，只要用于防空，对国家来说就是一笔"好生意"。

我们暂时放弃这个问题吧，这已经是探讨范围之外的事情了，它只是一个怎样利用现有资源的分配问题。

要是我们能处在"任何时候和对任何敌人都能保证我们国家的成就的安全发展"，正好像我们能确保自己掌握制空权一样的理想，但是我们现在恰恰缺乏达到理想的可能性。我真心希望阿塔尔工程师能暂时忘掉他那理想的主张，能确实指出何时、何地、何种方法来实现这些理想。但他却不这样，他提出了更加没有新意的主张。

在自己领空飞行要比在别人领土上空飞行容易得多和耗费小得多……当未来的飞机场便利地分布在适当的地区，当各种供应和必需品都准备妥当时，只要有一支适当的航空兵就可确保自己天空的制空权……我们总是可以在实际限度内安排好我们的防空，使被敌人轰炸的损失减至最低程度，即使敌人对我们使用化学武器也是一样。

都是一些空谈，没有一词阐明为了达到这些目的需要的兵器数量。他讲到的许多关于"精神因素"的话，我们都表示同意，但讲到物质手段时，他只是轻描淡写地这样讲：

要考虑的不是数量而是编制，在战时这个编制的范围内数量会成倍地增加到最大程度。

那请问：需要什么样的编制？数量有多少？准备防空，除了这些不相干的精神因素外，它需要的是航空兵部队、高炮部队以及装备这些部队所需的物资，这些部队当然是必须要组建的。但这还不够，这些部队在战争开始前就必须是已经组建好和准备好的，战争一开始便能立即投入使用。我们不能等到战争到来再"成倍地增加"这些部队，我们不能指望国家的预算会在战时转变为单一的战时预算，我们不能等到敌人来轰炸我们时再去建立防空。防空的作用不是组建成就可以了，而是要有一支可供支配的防空部队。

我曾写过："要是有谁能向我证明，我们能用一支已确定组建的、实际上有可能存在的防空部队，就能确实地、完全地保护我们国家免遭可能发生的空中化学进攻，我马上就放弃我的全部理论。"

阿塔尔工程师在反驳我的观点时，用了大把的精力在"确实地"和"完全地"两个词上，他不知道我用这两个词正是对他以前言论的反击，因为他以前曾断言，在任何时候和对任何敌人都能保证我们国家成就的安全发展，以及可以确保制空权。我不想做这种计较的人，我愿意纠正自己，改成："如果有人向我证明，利用一支已确定组建的实际上有可能存在的防空部队，我们就可以把可能发生的对我国的空中化学进攻减少到这种程度，使这种进攻对我国的安全不起重要作用和不产生危险。"我还要进一步说："如果我们由于有防空部队而只要担心只造成不重要不危险的破坏的敌人空中进攻，那么我会首先拥护有这样的防空，哪怕它需要我国的全部航空资源。"

我真心愿意这样做！但我清楚地知道，我国空中斗争所处的地理位置是不幸的，我们比别人更容易受人攻击。由于这个原因，压制空中进攻反而对我们有利，对敌人不利。因为没有了空中战场的威胁，我们就可以像过去那样只进行海上和陆上的斗争。

如果我反对防空是由于防空从独立空军中抽走了航空兵器，那并不是因为我喜欢标新立异。我反对它是因为我认为防空实行起来是令人失望的，我确信它不能达到防御的目的，因为在空中，防御比进攻需要更多更大的兵力。我曾无数次地证明这一点，而我的反对者们，没有一个人讨论或批评过我的证明，就连阿塔尔工程师也没有，而这却是全部问题中最重要的一点。

除了肯定控制自己的天空要比取得制空权花费少外，阿塔尔工程师还应证明少量的航空兵部队就可将众多的航空兵部队赶出我们的天空。但这是很难做到的，因为现实情况不是这样的。

同样，乌戈·马罗萨尔迪上校登在《海军杂志》上的文章是没有任何意义的，他断言协约国的轰炸有效百分比已从1915年的73%下降到1918年的27%。这是一个没有根据的统计，他本人也不可能指出来源。这个数据是概念不清的，因为没对"有效百分比"这个词做出任何解释。阿塔尔工程师观点的正确性被一段话中的头几个字破坏了：

甚至在世界大战的末期，使用空中轰炸的基础比起作战物资本身来说，更多的是突然性因素和某些飞行员的特殊技巧。

但在未来的战争中，空中轰炸作战将建立在更积极、完善、具体的基础上。我们不能依赖没有真正空战时的统计，那时进行的试验性轰炸和真正的空战规模无法比较，而且有些行动是荒唐的。我至今还记得获得金质奖章的飞行员萨洛莫内上尉和他的卡普罗尼飞机，他死于1918年。卡普罗尼飞机是意大利飞机设计家詹尼·卡普罗尼伯爵（1886-1957）设计的轰炸机，他一生设计过180个型号的飞机，其中Ca-3系列中的Ca-32轰炸机在第一次世界大战中曾广泛使用。中队去轰炸架空索道的一个临时设施，他直到夜里才返回他出发的机场。我相信将来不再出现这种中队去轰炸临时设施的行动，不会再用盲目的行动来降低轰炸的有效百分比了。相反，将派它们去轰炸大型的、重要的、易于攻击的目标，甚至在1500米以上的高度进行轰炸。不要去管什么统计数字，只要想一下我国的特雷维佐市就行了。在当时，战争要结束的时候，我们的航空兵比奥匈帝国强大，但它完全被炸毁了，尽管有防空，却不得不撤离。

我不明白阿塔尔工程师的思想，他能看到控制自己天空和一般天空的差别，我却看不出。天空中没有天然的分界线，也没有人工障碍物。为了控制我们的天空，我们应该做好准备对付任何时候想穿越区分敌我天空假想分界线的敌方航空兵，所以，我们需要时刻准备抗击大量的敌人航空兵部队，因为如果敌人大规模入侵的话，我们将无计可施。但如果我们能抗击敌人，就没有什么人和事能阻止我国航空兵部队穿越这种天空的假想界限，也没有人能阻止我们在敌人的天空飞行，除非我们的飞机没油了。

天空不能因为要为防空部队或配属航空兵提供方便就分割成一块一块，如果不能控制敌人的天空，也就不能控制自己的天空。阿塔尔工程师应该明白一点：要想阻止敌人飞机的入侵和轰炸，最好的办法就是把它们摧毁，正好像要阻止敌人对我国的领土和领海进攻的最好办法是摧毁它们的陆上和海上部队一样，这才是真正解决问题的办法。其他办法都是治标不治本或多此一举，就像把芥末药膏抹在假腿上一样没有痛痒。从进攻力量中抽出的航空部队没有办法去摧毁敌人或与敌人进行相应的进攻抗衡，这种说法是不对的。如果有A、B两个国家空中资源相等，A用全力进攻，B用全力防御，B相当于自动地、无缘无故地保证A免遭空中进攻，但却不能保证自己不受A的进攻，因此B将被A任意摆布，不能保卫自己。这不是理论，而是简单的常识。

不管怎样，战争中的人们必须知道该怎样去应付战争，这点我也说过多次了，我很赞成。但人们在训练自己去从事战争时绝不能超过种种限度，哪怕最强的拳击家有时也会被人打倒。人们不能过分强调训练的好处，否则就会像训练马去节食那样，自己和马都倒霉。

要训练自己去从事战争，就需要有献身精神。因为我曾说过一个原则：人们必须"忍受敌人的进攻，以便给敌人以更大的破坏"。我一直坚持要给居民做必要的精神准备，我比任何人都更清楚这一点，特别比那些想通过防空来降低空中进攻或相信魔鬼不是那么可怕的人更清楚。只有让居民更清楚地认识到空袭的严重性，才能让他们的精神更加坚定，而不是用防空的效率之类的话去欺骗他们。首先他们要了解，分散的防空兵器对他们没有好处，执行主要任务的兵器被挪用的后果是十分有害的。

即使我的思想是不对的，但这是一种有用的宣传。当居民习惯了忍受空中进攻，并清楚自己不能受到适当的保护时，他们肯定会希望看到实际上防空是能消除空中进攻的，而不像他们过去听说的那样。一个人准备面临最坏的情况时，最好的情况也就在准备时出现，其他方法都是危险的。如果居民对防空的效果深信不疑，而发现现实不是那样的，就会惊慌失措，精神崩溃。真到了那个时刻，他们不会理解防空的弱点，他们只会吵闹着要更多的防空兵器。因为他们不会去责怪这些优良和充足的兵器，便会去责怪使用这些兵器的人，批评他们不知道如何使用这些兵器。

所以，我们确实需要符合目的的精神准备。当然，除了精神准备外，物质准备也是必要的，它有助于空中进攻的抵抗。这两种准备共同组成了完整的消极防空，这种防空不使用进攻性武器，所以不违背"忍受敌人进攻以便予敌人以更大打击"的原则。我认为消极防空的组织不仅是有用的，而且是必不可少的。我为令阿塔尔工程师失望而感到抱歉，但我依然坚持我的意见："任何能降低敌人对我空袭效果的方法我都承认其价值，只要是它不致减少我可能对敌进攻的力量。"

我并不认为我是别人称的极端分子。对我来讲，二加二一直等于四，不会是三或五。把航空兵器用于进攻比防御更有利。100件、1000件、10000件航空兵器用于进攻，总比50件、500件、5000件用于防御，另一半用于进攻更有利。我再重申一遍，我承认二加二等于四，这不是极端分子或理论问题，它就是一个简单的纯数字问题。

## 第三章 空战

巴斯蒂科将军与阿塔尔工程师不一样，阿塔尔至少还承认我的文章思想是前后一致的，巴斯蒂科却在本杂志发表的文章中用好几页篇幅力图证明我的罪过是在评价空战时有明显的矛盾。我不会去反击巴斯蒂科，我只是澄清误解，还原反对者论点的真实面目。我将谈谈空战，它在我的论点中有非常重要的地位。

较强的一方的行动准则的最简单想法是：寻找敌人，在哪里遇到，就在哪里打败他们。在陆战中这是很容易做到的，在崎岖不平的地球表面只有很少的通行路线，它们有固定的位置，为了逼近敌人交战，你要做的就是向敌人进攻，侵入他们的领土，这就是在陆上和敌人作战的方法。在海战中，这就不太容易做到了，较弱的一方能轻松避开战斗，尽管他们只是躲进自己的基地去。在上次战争中，较弱的一方总是被敌人追赶，而敌人却总是找不到他。

在空战中，如果敌人不想被发现，他可以留在地面。较强的一方总是尽力寻找敌人，在哪儿发现在哪儿歼灭；较弱的一方总是尽量隐藏，避免战斗。因此，一支较强的空军可能会冒着风险飞来飞去地寻找较弱的敌人，却一无所获，最后精疲力竭却没有找到他的猎物。换句话讲，他将受制于较弱的敌人。

同理，如果较弱的一方是求战方，他将受强方的牵制，弱方最后很可能自杀。在战争中尽量避免受人摆布，因为我一直认为，不论是强方还是弱方，都不应去寻求战斗。我想我说得清楚确切，应该不会产生误解吧？

但如果较强的空军意外地与较弱的空军相遇，那么它将大获全胜，因为它是强者，而较弱的一方则大败，因为它的力量不足以对抗强者。因此，我一直认为，较强的独立空军不应躲避战斗，较弱的空军必须避开战斗，这一点我也讲得很清楚了。

由于较强的空军不应寻求战斗，而较弱的空军应避免战斗，这些都是很容易做到的，所以如果空战由一次战斗决定胜负的话，这个战斗将持续几百年甚至没有结果，双方空军都会在自己的机场上渐渐衰老。因此，我相信，现在和过去一样，一支独立空军仅能在空中战斗是不够的，它必须能对敌人的地面进行攻击。

我讲的较强的独立空军，只是指它在空中战斗的能力较强，而与它的轰炸能力无关，较强的独立空军不应求战也不应避战。只有遵守这条规则，它才能以最大的自由对地面进攻，即在每次飞行中，不需要考虑敌人空军的情况，毫不犹豫地一直飞向最合适的目标，打击它。敌人空军或者没有办法进行抵抗，于是空中进攻大获全胜，或者决心抵抗，但也将被击败，较强的空军将在一次次的飞行中用各种方法歼灭敌人。

较强的独立空军必须避免与较强的独立空军相遇，因此，它要做的就是去突击敌人的地面目标，永远避开与较强的独立空军相遇。

既然较弱的独立空军既不寻求也不避开与较强的独立空军相

遇，它就不需要有很快的速度。但是对于较弱的独立空军来讲，它时刻警醒避开较强的独立空军，应该具有较快的速度。于是空战本身就被分解为一系列对地面目标的进攻行动，较强的独立空军享有较大程度的机动自由。

如果对地面进攻的目的是摧毁地面的航空兵部队、航空工业中心或类似目标，则这种进攻会严重影响交战双方空军的内在潜力，这些间接进攻将会获得制空权。空战中夺得制空权只有在偶然的情况下才会发生，理由就不重复了。如果较弱的独立空军的行动经较强的一方更机智、猛烈、紧密，则它也有可能获得初期的优势。

当然，在特殊情况和环境因素的影响下，独立空军可能会不管重要的航空目标而去打击敌人的居民点，空中战局的形势在很大程度上取决于领导者的眼光、飞行员的勇气和人民大众的精神意志。

这就是我对我观点的明确阐述，也许它们会受到批判，但它们却不会随意被排除，我们看一下巴斯蒂科将军的思想，他这样写道：

空中战场的特殊条件将总会或几乎总会使较弱的一方能随心所欲地避开一场对其不利的战斗。

这点我是同意的，但他又写道：

是的，如果后者（较强的独立空军）希望取得行动自由，它必须给敌人以同等的自由，它必须让敌人实施进攻行动，这就很难说较强的一方会不受这种进攻。这种进攻行动会是弱进攻，不是矛刺而是针刺，但即便是针刺也是挺难受的。于是较强的一方就很可能不耐烦起来，试图参加他原来想避免的那种战斗。

准确一点，巴期蒂科将军应该这样写："他原来不想寻找的那种战斗"，因为我从来没有说过较强的独立空军必须避免战斗。

我再讲一点巴斯蒂科将军的话，在这样做时，他不会犯错，但是现在他却错了，因为他等了很久才使用必要和最灵验的方法使敌人的独立空军不能行动。

我为我的同行的奇怪论据感到不解，为什么较强的独立空军放弃自己的矛刺去躲避针刺，并去寻找一个不可能找到的敌人呢？为什么寻求交战是使敌人空军不能行动的必要和有效方法，而敌人却总能轻而易举地避开呢？依我看，如果较强的独立空军的指挥官在针刺的情况下就失去耐心，则说明他的神经发育不全，不能胜任这个职务，最好还是回家种菜去。

在这篇文章中，巴斯蒂科将军已经觉得无中生有不是严肃的事了，就写道：

我曾说过，必须要寻求战斗，但我曾说过需要寻求战斗的空军必须在广袤无垠的很可能什么都找不到的天空中去寻找战斗吗？难道我可能讲出这种幼稚无知的话来吗？

我真的不愿意把巴斯蒂科将军看成白痴，但我感到不解的是：寻求一场没有确定目标的战斗是什么意思呢？就是必须去寻找一场找不到的战斗吗？这篇文章中还有更让人不解的：

我重申，必须认为这种战斗是空中斗争概念的顶峰；我斗胆断言，独立空军如不这样认为，必将降低它的战斗能力，更会降低它的进取精神。

这样说来，空战概念的顶峰应是这样的战斗，它是由冲突造成的，对于这种冲突，较弱的独立空军能轻易避免，较强的空军若不是白痴是不会故意去寻求战争的。

为了支持他的论点，巴斯蒂科将军自信地引用了一位作者的话，这位作者认为，占有优势的独立空军必须去寻求战争，以便尽快摧毁敌人基地的主要障碍。

巴斯蒂科将军在该文结尾时，再一次重申他的观点：

在每种情况下，就具体进行空中战争而言，这种战斗必须认为是斗争的卓越行动。

然后，也许他想起前面曾讲过故意去采取这种卓越的行动是幼稚无知的，所以他又说：

寻求战斗的方法将取决于可能发生的情况。在各种方法中，对敌国重要中心轰炸和施放毒物被认为在大多数情况下是最有效的。

我正不知道有什么好的可采用的方法，只好满足于他称为最有效的那种方法。根据巴斯蒂科将军的描述，为了逼迫敌人参加我方需要的战斗，较强的空军要对敌人重要中心进行轰炸及投放毒气来激怒对方，较弱的空军被激怒，做了较强的空军希望做的事情，它那些处在受威胁的重要中心和较强的独立空军之间，于是冲突开始，战争爆发，而较弱的一方将会被击败，随后较强的一方便可随心所欲地轰炸敌人的重要中心和施放毒物。

当然，这一切有可能发生，但除非较弱的独立空军司令官像那不勒斯人讲的白痴那样。我宁可把敌人想象得很坏，也从不将他们看成很友好，所以我不同意巴斯蒂科将军的话。如果一支较强的独立空军正对我们的重要中心轰炸和施放毒物，我们不能让我们较弱的空军去送死，相反，我们要用它去轰炸敌人的重要中心和施放毒物，我们越弱小，越需要更猛烈、紧张的活动，首先我们要避免那些消极思想给我们带来的负面影响。

这也说明了，不管较强的还是较弱的独立空军都不应该采取守势。强者因为使自己免遭攻击而放弃进攻而处于不利地位，弱者则是为避免战斗而走向自杀。

不管什么情况,不管怎样去躲避,这些都是没用的,二加二只能是四,不会等于三或五。值得高兴的是,我觉得巴斯蒂科将军已经相信我的论点了,因为他在讲到海战时这样写道:

在海上斗争中,防御需要有兵器的优势。均势是不够的,因为现代海军部队的高速度及随之带来的突然攻击的可能性使得要有一支较强的兵力才能抵御它们,劣势的,甚至均势的兵力都是不行的。海上防御实质上并不意味着节约兵力,毋宁是兵力的更大消耗。

以后我还要分析海上作战的概念,现在我愿意指出,若把上述引文中的"在海上"、"海军"及"海上防御"换成"在空中"、"空军"、"空中防御",就可以证明我的结论是正确的。这样的名词代替是合情合理的,因为就连巴斯蒂科将军也承认现代空军部队行动速度比海军部队快得多,他们也会发动突然攻击。如果防御要在兵器上居于优势,需要更大的兵器消耗,我想请问谁会这么无知采取空中守势呢?因此,最好一直、随处实施进攻行动。二加二始终等于四,不会有别的答案。

巴斯蒂科在他文章之外说了一段很令我吃惊的话,他说一支较弱的独立空军只能听凭敌人的摆布。这并非如此,相反,我始终相信并坚持认为一支较弱的独立空军很有可能打败一支较强的独立空军,条件是它的进攻行动要更加猛烈、机智、紧张,就可弥补力量上的差距。但在战争中不管发生什么情况,各方都尽量使自己变得强大,我始终表示:"做做好事吧,不要让任何空中力量放弃进攻行动。"

在我看来,自始至终,二加二不可抗拒地等于四。

## 第四章　空中战场是决定性战场

现在我们来研究一下至今为止还在热火朝天争论的问题——决定性战场。我一直坚持在未来战争中，空中战场是决定性战场，因此有必要把准备和指导战争放在以下原则的基础上：即在地面抗击，以便集中兵力用于空中。

在这一点上，我的反对者们联合起来反对我，但我对自己的主张很有信心。争论还在继续，结局仍未明朗。不过，我对正在进行的争论备感欣慰，因为它能引起我的注意，也一定能引起别人的注意。我的所有反对者们，不管怎样努力，只能接受空中战场可能在未来战争中成为决定性战场。巴斯蒂科将军已经小心翼翼地同意了，他写道：

……可是，就像出现在别的兵种身上一样，它（航空化学兵）在某种特别有利的情况下，可能成为决定性的。

博拉蒂将军也表示同意，他写道：

所以，空中战场也可能成为决定性的，只要它能发动如此强烈的进攻，结果不但会使敌人之地面及海上军队瘫痪，而且会使受到攻击的国家的精神和物质力量都瓦解了，无力再实施报复。

同样，阿塔尔工程师写道：

我承认空军是决定性因素，但只是相对的。

菲奥拉万佐上校也同意,他写道:

结果可说是,集中使用空中力量将形成战争的决定性行动,但只有在攻击者取得制空权之后,剩下的空中力量还足够强大,能使敌人完全屈服,使其不能在陆上入侵攻击者的领土。

从上面几位陆军、海军和非军方专家们的话中可以明显看出,他们已经承认空中战场可能成为决定性战场。我想多讲几句,博拉蒂将军和菲奥拉万佐上校都同意的论点是:只有当空军能击败敌人时,空中战场才成为决定性战场。只要承认了这些,我就已经胜利了。当他们采用了这样的立场:只要空中行动能打败敌人,空中战场就成为决定性战场,他们就已同意了我的观点。否则他们的论点就是荒唐的,就好像是说:"当空中战场是决定性战场时,它就是决定性的。"

那些比我更谦虚的人也会对这些说法感到满意,事实上,两年甚至一年前,都不会有人想到陆军和海军那些坚强的作者们会承认空中力量是未来战争中的决定性因素,就在昨天他们还一直认为空中力量只是一个配属的兵种,但在涉及空中力量和空中战略问题时,我是很自信的。我已经让他们接受我的观点,我将使他们承认更多的东西。

我的反对者中有一些人是两面派,当我讲述我的思想时,他们认为我是打算为胜利开一张处方。换句话讲,他们认为我的观点是"要取得胜利,意大利不应在地面抗击敌人,而集中全部力量于空中"。这是错误的。实际上,我的第一个想法是关于我国的处境,以及我国与某个可能敌人发生冲突时的不测事件。我承认我的理论有上述背景,因为它不适用于所有国家。如果我只是考察日本与美国之间的冲突,百分之八九十不会得出相同的结论。我并不会自以为是为所有国家都提供一个胜利的万全之策，我只是为国家的未来可能发生的战争指出一条最好和最有效的道路。当我说空中战场将是决定性的时候，并不意味着为了胜利，我们就一定要把空中战场变成决定性战场。我只是讲实际情况，在这个前提下，再继续往下讲。

按照巴斯蒂科将军的说法，尽管承认空中因素的价值，但是颠扑不破的军事学说却是：

在战争中，决定胜负是协调使用现有各种武器的结果，它等于每种武器所获结果的总和。要想协调使用所有的武器，各组成部分应协调地结合在一起，胜利的秘诀就在于取得各组成部分正确的比例。

显然，没有人知道胜利的秘诀是什么，因此不可能完全是武器组成部分的正确比例。如果美国和圣马力诺共和国打仗，则后者获胜的可能性不大，不管它怎样分配使用它的武器设备。

如果我们把"胜利的秘诀"这句话换成"从武装部队获取最大效果的方法"，那么巴斯蒂科将军的公式就是永恒不变的真理，适用于任何时候任何地方。换句话讲，它是一句普遍适用的大白话，正像所有的大白话一样有一般化的特点那样，它对我们研究的问题没有任何帮助。所以，必须从永恒回到现在，以便找出武器组成部分之间的正确比例。

巴斯蒂科将军确实转向现在，他说他看到陆军、海军和空军的"公正的比例"，三者能成为一支充分的"进攻力量"。我不觉得这是一个准确的定义，"进攻力量"是什么意思？从抽象意义上讲，每种武器，不管是左轮手枪还是无畏战舰，一把刀还是一枚航空炸弹，都有进攻力量。

"进攻力量"按我的理解应该是指"进行有可能成功的进攻行动的能力"。一支武装力量如果进攻时根本就没有胜算的可能,那它就没有充分的进攻力量可言。在这种情况下,它可能就是不成熟和不能胜任的。此外,在同篇文章里,巴斯蒂科将军正确地警告说,要始终考虑到所有敌人中最强大的敌人,于是"充分的"一词应该用在最强大的敌人身上。根据这些,我们可以推断巴斯蒂科将军所说的正确比例指的是能对最强大的敌人进行可能成功的进攻的陆军、海军和空军的正确比例。很好!但为了这可能的成功的进攻,如果其他条件相同,它必须比敌人更强大。因此,最后巴斯蒂科将军必须想出一个陆军、海军和空军之间的合适比例,它们要比最强大的敌人的相应武装力量更强大。

我很赞成,也没有人会否认,这个比例不但是一个正确的比例,而且明显是最协调和最有利的,但是只有在我们和美国一样富有时才有可能实现。这在美国是可行的,可在我国只是空想而已,因为我们没有必备的条件。巴斯蒂科承认这一点,并且也用数据来证明这一点。他假想了一个A国,用在军备上的耗费达80亿里拉,其中20亿用于空军;另一个B国,耗费50亿,其中7亿用于空军。根据这些数字,他得出结论,B国会发现自己无论在陆上还是空中都处于劣势。我想问一下,B国怎样分配才能使它有具有"充分的进攻力量"所需的"正确比例"呢?

这就说明了,在编制我国武装力量时不能用我同伴所谓的"正确比例"理论来做指导。

下面我将用数学方法来寻找这个正确比例,这种比例使整体的价值达到最大值,我们必须遵循另一条途径。

一个国家能交给武装部队支配的资源是一个常数，我们用C来代替。资源总数是陆军资源、海军资源及空军资源之和，分别用A、N、AF来表示，这就出现了一个等式：C=A+N+AF。如果用V来代表这三个军种的军事价值，则也可以说：V=A+N+AF。那现在的问题就是，分别给A、N及AF什么值才能使V达到最大值，而A、N及AF的总值不能超过常量C。为了使V达到最大值，我们必须把A、N、AF三个因子中的一个给以最高值，其余两个给以最低值。如果像我所说的，空军这个因子在未来战争中是决定性的，我们必须给AF以最高值，给A和N以最低值，这个最低值就是它们采取守势时所需的力量。因此我才说，在地面抗击，以便集中更大的力量用于空中。

在解决这个问题时，只有在空中战场是决定性战场的情况下，结论才是正确的，并给出我们军备组成部分之间的正确比例。如果假设前提是错误的，那问题的结论也将是错误的。这种情况下，就应该提出其他的假设情况，因为各组成部分之间的正确比例不会像蘑菇那样一下子冒出来，它必须有一个深思熟虑的前提，否则这个比例将是一个没有原则的比例。

博拉蒂将军说，只有当空军部队的空中进攻使敌人瘫痪，并能瓦解"敌国的物质和精神力量"时，空中战场才可能成为决定性战场，他不相信只要瓦解了敌人的精神力量就够了。如果一个国家的精神崩溃了，武装部队和物质力量的价值将不复存在。

菲奥拉万佐上校承认空中战场的决定性，条件是主宰空中战场的一方要掌握充足的空中力量以彻底消灭敌人。这是很正确的，一种行动若不能带来明确的决定性结局，那它就不能称作是决定性的，这一点对各种战场来讲都是正确的。皮洛士在地面战场的胜利并没有带来最终的胜利，不管谁如果取得了海上的胜利，也不能说明就取得了最后的胜利。

在阿塔尔工程师第一批论文中有一篇写道：

主宰自己的天空有不可回避的必要性，失败将带来死亡。

没有什么说法能这么强烈地表达出对空中战场决定性作用的赞成了。为了夺得自己或对方天空的权利斗争将在空中进行，如果丧失了制空权就带来死亡，也就没有什么东西是剩下的了。

另一方面，他在最近一篇文章中写道：

空中战场在某一时刻可能成为决定性的。

这是否是对他早先那篇文章的更正呢？他指责我：

……成为经典式错误的牺牲品，这种错误是对一种新出现的因素给予高度的结论性评价并寄予全部希望。历史教导我们，在海上，对任何新的炮弹都有新的装甲来对付它们；在陆上，带刺铁丝网先遇到甘油炸弹，以后又有迫击炮来对付它。

这是毋庸置疑的，但是我从来没有讲过阿塔尔工程师所涉及的化学及生物元素。我很清楚，几乎每种毒物都有一种解药，每种细菌都有一种血清。我讲的不是因素，而是新式武器。历史告诉我们，潜水艇曾从巨型战舰手中夺取了制海权。

对于我讲的航空化学兵，阿塔尔工程师曾经承认它有足够的革命力量去推翻到现在还在使用的军事学术中的一切基本原则。如果这是正确的，那么现在还在使用的军事学术的基本原则就不能给我们任何有用的教导了。的确，"很难建立一种陆军、海军、空军之间决定性作用的等级区分"，但是必须在需要用它之前做好一切准备；的确，"使用时它们的比例取决于战争中的国家的地理状况"，正是因为这个理由，我才试图找出适合我国的这种比例；的确，一般来讲，"三军都是磐石般的战争有机体中必要的肢体"，但我也说过"必须在地面抗击敌人，以便将我们的力量集中于空中"，这也就意味着武装部队的三个军种都是必需的。在确定了三个军种的必要性之后，逐步去确定每个军种的职能，以便全军能获得最大的价值，这样做应该是没错的吧？因为巴斯蒂科将军说过，如果空中战场是决定性战场，我们应该把现在的全部资源用于它。不同的是，我只是说将我们组织地面军队防御后剩余的资源全部用于空中战场。我遵守将力量集中于决定性战场的原则，这一原则不是减小而是加强了另外两个战场的抗击能力。

  阿塔尔工程师为了证明他的观点，引用了1925–1926年法国和摩洛哥的战争。1925年4月，摩洛哥北部沿海的里夫人在克里姆率领下南进，与法军交战，法军碉堡被毁，人员大部分伤亡。同年7月，法国与西班牙协议共同出兵攻打克里姆。法军15万人，西班牙军队5万人。9月初法西联军在摩洛哥登陆，克里姆被迫北撤。1926年克里姆战败投降，战争结束。作为例证，阿塔尔工程师写道：

  在那场战争中，航空兵是重要的助手，它在取得胜利上有压倒一切的作用，但并不是胜利的唯一因素。在密切配合地面军队作战中，一开始航空兵大规模协同地面军队，解救被里夫人包围的法国分遣队，重建被切断的战线。然后航空兵向攻击纵深的前方和侧翼采取有效行动，帮助他们完成任务。只是在战争末期，地面军队的压力使得敌人动摇了，航空兵这才成为决定性因素，它有力地切断敌人的交通线，摧毁任何继续抵抗的行动，迫使克里姆的人马投降。

我想阿塔尔工程师误解了这里的意思，我说空军是决定性因素时，并不是说它就是胜利的唯一因素。如果我认为空军是唯一因素的话，我会顺理成章地提倡取消陆军和海军。因为如果胜利仅靠空军一个因素取得，那陆军和海军就完全没有用处了，所以我完全同意阿塔尔工程师。在法国和摩洛哥的战争中，航空兵不是唯一的胜利因素。我也会在以下的文章中讲明，未来战争中它也不是唯一的胜利因素。

但在"胜利的唯一因素"与"胜利的决定性因素"之间有很大差别，在法国和摩洛哥的战争中，航空兵不是唯一的因素，却是胜利的决定性因素。我没有详细研究过那次战争，但事实就像阿塔尔工程师讲的那样：航空兵在取得胜利上有压倒一切的作用。这就告诉我们航空兵就是那次战争的决定性因素。

但是，我们不要在这里死抠字眼了。像我所说的，在未来战争中因为在地面抗击，空军将决定战争的胜负，是不是三军都对胜利做出了贡献呢？是不是三军不全都是胜利的因素呢？如果有一个军种没有完成任务，是不是就可能失败呢？我只能这样讲："空军对胜利起了压倒一切的作用，那么如果说空军起了决定性作用不也同样正确吗？难道协约国的海军不是因为他们确保其海军的供应和协约国的生活，对胜利做出决定性的贡献而完全应该感到骄傲吗？"

阿塔尔工程师指出，在摩洛哥战争中做到的事，在欧洲战场未必能做到，这很正确。但这不是因为双方都有航空兵，也不是因为双方都有防空，而是因为欧洲的生活环境的条件不同，这是阿塔尔工程师自己得出的证明：

"1925年6月21日对摩洛哥索克的一次轰炸中，据说在一分钟之内炸死800人。一个摩洛哥索克人口为数千,而一个欧洲的城市人口通常有数十万人。如果对其中的一个城市用爆破弹、燃烧弹和毒气弹进行空袭,就会产生可怕的结果,所有的河谷、所有海岸线和海岛都会处于空袭的威胁之中。"

这是很简单的问题。如果一个国家人口密集且文明发达,那在摧毁其意志方面,突袭行动必定更加有成效。对一个沙漠里的游牧民族,空袭是无效或接近于零的,但对居住在一个大的人口中心且高度文明的人民来讲,它是非常有效的,也是十分可怕的。

阿塔尔工程师在描述这样一幅恐怖的画面之后,自问:"这样的空袭能对我们产生决定性效果吗?"然后自答:"我断然肯定那是不会的。"但在这个断然否定之后,他却加上如果,即"……如果我们的地面对空防御已经很好地组织起来了,如果我们的航空兵保持住战斗力,如果我们的陆上和海上防线仍然坚固而有力"。

这明显是对的。如果我们的航空部队能打退敌人的空中进攻,那么敌人的空袭行动对我们就不是决定性的了。但如果不把"意大利的防空"置于良好的状态来防止任何有决定性作用的空袭行动,那我们的努力就是白费力气。我所讲的"意大利的防空"不等同于阿塔尔工程师所说的"防空",而是国家空中力量的全部兵力。

即使我们的陆上和海上防线足够坚固,但还是要避免在空中被敌人打败,因为一旦空中失败也就意味着我国在整个战争的战败。这就是为什么我主张我国的防空要处于一种良好的状态,以便能在空中尽最大的努力。我希望人们会理解我,我主要考虑的是我国的现实处境。当我讲到空中战场将会是决定性因素的时候，我指的是我国。我一直讲它是决定性的，因为我们如果在空中被击败，将不可能进行有效的反击，那么不管陆上和海上的情况如何，我们也将决定性地战败了。在航空化学兵快速发展的今天，没有人会十分坚定地来否定这一点，也没有人会十分坚定地保证，斗争将是由陆上或海上决定胜负，而不是空中的，更没有人会十分坚定地相信，如果我们在空中战败，还有机会在陆上和海上取得胜利。

我相信没有人会拿国家的前途来冒险，如果有这样的人，那一定是不讲事实预测未来的人。

巴斯蒂科将军认为我的警告"不要忘记飞机飞行和毒物杀人"是夸大其词。并非如此，它说明了一个真理，为了它，我们有责任做好一切准备，以便避免我们处于不利的地位。

博拉蒂将军宣称陆上和海上战场无疑是决定性战场，但他不得不在后面加上"如果"："……如果地面和海上军队能够击败敌人，并占领极其重要的中心，敌人一旦丢失这些中心，将被迫乞求和平。"

但是，关于空军，他写道："只有当空军进行足够强大的进攻，使敌人的军队和其物质和精神抵抗力都土崩瓦解，这才可能带来决定性的结果。"两个词"无疑"和"可能"，说明了将军的偏见，用下文再进一步证实：

"……在空中的胜利是假想的（任何胜利在实现以前都是假想的），因为两个机群在空中遭遇可能是不现实的（在世界大战中海上遭遇是现实的吗？），因为不良的气象条件或其他困难可能会影响到遭遇（到了1929年还在讲气象条件！难道气象不影响海上战斗吗？我们没有在数百份关于陆上战斗的公报中读到气象问题吗？）。航空兵部队比其他部队更是耗费巨大（陆军部队又如何呢？我们没有听说过上次大战中数百个师不能再用了，必须重新组建吗？难道每个国家有几百万人死亡还不够给我们某种关于地面军队中浪费人类生命的观念吗？），甚至在空中的胜利或获得制空权都不能阻止在别的地方发生与我方空中进攻并行的反攻（陆上的胜利会阻止敌人在别的地方取得陆上的胜利吗？）；由于飞机的破坏能力，甚至少数飞机就能使我们遭受严重损失（真是奇怪，甚至在我们有制空权的情况下，少数敌机能使我们遭受严重损失？在这种情况下，我们的机群是一支什么样的部队呢？）。空中进攻的效果将会被积极和消极的防空，以及现在正在煞费苦心研究的别的方法抵消（难道对陆上军队就没有积极和消极防御，以及已经苦心研究出来的别的方法吗？）。最后，我们还必须考虑到精神方面，它是真正有决定性作用的，可能会造成料想不到的障碍（是的，现在出来精神方面了，关于这个我们已经讨论不少了，再没有什么可说的了，尤其是我们若依靠料想不到的障碍，那肯定是没有什么可讨论的）。结论是，空中战场也可能是决定性的，但空中战场所需要的那种行动虽然由于其特殊的条件而有所帮助并甚为有效，必定会遇到严重困难，有严重的障碍有待克服（是的，但这是否因为世界大战的经验已经表明陆上和海上的行动不会遇到严重的困难，也不需要去克服严重的障碍呢）！"

阿塔尔工程师从巴多利奥元帅的文章中找到了与我观点相反的某种安慰与支持，他从那篇文章中引用了不止一段，下面是结尾的一段：

"正是空军，将对那种尽可能缩短持续时间的战争样式发挥作用，所有国家都正在迫不及待地寻求这种战争样式。"

他选择的这段文字恰恰是对我观点的支持，巴多利奥的说法包含了一个明确的诊断：巴斯蒂科将军说我的警告"不要忘记飞机飞行和毒物杀人"，这正是我多年的主张！如果一个军种能比别的军种更快地结束战争，那就意味着它比其他军种更先一步取得决定性胜利。而如果它能在其他军种之前取得决定性胜利，那它就在其他军种之前成为决定性力量，因此，空军是决定性的军种。如果事情是这样，那么应该是我的反对者们反对巴多利奥的说法，而不是我。他们正在费尽心思证明正好相反的东西，因为他们坚决不承认空军正在引起战争样式的革命。有异议的不是我，我的反对者们的思想的实质已经模糊不清。巴斯蒂科将军说"不偏不倚为是"，博拉蒂将军则是他的跟随者，我希望他们两个人都对这点满意。

虽然阿塔尔工程师反对这种中立的态度，并且承认不能存在这种态度，而要选择他们的优点去学习，而实际上他也在追随前面两位作者的步伐。

最善者必须是单数，而不是复数。"加强一个国家的全部武装力量，使得每个军种都成为决定性的军种"，如果你们允许我讲的话，我会说这种说法是毫无意义的，它意味着平庸化、一般化，并满足于中立的态度，这里选不出"最善者"。巴斯蒂科将军和博拉蒂将军的平均化理论阻碍了价值的等级区分。实际上，这种理论的前提依据就是所有的战场都有可能是决定性的，但这种前提只有可能性，从逻辑推理来讲它并不能成为现实。

平均化理论给了"武装部队各组成部分的正确比例"一个平常无奇的答案，它没有区分考虑各个组成部分自身的价值，这种答案可能是经过深思熟虑的，也可能是犹豫不决的产物，就像他们问自己："我们该选择哪个好呢？"然后一致回答："好吧！为什么不能三个都要呢？"这是一个在所有情况下都可采用的好方法，就像是一种获得专利的秘方一样，但它治不了病，只能乞求上天保佑了；它就好像把军队排成一字长蛇阵，而人人都知道这是打败仗的不二选择，它唯一能表达的就是你的犹豫不定。

我的信条的确是"择其善者而从之"。让我们集中力量于空中吧，因为我相信胜负一定是决定于空中这个战场。我很希望我的反对者们会大声地叫起来："你错了！决定胜负是在别的地方而不是在空中！我们必须集中兵力在别的地方，我们必须集中兵力于陆上，我们必须集中兵力于海上！"但他们没有这样做，我只听到一个没底气的答复"我们必须把我们的力量分散到各处去"，但这是我坚决不同意的。

当阿塔尔工程师想用当代名人的解释来堵我口时，巴斯蒂科将军却在用尽全部力气来证明我的思想是违反某些普遍意义的基本原理的，这些基本原理是凡是知道一点军事的人都了解的。

用头去撞基本原理就好像是用头去撞石墙一样愚蠢，头会被撞得血流不止。让我们来看看，巴斯蒂科将军用来攻击我的"人所共知的基本原理"是不是可靠。我们研究这些原理不是为了猎奇，而是看看这些精通军事的人有时是怀有怎样坚不可摧的偏见的。

### 基本原理之一

每一种军事学说，尽管它属于它所涉及的特殊性质，必须考虑到应用时的实际情况，以及如何对最可能的敌人进行战争；在敌人不止一个的情况下，要考虑如何对待其中最危险的敌人。

这个基础原理在我重点圈出的部分是站不住脚的。一种军事学说必须完全符合当时的战争现实，符合它所涉及的国家特点。我的学说完全符合这一标准，但一定不能根据最可能或最危险的敌人的模式来制定我们的军事学说。如果这样的话，敌人会把他们的军事学说强加于我们，其他的每个人都会放弃自己的想法，拾人牙慧。而且，每个国家都有自己可能的和危险的敌人，没有一个国家可能发展一种军事学说了，他们只能全都等着按敌人的军事学说模式办事。

如果空中战场已成为决定性战场，那么即使我们最可能和最危险的敌人还没有意识到有新战场的可能性，我们也必须承认它的存在。如果我们的敌人犯了错误，那对他们就更没有好处了，没有理由，我们也一定要犯同样的错误。

巴斯蒂科将军引用的史例是不恰当的，法国的德格朗梅松[1]他主张任何情况下都不能采取防御，而应不顾一切地投入全部兵力实施进攻。他的进攻理论在第一次世界大战初期就遭到完全失败，而他的奇怪不合情理的言论却达到了顶峰，他说："在进攻时，不顾一切是最安全的"。这种说法把法国推向灭亡的边缘，因为它完全违反了现实和常识。它的依据是从一种奇怪的进攻神秘主义，这种想法在当时法国最高指挥部占统治地位，被许多人模仿。凡是违反现实和常识的东西是注定要失败的，就像神秘主义的法国军事学说失败一样。

---

〔1〕易·德格朗梅松（1861-1915），是法国的军事理论家、将军。

如果这个例子中有东西证明了巴斯蒂科将军论点的反面，那就是当他说到法国军事学说与以火力和攻击方法优势为基础的德国学说相比，法国不行时，他自己也证明了这一点。由此可见，德国人是聪明的，他们没有盲目模仿，使自己的军事学说与最可能和最危险的敌人的学说相符合。

所以，第一个基本原理应像一颗要脱落的牙齿那样摇摇欲坠。

**基本原理之二**

在准备武装力量时，不但要注意未来战区的地理和地形特点，而且要注意敌方部队的编制与组成。换句话说，我们不能把准备武装力量看成是自身的问题，这一问题的答案不取决于我们喜欢不喜欢，因为它必须与当面敌方（一个或数个）部队的规模和种类成比例。

这个原理比第一条更荒唐，准备武装力量当然不取决于任何人的喜欢与否，它必须按准则办事，这条准则就是使整个武装力量有最大的力量。不管敌人的数量有多少，有没有更多或更好的办法。把准备武装力量的基础放在敌人做什么之上，不但会失去创新精神，而且会做出对敌人有利的事情，因为如果敌人犯错误，我们也会犯错误，我们必须从最坏的地方着手。如果到时候出现的情况不是最坏的，那对于我们就会好很多。

当我说"让我把全部航空兵部队用于进攻"时，我想可能出现的最坏的情况是敌人也这样做。如果我看到敌人将航空兵全部用于防御，我会很开心，因为我肯定不会去效仿它，我方将占优势。

更坏的是，断言我们武装力量的准备要与敌军的规模成比例，任何国家都只能做到与自己资源的规模成比例的武装部队。

巴斯蒂科将军企图用这两条原理来说明我错了，因为我的理论使我国武装力量的编制与其他大多国家的武装力量不同，简单地讲，是因为我不追赶潮流，其实我只是在寻找适合意大利的方式。我记得，在我学习历史的时候就有人告诉我，最好是赶在敌人前面，不要跟在敌人后面，因为胜利是属于那些灵活变通战法的人，而不是属于那些死守传统方法不放的人。

**基本原理之三**

至于陆上和海上作战，防御比进攻所需兵力小，这是对的，但两者比例相差无几，而且条件是要有充分时间和机会足够组织防御的基础。

第一句话是根据一个事实：进攻者可以自主确定攻击的时间和地点，而防御者不得不沿整个前线保持有效的防御。而第二句话有明显的限制条件，我们一定记得，和平时期尽管边界上的防御编制有很多理由，但目前还只是一个架子，比战时应有的人员装备差得远，必须用相当多的时间去补充缺口，使其真正有助于机动防御的情况，尤其当数量有限的时候。

巴斯蒂科将军想用这个基本原理来证明将陆上军队的任务局限于抗击是因小失大的，因而我所主张的这种限制是没有价值的。这条作为军事学院论文题目的基本原理，在世界大战之前还是有点用处的，但现在已经被战争的血的经验推翻了。经验证明，打破进攻与防御相持不下的局面是需要大量而不是少量的人员与兵器的，就是对军事一知半解的人也能看到这些。几乎每天的局面都可以证明，少数坚强的人，用少量的部队加上几道带刺铁丝网，就可迫使敌人可能成年累月地被阻止在原地不得前进。有时并不很险要的地形，却要大量的牺牲和无数吨的钢铁才能突破，而现在的阿尔卑斯山却忽然被认为只是一个不能防御的平坦交叉路！

甚至在教材范例中也承认在某些特殊的很容易出现的情况下，战线会立刻稳定下来，这是在世界大战期间经常出现的情况。

我想我的同行们该冷静地想想这条原理的价值了，因为这一基本原理已经是过时的东西了，它已经陈旧不堪，是该舍弃的时候了。

### 基本原理之四

在海上作战，虽然这一点还不普遍地为人所知，防御所需的兵器及消耗的力量要超过进攻所需。在海上，哪怕是一支处于防御地位的舰队也必须保卫自己的交通线，以防止敌人的威胁，即使是潜在的威胁，由于敌人的攻击可来自任何方向，防御者必须展开一支巨大的实际作战的兵力和预备队来对付敌人。在海上，防御的地位意味着十分巨大的消耗，而不是节约。

巴斯蒂科将军企图用这条基本原理来证明我提议的限定海军部队的任务是没有用的，是一种缺陷，因为那样会消耗更多。但这并不是基本原理，这只是巴斯蒂科将军的看法，一种有一定地位的言论，却是另类奇谈。实际上他的言论是说，海上防御的一方必须有较强的优势，这也就相当于说，较弱的一方应该是进攻者。由于我坚持认为，空中防御比进攻消耗得更多，同样逻辑的推论应该是：继续空中进攻吧，你的力量越弱，你就应该更猛烈地进攻。但在海上，我觉得完全是不同的一件事情，至少在历史上，最弱的海军部队总是采取守势，我想不能说他们一直是错的吧？

巴斯蒂科将军写道，"哪怕是一支处于防御地位的舰队也必须保卫自己的交通线"，我想"必须"一词用得太过武断，这不是一个必须要做什么事的问题，而是一个你能做什么事的问题，如果它能做则它必须做。德国海军迅速放弃向前进攻，但肯定不是因为幻觉，也不是因为缺乏野心或者纪律责任，它放弃进攻是因为德国海军清楚自己做不到，一支较弱的海军如能长久地保护自己的交通线，只能说明他的对手就是一个天大的傻瓜。较弱的海军必须迅速做出选择，不然将在几分钟内全军覆没，或者去找一个庇护所，以便抓住敌人犯错的机会扭转战机。在这种情况下迎战是一个勇敢的表现，但这种勇敢不能保证海上交通线的安全，这就是一支较弱的海军被迫采取的态度，不是为节约使用兵力和力量而故意选择的态度。

的确，我曾这样描述过自己的思想："在海上我们的目标应是阻止任何人未经我们同意就在地中海航行。"这只需要较少的兵力，这种兵力与巴斯蒂科将军支持的采取守势的类型不同，事实上，正像菲拉奥万佐上校所讲的：

"攻击敌人交通线所需的兵力要较保卫交通线的兵力少。在所有的战争中动员了许多艘舰只去捕捉入侵者，而少量的潜艇（在任何时刻都不超过50艘），使全世界的海军组织许多天夜不能寐，使数千支部队从别的重要任务中抽出来。"

这足以说明，即使这个基本原理对海战来讲是一个真正的原理，也依然与我没有一点关系，让我们像对待别的原理一样把它放到一边去吧！

**基本原理之五**

每一种战争准备都必须与国家的经济潜力相称，提倡一国的军事努力不应照顾国家的总预算，而总预算应符合各种军事需要，是一个值得称赞的愿望，但是百分之九十九行不通。事实证明，在全世界只有美国才处于这种纵情奢侈的地位，别的国家全都应满足于差得多的地位。

终于指出了一条能真正站住脚的基本原理。巴斯蒂科将军用这段话来对付我时，肯定是把我误当作阿塔尔工程师了。阿塔尔工程师坚持预算应符合防御准备，他指责我过多强调了财政贫乏的重要性，但我只是说："我们的航空兵部队应在我国资源可能允许的范围内做到尽可能的强大。"

我越想越觉得巴斯蒂科将军是误把我当成阿塔尔工程师了，因为主张我们国家生活的安全发展必须根据任何一个可能的敌人而得到保证的也是他。我则比他有节制得多，我提倡一种使我们能做到最好的义无反顾是可能发生冲突的战争准备。巴斯蒂科将军不应浪费时间来向我证明：给我国独立空军比敌人大半倍、一倍或任何倍的力量去迅速摧毁我国可能敌人之一的航空兵部队，在物质上是不可能的，我所要求的只是使我国不处于被敌人轻易就能摧毁的地位。

我要劝告巴斯蒂科将军不要违背这条基本原则，他在描述"全都具有充分进攻力量的陆军、海军、空军"的组成比例时就违背了这条原则。正像我一直强调的，那种比例在美国也许是行得通的，但对于我国只能是个虚幻的事物。

**基本原理之六**

在准备战争时必须时时考虑到最不利的情况：从可能的盟国处得到的援助应先打个折扣达到最少，相反，可能的敌人的力量却应估计达到其最大值。

这又是一个能牢牢站住脚的基本原理，我完全同意这一原理。我不仅想到可能敌人的力量，还想到他们狡猾的本性，正是因为这些理由，我才担心敌人的空中行动。站在敌人的立场上，我会有如下想法：

我站在欧洲美丽的花园之前。我应通过它高耸的山脉壁垒来攻击它吗？那里每块为它的子孙的英雄鲜血所激发的山石都成为一个个堡垒，要对付它们，即使我用最好的钢来做成装甲保护自己，也将碰得头破血流。我应该通过海洋去攻击它吗？每一个波浪都隐藏着一个罗网，在每个海岸、岛屿、岩石的后面都隐藏着危险，由于敌人的人民的勇敢决心使这种危险更增大了许多倍。只有一个战场对我有利，不是我会在那里遇到懦弱的心，而是因为那广阔的天地便于达到目的，而我有足够强大能阻止敌人对我的领土实施报复。因此，我必须在这个战场上对这个可爱的花园里所有重要的中心发动一次十分猛烈的攻击，在那里，他们是无力阻止我的。

因为我担心某个敌人可能会意识到我会处在他们的位置时将要做的事，所以我才呼吁："让我们集中力量于空中吧！"这里我再一次劝告巴斯蒂科将军不要再违背这一基本原理，而去提他的平均化理论了。

正像那些对军事见多识广的读者已经认识的那样，反对我的巴斯蒂科将军的基本原理对我没有什么影响，他指向我的一些次要论点也同样没有影响。当然他发现我们的教材会合乎逻辑地指定独立空军去进攻敌国首都，但他也发现，原来魔鬼看起来也并不那么可怕，那么不管是对敌人心脏地带还是敌人对我国心脏的进攻最多也就是使我们心跳加速而已。

他说，我企图利用"决定性的战场是空中战场"这一原则创建一个新的学说，但是他忘记了，这种现象可能变成现实，而不是一个空想的原则。他没有理解，军事学说从来不是依据原则而是依据事实来说话的。

他说，如果把我的学说付诸实践，则我们进行战争的形式和本质都违背了原有的军事学说。他忽略了衡量一种学说的价值不是看它是不是与原有的学说相同或相似，而是看它是不是符合当前的实际情况。如果怕影响学说的相似性，而没有人敢于去改变学说，军事学术就会像一潭死水，停滞不前。

他说，我的理论没有产生好的结果之前，是没有人会把我的理论付诸实践的。但是他没有考虑到，如果不先付诸实践又怎么可能会得到良好的结果呢？

他说，即使不考虑过去几百年的历史也可断言，直到现在斗争一直是在相同编成的双方陆海军之间进行的。我相信这点，我还相信未来的历史会证明未来的冲突将在编成相同的双方陆海空军之间进行。现在我国正处在创新变更时期，一切情况明天就会有结果，他说，他不得不合乎逻辑地认为：

"……根据我的判断，只要两个星期就能使敌人在物质上和精神上发生混乱，迫使他们呼吁停战。"

但是他弄错了，我从来没有说过或说过这样轻率的言论。我只是说，一个丧失制空权的国家将遭遇巨大的精神摧残，甚至等不到陆上战争取得决定性结果就会被迫要求停战。他又继续说：

"……但是如果战争不是进行两个星期，而是两个月，陆军的编制并没有发生变化，陆军将不再守卫在边界上，至少能试图越过边界前进，因为守卫大门最好是站在门前而不是站在门后守卫。"

我也认为这是很明显的，不能想象现在的陆上战争可以在两个月之内分出胜负。但是必须承认，如果敌人拆你的墙、烧你的房顶，向屋里的家人施放毒气，那么你站在屋门前还是屋门后就没有什么差别了。

他说他不了解为什么"先验地建议到处进攻者必定有可能到处打败仗是违反所有战争基本原则的"。他说他的老师告诉他，尽管打仗的目的应该一致，但同时在陆上和海上进攻总不是一个错误。

巴斯蒂科将军的老师如果只是说"到处进攻不算错误"，而没有证明这一诊断，那就错了。如果这样做就倒霉了，因为进攻本身不是目的。在战争中人们不是单纯为了进攻而进攻，如果那样做，就有陷入巴斯蒂科将军自己批评过的德格朗梅松理论的危险。一支军队进攻或者防御都是为了取得胜利，当然要选择一种最适合当时环境的方式。在1870-1871年的普法战争中，法兰西帝国和普鲁士王国借口西班牙王位问题发生冲突。1870年3月法国先向普鲁士宣战，结果法国战败。法帝拿破仑三世战败，法兰西第二帝国从此灭亡，法国被迫割让阿尔萨斯和洛林。法军在开始进攻时就濒临灭亡的边缘，造成如此悲惨结局的进攻是荒唐的。一支军队应在它能进攻时进攻，不能进攻时防御。

当然，如果有可能的话最好还是选择进攻，毕竟进攻较防御来讲更有利。但如果其他条件相同，则进攻一方必须比对方强大，以便通过陆上和海上同时进攻来取得胜利。巴斯蒂科将军的老师很有可能这样教他：如果一方在陆上和海上都比较强大，那么最好采取两个战场同时进攻。对此，我没有异议。

世界大战初期，德国在陆上采取攻势，在海上采取守势。如果他们全部采取攻势，一定会犯很严重的错误。

巴斯蒂科将军的老师教给他，如果一方确信自己在海上和陆上两个战场都比敌人强大，则应在两处战场都采取攻势，这没有错，这种教导并不违背基本的军事原则。但如果为战争准备应随处都采取进攻活动的话，那就错了，因为那样意味着必须随处都要比敌人强，而这并不是随时随地能做到的。

甚至在空军还没有出现时，我就一直讲求目的的一致，这意味着使用陆上和海上部队都是为了取得胜利这一唯一目标。如果一个国家的陆上部队比海上部队更容易受到攻击，那么按照目标一致的原则，它的陆上部队就要比海上部队更强。它要求国家集中兵力于陆上，就算迫使海军采取守势也要这样做，反过来也是这样。英国总是把兵力集中于海上，如果它不这样做，就会犯让人震惊的错误。不幸的是，目的一致的原则就像阿拉伯沙漠中的长生鸟，每个人都知道它的存在，却不知道朝哪个方向去找它。

空中力量的出现使各个军种结合成一个整体，因为空军既可以在陆地的上空活动，也可以在海洋的上空活动，目的一致这个模糊的原则被行动一致代替。三大军种必须行动一致地朝向同一个目的——胜利，很理想的情况当然是到处取得胜利。但这理想的100次里有99次是达不到的，因为那样意味着一支军队必须处处比敌人强大。比较可行的是在一个战场上取得胜利,既然决定性战场取得胜利就够了,那么就在这个决定性战场上准备取胜就可以了,人的力量能做到的只是想办法使己方获得取胜的最大可能。唯一的方法就是集中自己的力量于决定性战场,而不计较哪个战场是决定性的。因此,提倡到处进攻是违反最基本的军事原则的。

当然,空中战场是不是决定性战场这也是与之无关的。像巴斯蒂科将军说的"新的学说断言,但没有证明战争可在空中取胜,而陆上及海上应满足于抗击"也没有关系。最后,巴斯蒂科将军反问:"但新学说究竟有多少追随者呢?"来作为对我的致命一击。

的确,只有少数人,但这没有关系。并不是我所有的同行们都相信真理总是在多数一边的,他最好也当心这一点,因为这是民主思想与现实不一致。多数是有习惯势力的,要改变他们的意见很难,但如果一旦改变,就会发生翻天覆地的变化。新学说的追随者不多,不用担心,他们会多起来的,会成倍地增加,将来会形成排山倒海之势的。

巴斯蒂科将军把他的思想归纳如下:

"……我们被迫面对并听命于不可知的新经验。"

他又加上评论:"这是可怕的,但却是简单的。"事实上,这不能再简单了!没有比零更简单的东西了。按他的意思,面对很快就要我们接受的现实,我们还可以任其自然,安静地等待新的经验慢慢地来告诉我们本来应该做些什么,因为再没有别的东西能教我们了,那肯定是一种对任何人来讲都不难证明的事实。

我们真的应该面对并听命于不可知的新经验吗?这种想法是

可怕的。是的，我们可以从中得出许多结论，特别当我们不小心成为新经验的牺牲品的时候。听命于不可知？什么是可知的？难道我们的头脑和眼睛不可以判断吗？我们可供使用的飞机和致命的化学品不够证明吗？我们还看不出它们的作战能力吗？我们不能事先通过实验了解它能产生的效果吗？至少我们有可能全部或部分地提示这一未知事物，我们不能像鸵鸟那样总是把头埋在沙土里，在没有搞清楚我们的伞是否结实、是否能耐受风吹雨打之前，我们不能这样静待暴风雨的来临。

面对并听命于不可知的新经验就像是古代的佛教僧侣那样闭目而坐，但现在这个时代，就算是佛教僧侣也不能沉浸于冥思苦想中浪费时间。我厌恶这种消极、听天由命、无所作为的态度，积极进取的精神必须是骨子里、头脑里和心里固有的，不是只靠语言就能获得的。我们需要进取精神，以便应付未来出现的事件。我们不应站在一边等待，空想事情发生之后能够忍受和幸存下来。

虽然我的反对者们被迫勉强承认独立空军在未来战争中的决定性作用，但他们的结论却是：

"……但既然还没有证明它将是决定性的，让我们保持现状吧！"

这种推理从根本上搞错了，既然承认了空中战场是决定性战场的可能性，那就有充分的理由把我们的力量集中用于空中。在陆上推迟战争结局的到来是很容易的，因为阻滞敌人以赢得时间并不难。在世界大战期间，当敌人被阻滞时我们建立起庞大的集团军，这些集团军后来就成为战争胜负的决定性力量。在海上，小部分力量就可以阻止世界上最强的舰队，现在已经没有人会相信陆上作战会迅速决定胜负了，这就是为什么所有的国家都准备动用其工业在战时立即可以将国家资源转变为军火生产的原因。阿塔尔工程师写道：

"当宣战时，各种手段都将发挥其独特的作用，每一种必需的费用都应付出。"

这样说是对的，但还不全面。把国家资源转变为武器或其他战时装备是需要时间的。在有空袭的情况下，并不容易做到。它需要安静和一定程度安全的环境下，因此不管怎样都不能在空中被敌人打败。在陆上，没有做好准备之前，可以用推迟决战的办法来赢取时间，但在空中这样做是行不通的，因为在空中没有地方可以停留。双方空军很可能在宣战之前就发生冲突，因为双方都认识到，在关键的动员时期采取猛烈行动的好处，有最充分的准备和最快速度的空军将会取得空中战争的胜利。较强的独立空军不会给另一方增援的时间，较弱的空军也不可能逼迫强者等待自己支援的到来。

反对者们已经承认空中战争是可能获得决定性战果的，那就是说，战争能在空中决定胜负或不能在空中决定胜负。当集中力量于空中时，前一种情况将成为现实，后一种情况是不能的，但它不会对战争的结局起反作用。不把力量集中于空中是符合第二种情况的现实的，但在前一种情况下，它会强烈影响结局，尤其是我们考虑到我国的地形特点的时候。

巴斯蒂科将军和另一些人提出的平均化办法将使国家陷入严重危险的境地，如果他们承认那种可能性会变为现实的话，我的办法，即使是空中战场不能证实是决定性战场时，也不会带来危险。由于他们承认有那种可能性，那么，听命于未知，就有可能意味着到处充满危险。

问题不仅如此,在前面我断言:如果夺得制空权者成功地使用空中进攻破坏了对方的士气,那么制空权就将决定胜负。如果空中进攻没有达到上述目的,则战争胜负将由陆上和海上决定。但即使在制空权不能证明是决定性的情况下,它仍然对决定战争的胜负有重要帮助。拥有制空权的一方能够保卫自己的领土,保卫自己陆上和海上的部队不受严重的空中攻击;而失去制空权的一方,对敌人的空中进攻没有机会进行有效的反击,这种空中进攻会打乱国家的活动,并阻碍陆上和水上武装部队的行动自由。因此,即使战争并不由空中战场决定胜负,集中力量于空中对自己也是很有利的。

我有必要把在1921年提出的问题再次提出来:"如果我国可能的敌人之一,取得了制空权,将其航空兵部队派往我国,破坏我国的物质力量和精神力量,那么部署在阿尔卑斯山的强大的意大利陆军及获得周围海域制海权的强大的海军又有什么用呢?"答案是:他们将一事无成。1921年时一事无成,现在也一样,时间在证明航空化学武器的力量在一天天强大。我们的陆军和海军在前方英勇作战,但同时他们也会意识到,他们身后的国家正在蒙受苦难,他们的基地和交通线被破坏,最后他们也许会取得胜利,但付出的代价是不可弥补的重大伤亡。为什么我们不奋力去保持制空权,使我们的国家、陆军和海军的处境更优越一点呢?我们首先应该面对的是最迫切的危险,其他的在适当的时候再做处理。

转入正题吧!居民们能够也必须忍受战争的恐怖,但各种耐力都是有限度的,哪怕是人类的耐力也一样,没有哪个国家的居民坚强到能长期忍受空中进攻。英勇的人民在看到空中进攻将有尽头的时候，就可以忍受最可怕的进攻，但当空中战争失败后，战争没有希望结束，除非在陆上和海上作战能取得决定性胜利，但这需要很长的时间。当人民每天遭受轰炸，并且知道明天还会有，苦难看不到尽头时，他们终有一天会要求和平。这可能要两个星期、两个月或半年，要看空中进攻的强度和人民意志的坚定程度而定。即使人民知道他们的陆军已经越过边界攻入别国，也只能是一个小小的安慰而已，除非他们的陆军已经向敌国首都跑步前进，他们才会真正松一口气。

我们是否应该等候一种能对付这样一种可能出现的事件的新经验呢？我们不能像傻瓜一样等贼出了门才关门，这种情况下经验没有一点作用。上次战争的经验表明，我们没有及时认识到潜艇的重要性，因此犯了错误。这个前车之鉴应能使我们把新的空中武器的重要性评估很小之前，能慎之又慎，三思而行，可是同样的事情又一次发生了。我们这些指出新现实的少数人被认为是空想家、极端分子、离经叛道者，与世界大战前那些试图让人们了解潜艇重要性的少数人的遭遇一样。

当旧的经验已清楚明白地说明这种过时的经验并无用处，历史在同样错误的反复出现时，为什么还要等待新经验呢？现在每个人都在谈论"物力论"，即西欧一种流行的哲学思想，它以力及其关系来诠释宇宙。我承认，人是真正具有动力的，人们不会等待，人们会行动，而且会立即行动。

消极地面对紧迫和危险的现实是最坏的行为，相反，我们应该试图去问它，它会给你一个答案的。因为明天并不是完全摸不着头绪的，除非是那些没有看到或拒绝去探索其形成原因的人。

世界大战沉痛的经验已经证明了一些陈旧观念是错误的，但至今还有人在相信它们，例如，巴斯蒂科将军写道：

"要是我们必须承认空军已经改变了战争，使斗争的目标不再是武装力量，而是敌国的抵抗意志等，……"

这段话表明他相信，至少到现在为止，战争的目标仍然是敌人的武装力量。这种概念不是巴斯蒂科将军独有的，很多战争的专家都有份儿，甚至说是大多数有份儿也不为过。

现在这种概念是绝对错误的。如果战争的目标是敌人的武装力量，那么空军作为一个军种、一种作战工具，就不会改变什么。敌人的武装力量仍然是目标，唯一变化的是达到目标的方法不同，但事实却是战争的目标在任何时候从来不是敌人的武装力量。战争的目标过去、现在和将来都是赢得胜利，也就是使得敌人屈从我们的意志，就像古代罗马人所讲的那样，战争是最后的手段。

人类的意志是超越物质之上的，一个国家的精神越坚强，它的反击意志就越强大，就能顶住敌人强加的压力。但是人们在面对无法忍受的情况时，精神抵抗力就会崩溃，结果将迫使一国去接受危害较小的结局。因此，重要的是把这种无法忍受的情况加在敌人的身上，这就是战争的目标，过去是这样，现在是这样，将来也是这样。

陆上作战的实质是：直接用武装力量来保卫自己的领土，努力打败敌人，以便进一步入侵敌人的领土。胜利的陆上部队，也就是成功地击退敌人抵抗力的一方，就可以侵入敌人的领土，占领敌人的重要地方，掠夺敌人的财富，把法律强加给敌人，奴役敌人的人民。换句话讲，它成功地把那种无法忍受的情况强加在敌人身上，摧毁了敌人的意志，逼迫其接受胜利者提出的所有要求。目标就是这样达到的，不是因为敌人军队已经瓦解，而是因为纷至沓来的后果，皮洛士的胜利就是这种证明。

但这种事并不是所有情况下都相同。当战争是因为某些人的私事，比如是亲王们、国王们、皇帝们或别的当权者之间的争斗，人民则支付军费并消极地忍受战争带来的灾难，政府首脑集合他们的军队，开始战争游戏。通常取得一个战役的胜利就能达到目的并停止战争，因为在胜利者击败敌人之后，他就可以自由地把自己的意志强加给敌国，而敌国也没有力量进行下一步的抵抗。当决定性战争失败后，政府没有别的选择，只能设法寻求和平。在拿破仑时代，我们看到决定帝国命运的战役只持续了几个小时。这些过去的战争的表面现象模糊了现实，在目标和达到目标手段之间带来了迷惑。换句话讲，由此产生了一种信念，认为战争的目标是敌人的武装力量。

尽管社会结构已经发生根本的变化，但这种信念依然保持着。这样一来，国家就认为他们是置身事外的，公民就相当一个付费观众的角色，对战争袖手旁观。更有一些人，他们宣称自己是"非交战者"，好像战争与他们无关，战争对他们的日常生活没有一样，只是公民之中有特殊身份的阶层和组织被托付准备和进行战争的责任。当战争到来时，政府官员认为战争不是他们的责任，就委托一些人去进行战争，然后他们坐在后面等待战争的结局。归根到底，这就是两支武装力量之间的事，给司令指挥官一切权力就成了理所当然的事。战争的目的就是摧毁敌人的武装力量，平民根本无须干预这种事务，面对这样一种目的，别的事情根本没机会考虑。

　　就这样，错误的果实成熟了。但是这种概念的错误在拿破仑时期就很明显了，对它忠诚的却又只做表面研究的人会误入歧途。拿破仑，这个战神，用自己付出过的代价证明，战场上的胜利，敌人军队的崩溃，只要这些军队后面还有什么力量的话，就不算是决定性的。他用规模宏大的军队和自身的天才智慧取得了胜利，而俄国用天气及广大的领土对付他；他拥有勇敢善战的将军，西班牙用充满激情的游击队抵抗对付他，而这位战神既没使俄国也没使西班牙屈服于他的意志，手段没有达到目的。在那个时代摧毁敌人武装力量的胜利，对那些武装力量后面只有消极的非武装人民的国家来讲，确实是赢得了胜利。拿破仑最后失败的原因是，他的武装力量后面没有了支撑力量。

　　世界大战开始时，这种看法还没有改变，但现实情况已经改变了，所以这种看法过时无用。现在已不再是政府首脑们在进行战争，而是生活和思想一致的人民在进行战争，要战争并要取得胜利的信念已经深刻地存在人民的头脑中了。武装力量并不神秘，它只是敌对双方国民意志的中间手段而已，在武装力量的后面，不再是消极和听天由命的真空，而是全体国民、所有物质资源和精神力量。战争甚至在形式方面也发生了变化，因为到处都存在对付敌国抵抗的战斗。现在我们说"能够再坚持十五分钟的一方就能取得胜利"，我们说这句话时指的是国家，我们不再说"谁能打败敌人的军队谁就打赢战争"。所有公民都把自己看成是交战者，战争是每个人的事，他们都为战争效力。政府自身也受到人民热情的支持，了解到他们和任何人一样关心战争。

军事首领们也认识到人民的高昂斗志给武装部队以力量，他们向政府建议应尽可能地鼓舞人民的斗志。

至今，陆上国家之间的冲突仍在被称为"战线"的地方进行，但战斗却不是再按拿破仑时代的所谓经典方式进行，出现了人力和军火的惊人消费，并直接影响到交战国。这些国家出于抗战的决心，把它们的全部资源一次又一次地投入到这些战线上，慢慢地耗尽。有时整支军队大批伤亡、混乱不堪，但在后面的国家都准备好防止这些。

很明显，为了取得胜利，一方必须在自己的资源耗尽之前打垮敌人。伟大的总参谋部的战略变成了"蚕食"战略，双方都时刻计算自己剩余的可以使用武器的人数，十分关注工业生产，重视海上战线的态势。我们离拿破仑的时代也就一百年的时间。通常只有在战争双方都忍受到了极限，对胜利已经不抱希望时，典型的战场胜利才会是决定性的，这时，在战场上取胜就成为胜利的鲜明印记。

这种现象在海上的战争中更明显。斗争双方的海军为避免决战，各自保持自己的实力直到最后，双方的海上行动仅局限于尝试阻挠敌人的交通。这是战争工具对付民用工具的行动，是一种目标直接针对国家抵抗力的行动，而不是对敌人武装力量的行动，但所有人都知道，这种行动几乎决定了第一次世界大战的结局。协约国海军承认了间接决定战争结局的特点，不用怀疑，如果他们不对付潜艇的威胁，协约国就会失败。实际上对付潜艇威胁的功劳部分归于海军，部分归于协约国造船厂一天天增加的产量。如果造船厂不能及时补充被德国潜艇击沉的吨位，然后加紧生产超过被击沉的吨位，那么就算海军有防御行动，战争依然会打败。所以，海上作战一方面是用战争工具摧毁敌人的抵抗因素，另一方面是用民用工具的生产来支持国家的抵抗。

我们从巴斯蒂柯、博拉蒂以及我的其他反对者反主张的战争目标概念已经扯得很远了，这完全是依据上次的战争经验，而不是根据对未来的幻想。

空军的出现并没有改变战争目的，战争的目的自始至终都是一样的。空军只是改变了战争的形式和特点，使得更容易采取行动对付敌人的反抗。陆上和海上的部队只能间接地对付敌人的反抗，而空军可能直接对付它，因而也就更有效，仅此而已，没有其他。

不管博拉蒂将军是怎么想的，恩德雷斯先生却正确地说："在未来，战争主要是对城市的非武装居民和巨大的工业中心进行的。"他是对的，因为合情合理的、注定的那样做。说它合情合理是因为如果有任何可能在发现敌人的地方给予直接打击，谁都会抓住这种机会，因为他企图达到让敌人屈服的目的，而且知道在敌人的抵抗没有瓦解之前是做不到这一点的。说它是注定的是因为空军有这种特点，虽然能到达敌国领土的任何地方，却没有采取任何守势的能力。

如果较强的空军处于主攻地位，而较弱的空军又希望采取防御的方法来击败较强的一方，则空中行动在转向敌国之前，首先要先对付敌人的空中军队。换句话说，一支空军首先要先打败另一支空军，只有获得胜利的空军才有机会攻击敌国的领土。

因为两敌对势力中较强的空军在对方不愿意交战的情况下，很难迫使较弱的一方进行战斗，而较弱的一方又不会自取灭亡，它会保存实力，所以空战将不太可能发生。

因为难以逃避的必要性，不管人们主观上喜欢怎样，空中斗争较强的一方一定会对敌人领土采取行动，这时它享有足够的主动性，而较弱的一方也会采取同样的行动，它的行动只是为了避免与较强方的冲突受到限制。由于需要，这两种平行行动都是让人恐惧的暴行，因为这两支队伍的眼前目标就是必须在尽可能短期内使敌人在精神和物质上遭受最大可能的破坏。为了让敌人屈服，必须将其置于不能忍受的处境，要做到这一点，最好的办法是直接攻击敌国城市中没有防御的居民和大工业中心。可以十分肯定的是，只要有这样一种可能直接攻击的办法存在，就会被使用。

的确，博拉蒂将军不用担心像恩德雷斯先生所说的那样"在敌人的公墓上签订和约"。公墓一定会越来越大，但肯定不会像《凡尔赛和约》签字之前那么大。

好吧，就算我们会认为这种灾难可能只是一种不能预测的事件，这样可怕的战争形式也使我们感到震惊，但我们不能希望可能的敌人会和我们的感觉一样，他们也不会和恩德雷斯先生的想法有什么不同。但如果这种不测事件真的出现，我们在看到敌人攻击我们城市没有防备的居民和工业中心时，我们能向敌人说住手，你们不按规则办事，我们取消比赛吗？我所预言的灾难可能只是一件不能预测的事件，但肯定是最坏的不测事件，是我们应该做好准备面对的事件。

它会演变成现实吗？如果不会，那当然最好了。那时只要我们愿意，我们就可以把我们的比赛规则强加给敌人。我们会喜欢这样的，在那种情况下，我们没有什么损失。如果我们处在地面和海上反抗的地位，我们会有时间去完善作战准备，一支强大的空军会对我们有很大帮助。

我把我的思想简化成下述的话:"在地面抗击,以便集中力量于空中。"但是如果"抗击"一词用于地面军队时没有疑问的话,用于海上部队时就必须加以说明了。我是这样说明的:在我国的特殊情况下,海军的行动应该完全经过我们的同意,否则不准任何人在地中海航行,我的这个关于海军任务的想法没有被人采纳。然而尽管我还不配称为一个海军专家,我觉得我只要根据普通常识是能捍卫我的思想的,尤其是就一般情况来探讨时。

世界大战结束后,专家们已一致认为海军的主要目的是保卫海上交通线,如有机会,要阻止或切断敌人的交通线。很明显,达到这样的目的不仅十分重要,在某些情况下还可能是决定性的。至于在我国,我们的海上交通线是至关重要的,很大程度上是由于我国缺乏原料,如果我国的进口被限制,其后果将是致命的。我们每个人都同意这一点,没有任何疑问,对全世界上的所有国家来讲,达到这一目的是很理想的,尤其在有了世界大战的经验之后。实际上,很多的海军大国用人道主义做借口,用大家都知道的海军协议来达到这一目的。

但光有一个理想的目标是不够的,还必须有能够达到目标所必需的手段和环境。如果没有处于这样的环境,也没有必要的手段,那只能放弃这个理想目标,尝试去达到一个较为实际的目标,不管这个目标是怎么有限。在想到海上可能发生的战争,我们想到的是我们和一个地中海的强国之间发生的战争,或者是两个国家聪明之间的战争。我们不可能想象在一场战争中,我国是地中海唯一的强国。因此,在这样一场意外的事故中,我们应考虑的强国是两个最大的，其中一个地中海本地的，另一个则是狡猾地蹿进来的。我们考虑一下，我们在与这两个大国中的一个发生冲突的情况下，我们应该给我们的海军设定什么样的实际的可行的目标呢？

显然，把敌人阻止在地中海之外是对的，保护地中海的商业交通线也是对的。保护我们地中海外的商业交通线和阻止敌人的交通，这显然是不对的，凭借我们在地中海的特殊位置，即使我们用有限的兵力也可以完成前两个在地中海的任务，但在地中海外，我们的地位就不同了。我们在大洋中没有合适的海军基地，我们的舰队已经因为缺少基地而变得很劣势，不可能强大到可以通过地中海的门户出去，即使这个大门并不在敌人手里。我们的大洋交通线是不得已保持固定航线的，它会受到敌人的攻击，因此，我们不得已只能在没有大洋交通线的情况下作战，我想对我们的这种现实情况不能抱任何幻想。

显然，"不准敌人在地中海航行对我们可能的敌人来说，并不能决定胜负"。就像菲奥拉万佐上校所讲的，不准在地中海航行最多只能阻滞和混乱我们可能的敌人，但并不能打败敌人，因为敌人会很容易建立另外的交通线。但我们也会得到自由航行的好处，这是一种积极的结果，虽然效果有限。但它也可能产生其他非常重要的结果，因为地中海还有别的强国，我们希望这些强国不全都是我们的敌国，尤其是在局部战争的情况下，它们可能帮助我们补充供给。如果我们不能依靠大洋交通线得到必需的供给，那对我们来讲，甚至可能是决定性的。

如果不这样，而是既想保护我们的大洋交通线，同时又攻击敌人的交通线，我们就必须减少在地中海的海军兵力。我们会发现，我们将很容易在地中海被敌人打败，其结果是我们在地中海的航行自由受到更大的限制。现在，如果大洋交通线被破坏，我们就只能从其他地中海强国那里接受供给，而地中海交通线被破坏就把这唯一的希望也断送掉了，我们就会发现自己完全孤立，这就很可能会决定我们的胜负。

在我们与另一地中海大国发生冲突的情况下，我提出最保守的目的是使我们在最大程度上保持生存所需的供应。我曾一般性地考虑过这种情况，即不把它区别为两种固有的两种可能：我们和本地地中海一个强国之间的冲突，以及我们和一个狡猾地蹿入地中海的强国之间的冲突。但如果读者自己考虑这两种情况，他就会更好地领会我所提这一最保守目的的价值。

现在我们探讨如果是两个国家联盟之间的冲突，其中一些国家和我们一样是地中海的强国，这些国家中，有部分支持我们，或有部分反对我们，不管怎样，我们不是孤立的，总有一支或几支海军是站在我们这一边的。因为除了巴尔干小国之外，所有别的强国都有地中海以外的出口，我们控制了地中海以后，就有可能让我们的盟国海军全部用于大洋中。如果敌国联盟中所有国家都不愿意在地中海航行，那这个海就在冲突过程中成为一个平静的内湖，也就没有什么力量能阻止我们把潜艇及其他小部分海军部队派出地中海外，从大洋友好口岸出发进行活动。在地中海有敌人时掌控地中海，没敌人时提供充足数量的海军部队进大洋作战，这就是我国能提供给盟国恰到好处的贡献。而且我国在这次战争中也完全是这样做的，一部分潜艇从德国和德占基地出发，对在大西洋或可能在别处航行的盟国航运队作战。

这就是我认为的很简单的推理。如果我们按各国海军中流行的标准方式行事,即按大洋强国的模式去组建我国的海军,那结果就是,不管是最高目的还是最低目的我们都达不到,因为我们的地位是特殊的,我们是闭锁在地中海内的国家。

我们在诗中常称地中海为"专属的海",如果我们愿意现实一点的话,那就让其成为真正专属的海吧!至于想把大洋也据为己有的抱负还是算了吧。那是不现实的,至少就目前的情况看是不现实的。如果我们足够强大,能做到限制任何人在地中海航行,我们就真的把地中海据为己有了。这种想法在潜艇未出现之前曾经被看成是不现实的,但现在不再是梦想了。哪怕我们只有不多的财力,我们也可以利用我国独一无二的地理位置、我们的岛屿和殖民地、我们海上作战的新式舰艇的性能以及我们超高的海军士兵的技术和勇敢的优势来实现这一目的。

还有一点必须考虑到,一支小型舰队不需要像现代大型海军舰队所需的那种巨大而复杂的海军基地,它们比较容易隐藏。在进攻可能来自空中的时代,我国全部大型海军基地都暴露给空中的敌人,巨大而明显的目标根本没有办法有效地躲避敌人。

但这还不是全部,一个国家的海军就像整支武装力量一支,用它的内在潜力来影响国际政治。如果我们的海军是照其他国家的模式标准来组建的,那么它就只能从数量上考虑。如果是按我的想法组建的海军就不一样了,不管数量多少,它都要能控制地中海,这是最大的不同。菲奥拉万佐上校写道:"阻止敌人进入地中海只是给我们的可能敌人设置的一种障碍而已。"这是对的,不过,地中海与三个大陆连接,占有地中海对我们有很大的价值。我们看到几百年来这里发生过无数次战斗，一个大国虽然离地中海很远，却长期在它的门口处保持庞大的海军队伍，因此能够统治地中海必定是国际政治中一个有重大意义的砝码。我不想过多地讨论这一点，因为这已经是我专业范围之外的事了，但我认为如果意大利能指着地中海说"不准进入这里"，那将会大大提高它在国际事务中的重要性。

有一个法国作者在他的书中提议，法国和意大利之间建立密切的协约关系，这和我的想法相像。这位作者试图说明欧洲这种紧密协约的政治价值，他说在发生战争的情况下，就有可能由意大利控制地中海，而由法国到大洋活动。他认为此情况下，即使英国重新建立了从好望角去远东的海上航线也是没用的，因为这条新航线绝对是不安全的。根据法国作者的这种想法，英国将坚定地向法意协约靠拢，从而形成以西班牙和比利时为墙角的欧洲联邦，为了使旧世界与新世界平衡，人们已经开始感到有这种必要了。

菲奥拉万佐上校在阐述了禁止其他国家进入地中海不是决定性的目的之后，又断言基本目的应该是"保卫我们的交通线"，这要靠"通过控制地中海及其入口处"来达到，他说："别国不能在地中海航行应是它的逻辑的必然结果。"

我实在理解不了控制了地中海的入口怎么就可靠地保卫了我们的交通线，因为这是人人都知道的。说再多的道理也没用，首先我们的船必须到达这些入口处。如果我没有搞错的话，可靠的保卫只有控制入口处以外的大洋海域。我也不能理解控制了地中海及其入口处怎么会使别的国家不能进行交通运输，因为这些国家都有通往大洋的出口。

菲奥拉万佐上校阐述完这一诊断后,又假想我们已经成功地把敌人驱到了大洋中去,故而我们能通过直布罗陀海峡,他说:

海军感到欣慰,但是因为它很小(小如尘埃这是几年前一位法国政治家对意大利海军所用的词),现在它就有一个不能解决的问题,保卫我们在大洋的交通线,或至少在直布罗陀附近海域的交通线,并阻挠敌人在大洋的交通线。

我们不能占领直布罗陀所以我们必须从地中海基地出发在大洋作战。让我们设想,我们已经占领了巴利阿里群岛中的一个岛,这是较征服敌在大陆上的港口更易达到的目标。我们在这些岛屿上具有某种优势,但是我们的"尘埃"不能很好地统治大洋,它只有很小的自主权。要解决这个问题,我们就需要大型的快速巡洋舰和大型潜艇,再辅之以舰载飞机。但是我们不能临时凑齐这些东西,我们就不得不满足于在地中海里来回巡航,甚至我们的商船也将无货可运,因为敌人不准它们出入。

说了这些话之后,他的结论是,他要说明下述主题:

在一场可能发生的冲突中,意大利的航空兵愈强,愈能成功地迫使别国的海军部队撤离地中海的外缘,我们的海军就必须更强大和更适合于大洋航行。因此,谈到意大利,"集中力量于空中"也需要"集中力量于海上";要是有了这双重的集中,我们就能够保卫我们的海上交通线,能够使我们国内工人的工作不受干扰,能够打击敌人的抵抗中心,我们就为我国英勇的步兵进军敌国领土,实现其美梦,建立了全部物质的和精神的条件。

如果我们能做到这些,真是好极了。但这只是梦想,就像作者自己承认的那样。我们不应沉浸在梦想中,而要睁大眼睛看现实。把敌人海军部队逼出地中海外缘的任务不属于航空兵,它应由海军去完成，如果完成，功劳当然也属于海军。一旦这一任务顺利完成，在保卫我们大洋交通线和阻挠敌人大洋交通线方面，就不会因为它们力量太小而失败，而是因为我们特殊的地理位置、经济和财政条件，靠自己不可能完成这样的任务。即便我们把大部分国家预算都用来建造大型舰船，也不能改变我国的这种特殊情况，因为如果这样，我们将不能限制别的国家船只在我们海域中航行。

德国之所以失败是因为它不够重视造船计划，也因为它没有集中资源制造潜艇。它拥有的强大的舰队有远大的航程和方便停泊的基地，它们适合在大洋航行，但归根结底除了使敌人的舰队保持警戒外一无是处，最后遭到惨败。昨天的经验告诉我们：如果它最初的目标现实一点，不是企图控制整个海面，而满足于阻止对方航行，多使用小部队，少使用大部队，它是会胜利。

菲奥拉万佐上校的说法是不正确的，他说："意大利的特殊地位使海军和空军如此互相依存，因此两者都必须非常强大。"意大利的特殊地位并不是促使海军和空军之间的相互依存关系，它只是指出两者在某个时刻的实际目标几乎是一致的，对于海军目标是控制地中海，对于空军目标是控制自己的天空。如果我们有一支控制海洋的海军和一支控制天空的空军，那我们英勇的步兵就可以无论都到哪儿都能胜利了。但我们还没有力量实现这双重理想，因为尽管我们不缺人，我们却缺乏兵器，所以我们必须满足于保持在我们能力范围之内，但我们仍能大力帮助我们英勇的步兵执行艰巨的任务。我们认为在未来的战争中能告诉他们：

坚守组成我们神圣边界的山脉的每一块岩石，叫喊如雷："不准在此入侵"。保持高昂的斗志吧，因为你们在空中的弟兄们将阻止敌人残杀你的同胞，保卫他们，使他们能工作，以供应你们食物和军火。他们也将踩蹦敌人的领土，而你们的海上的弟兄们则将把敌人扫荡出地中海，并保护供应你们物资的运输。牢牢地站住吧，我们的步兵兄弟，即使敌人的人数超过你们，也要牢牢地站住，让他们在石头上碰得头破血流，由于你们的坚忍不拔，使祖国不受玷污。不管他们头角多硬，也会磨破的，等到他们的物质和精神力量在空中力量的打击下消耗殆尽时，他们就会焦头烂额。然后起来进攻他们，你们的前进将会势如破竹，我们的旗帜在敌人领土上招展的喜悦将属于你们。

但如果我们换成下面的语言，我们英雄的步兵就不会太高兴了：

前进！通过崎岖不平的山野前进吧！一尺一尺地将其占领，用你们的鲜血浸透大地。前进吧，不要去想敌人在你们家里纵火和放毒。前进吧，要是我们不能送上武器和弹药，请忍耐一下，因为敌人正在从空中破坏我们的工厂、仓库和交通线。前进吧！要是饥饿折磨你们，请忍耐一下，我们曾试图控制大洋却遭到了失败，相反，敌人却甚至把我们关在地中海之外。前进吧！你们是我们唯一的希望，前进吧，胜利吧！

## 结 论

　　这场耗费时间的讨论，虽然像所有其他讨论一样，并没有使参与者的信念有所动摇，但却至少证明了人们对"未来战争究竟是什么样的"这个问题有巨大兴趣。这是目前随处都能听到的话题，到处都弥漫着一种错觉，某种新的事物正在酝酿中。

　　现在，我相信，也希望我的反对者们同意，这个问题对整个国家有非常重要的关系，所以需要一个组织去解决这个问题。关于这一点，我只能引用我在1928年2月写过的话：

　　至于谈到这样一种战争组织，可以看到我们是处于有利的地位，因为我们已经把各军种融合在一个单一的指挥部之下了。不幸的是，虽然每个人都同意这种融合的好处，但军事思想家和著作家似乎认为人们不可能看到他们特殊利益之外的东西。

　　陆军的学员主要谈论陆军，海军学员主要谈论海军，空军学员则谈空军，当他们谈到总的战争时，每个人都强调他所属的那个军种有兴趣的部分。有陆军专家、海军专家和空军专家，但没有战争专家。战争是不可分割的，战争的目的也是不可分割的。

　　我认为，这种情况很难得出一个可靠理智的战争学说的结论来。因为我认为有必要培养一批总体战[1]作者。

当然，新的战争学说应该以各军种合成使用为基础，领导这种合成使用的人应把各军种看成实现同一目标的一个整体的组成部分。因为，我们必须训练能掌握这三种工具的人员，也就是组织一个由胜任指挥全面作战的军官们组成的最高指挥部。

陆军包括三个主要兵种，即步兵、骑兵和炮兵。因为这三个兵种一起使用于同一目的，就需要在这三个兵种之外挑选军官，一个能使用三个兵种的人，因此军事学院建立的目的就是培养三个兵种的军官的专业才能。

我的意见是，现在对于总的作战也应该这样做，在使用三个军种时应把它们看成为同一目的而战的一个整体。当然现在不可能立即成立一所总体战争学院，我们没有教员和要讲授的军事准则。我想，首先，我们可以成立一个机构来解决这个问题，简称军事学院，我们从三军中挑出最有才能、好学上进和思想开明的军官一起探讨研究这些疑难的新问题。在这所军事学院里可以自由交流思想，不管肯定也好否定也罢，经过怀疑、犹豫、否定、不确定，最后能产生一个一致意见。根据这些达成一致的意见形成一个新的学说，由于这些学说的来源，它将容易被承认和接受。

另外，这个机构还可以使从不同军种挑选出来的军官密切和诚恳地接触交流的目的，每一方都能了解和认识到其他军种的真

---

[1] general war一词作总体战，但这个词现代的含义指超级大国之间发生的战争，包括使用核武器在内，常被翻译为全面战争。总体战一词，现最常用的是 total war，指动员国家全部力量，包括政治、经济等力量进行的战争。"总体战"的概念是德意法西斯国家军事学说的基础。

正价值，它反过来又使这个整体中各组成部分之间存在一种热忱和紧密的和谐。

总之，这个机构就是鼓励和组织这些出于个人爱好和研究这些新问题的人的场所。目前这项工作因为缺乏手段，缺乏指导，还很不顺畅，因此不能带来满意的结果。但是通过这样一个机构，人们能够在一所真正的军事学院里讲授新的军事学说，可为总参谋部训练军官，他们在平时是总参谋长的天然助手，在战时则是三军最高统帅的天然助手。

第五篇

# 序

杜黑去世后的几天，《航空技术杂志》发表了《19××年的战争》，这是他的遗著。兹为序：

我认为《航空技术杂志》编辑部给出的邀请让我很高兴，我马上就接受了。我在思考怎么动手去做时，才发现原来我太仓促了。

这个课题讲的是未来假想的大国博弈。无论如何，这是个有难度的问题，在我觉得不是瞎想的时候，尤其这样想。确切地说，我必须严格遵守逻辑和合乎情理，因为我现在是在给一家著名的军事杂志写文章，我要想想未来的各种可能性来作为现实的教益。如果我没有正式接受邀请，杂志也没有新做广告的话，我将不会从事这项工作，不过现在，我只能勉强试试看了。

我把我的劳动结果公布出来，就是希望大家对它提出批评，而且要记住的是，所有假想敌的思想、理论、行动、组织和事件都没有针对性。我没有什么内部消息，一切都是假想的，两种不同战争观和空军。

## 导　言

　　一战中，空军首次参战，它的出现，使得此战有个特殊的意义。我写这本书的目的是从双方统帅部的一些官方作战报告出发，然后用汇总材料来讲述此战的经过，当然，主要是空军部分。

　　不过，历史学家毕竟也是人，作品中肯定有自己的主观性，所以，虽然我尽可能地客观书写，但是毕竟也会携带私人情感，如果说因此而出错，我要请大家原谅。

　　第一卷，我简述了战争起因，以及各参战国的精神、理论、物资等各种准备工作。第二卷，是开战时刻，各参战国的战斗计划和战争过程，其中，陆军和海军的战斗比较简略，而空军则比较细致。

# 第一章　战争的起因

《凯洛格—白里安公约》，又称《非战公约》，是法国外长白里安签订的一个法美双边条约，"放弃以战争作为国家政策的工具"。美国国务卿凯洛格提出反对建议，他签订的是一般的非战条约，所以，该条约又叫《凯洛格－白里安条约》。该条约于1928年8月27日在巴黎签订，有澳大利亚、加拿大、捷克、法国、比利时、德国、英国、印度、爱尔兰、波兰、意大利、日本、美国、南非、新西兰等15国签署，后来增加到六十多个国。其中，美、法、意在签订时就表示其保留"合法的自卫权"，所以，该条约从一开始就是一张废纸。这个事件本身就让战争无法避免，就像我们说的"事件在混乱中迅速发展到令人目眩的顶点"。短短几天后，和平解决已经没有了可能性。悲剧到达了顶点，举世震惊，连参与者都不例外，所有人都陷入了宿命的战争。

## 国际联盟理事会

国际联盟是一战后建立的世界性主权国家的国际组织，简称国联。1919年巴黎和会上通过了《国联盟约》，1920年1月正式成立。它的宗旨是促进国际合作，维持国际和平和安全。它提出自决、委任统治、仲裁及裁军等一些原则,倡议国是美利坚合众国,但是最终却因为跟英吉利、法兰西争夺领导权而没有加入。理事会由英、法、意、日等15国组成,旨在加强集体安全及和平解决国际争端。[1]综上所述,欧洲其他强国都宣布中立,整个战争中自始至终都保持中立,而美国只是派了区区几个观察员了事,来表示他不参与欧洲事务。

我们既然是从军事视角来分析此战,以便从中总结经验,吸取教训,我觉得最有意思的是,战争是突然发生的,没有酝酿期。官方发表的文件写道:1914年9月15日-16日的晚上前,德意志、法兰西、比利时等国并不知道他们想要避免的战争,实际上已经无法避免了。所以,在那天以前,这几个国家都曾经采取措施,让自己看起来不像是侵略者,它们其实私底下进行了局部动员。

---

[1]事实上,国联自成立之日起,对于制止侵略没有起过多大作用。1931年日本侵略中国,1935年意大利侵略埃塞俄比亚,国联都没有采取制裁措施,它也就名存实亡了,1946年4月国联正式宣布解散。

## 第二章　精神准备

尽管战争是突然爆发的，不过各国的人民还是勇敢地面对它。虽然十多年来，很多和平主义、人道主义者到处宣传他们的理论，一些根深蒂固的常识，不会因为这种假想就被放弃。

参战人员表现出来的强烈爱国主义精神证明了，所有人都已经做好了充分的准备。事实上，接下来的例子，说明各方人民的精神抵抗能力近乎完美，各方军队的精神抵抗能力也相对持平。当我们看到这场勇敢的战斗，就必然会为他们的英雄事迹折腰。

## 第三章　理论准备

对于战争的理论准备，我们要看到，双方依据两种不同的军事学说，产生了两种相悖的战争理念。

法兰西跟比利时

作为一战的战胜国，他们保留了战胜时的武装和制度，并且加以完善，根据经验，这是正确的。所以，两国军队反映了它们的军事理论，这跟一战中的战术理论也差不多。

这套理论是说：战争的目的是打垮敌人的陆军，因为陆军居于军队的最高地位，也是战争中最靠谱的军队。不管什么行动计划，首先使用的都是陆军进攻，而且这也几乎成了定式，各级战斗单位也在各种教育训练中过分膜拜进攻。虽然在一战中，那种艰难的进攻仍然令人记忆犹新，但在战后的岁月，却已经渐渐遗忘。德格朗梅松的进攻理论现在已经被时间淘汰了，现在的替代观点是：在进攻前，先要让自己居于进攻地位。克服困难向前进攻的各种办法都已经被详细研究了，现在流行做法是使用正确的武装组织和大小不同的战斗单位，这些困难还是可以克服的。

专家开始指责一战中的两军相持是军事学上的倒退。一般认为，应当用运动战来代替稳定战线。运动战的精髓在于军队不停地机动和快速穿插,这样的效果远比在固定不动的战线持续炮击要来得更好。

一种观点:进攻最重要的是在敌人占据阵地以前,就要迅速行动。这就要求有一支实力雄厚的陆军,要强大到可以迅速突破敌人的防御,于是,突击成功的第一要素就是突然性。突然性是通过速度来实现的,法兰西人和比利时人都建立了可以快速投送兵力的部队。

为了避免推进太过缓慢,为了快速突破敌人防线,他们大大增加了火力配置,大多数的部队都装备了自动武器、轻重机枪、小口径炮、迫击炮和别的新式武器,这些打击力量都是必不可少的。步兵支援武器已经产生了质变,同时也增加了数量。至于重型火炮,都被搭载在履带车辆上,这样可以快速调集。大多数的迫击炮用来突破铁丝网等防御工事,我们称之为快速摩托化师。它由步兵、车载炮兵、摩托化步兵、骑兵、摩托化机枪,还有坦克等组成。就像我说的,这是用来先发制人,阻止敌军巩固防线用的。在运动战中,需要将骑兵和机枪班、摩托化炮兵、装甲车辆、摩托车和其他兵器相互组合,这样可以大幅增加突破能力。

也就是说,一战的经验是陆军需要有最强大的突破能力,以便快速摧毁敌人的陆军。

不过,这种军事理论也会受到指责,比利时陆军少校洪斯代德这样说:

"'一战'似乎没教会我们什么东西,至少我们没学到啥。除了一些细枝末节的东西,我们现在的战争理念跟战前也差不多,还是拿破仑战争后的经验。"

稳定战线其实是自动的,跟参战者的主观意愿恰恰相反。这是影响深远的一个事实，但我们只能按照以往的军事理论去理解，与现实不符。因为我们主观上并不愿意出现相持阶段，所以，就被军事专家定义为一场军事倒退。专家的意见是，现实遵从学术来发展，而不是学术遵从现实来研究。因为以前的战略教科书上讲的古典机动战术早就不适合现代战争了，我们必须适应新情况，建立新的机动作战理论。但是恰恰相反，专家认为，这种新情况反倒是违反了机动性原则。

目前最好的办法是重拾拿破仑战争时代的传统战术，迫使敌人打运动战，就好比可以改变现实，却要返回过去。以前总有这种情况发生的，现在是，自我感觉弱势的，或者犹豫不决，不能下决心的一方采取守势。从现在来看，现在的防守技术决定了守势会稳定战线，而这种拖延时间的战术事实证明恰恰是很有效的，所以，这也是一种战斗模式。

我们必须承认，突袭总是有利的，但要做到，必须在敌军毫无防备的情况下发动突然袭击，打得敌军来不及反应。但是这种事情可一不可再，所以，我们要研究的战术是，即便在不突袭的情况下也要后发制人地打败敌人。如果按照拿破仑战争时代的古典战争经验来击败敌军，就要拥有很多武器、弹药和其他手段，足以支持一场长时间的大规模进攻，接连不断地给敌军毁灭性打击，直到把敌军彻底打垮。问题是，还没有哪个国家常备这么多的武器、弹药和其他工具，来随时调用。所以，在战争已开始就用光所有储备狂轰滥炸，就算敌军全无防备，也会迅速削弱自己的实力。

而且，事实证明，这是一种危险情况，任何头脑冲动的进攻方案，都会给一个狡诈冷漠的敌人带来好处。他可以坚壁清野，进行全面防御，在进攻方耗尽了进攻力量之后进行大反攻，使敌军的疲弱之师陷于没有防御准备的战场之上，然后进行一场运动战。我们必须记住：在世界大战中，通常情况下，反攻比进攻更加有效。

现在的陆军的战斗目标，基本就是保护自己的家门口，然后本国人民有足够的时间去准备打破敌国的大门。

按照法兰西和比利时的军事理念，海军和空军主要是作为陆军的配属单位协助陆军完成任务的行动。法兰西人已经把海军建设到了国际限制军备会议所规定的最大规模，但是空军，法兰西人虽然也认为它在战争中至关重要，但毕竟空军不可能占首要地位。

既然把战争的主要任务交给了陆军，空军的主要作用也就是协助陆军去做一些基本的任务了。世界大战的经验证明了配属航空兵的重要性，在战后的几年时间里，也非常惊喜地看到这一军种取得了让人吃惊的成绩，以及各军种之间更密切的关系，空军的重要性也被海军和陆军充分肯定。事实上，如果海军和陆军没有配属航空兵的帮助，想取得胜利是遥不可及的事情，所以它们的发展趋势只能以越来越多的配属航空兵来不断加强自身的力量。

由于战时人们普遍认为敌人会发动空中进攻或空中化学进攻，所以成立了防空部，配有大型防空工具，用来减弱敌人的空中进攻对大型工业中心和人口中心的打击。继空军之后，1928年成立的空军部又引起了激烈的争论。陆军和海军人员对这个组织持不友好态度，他们虽然已经承认航空兵器的重要性，但一直认为它的能力只是用来加强和扩大陆军、海军的作战半径，而只有陆军和海军才是唯一可以发动战争并决定战果的军种。他们武断地否认独立空军使战争的形式和特性发生了根本性变化,也不认为空中化学进攻的巨大成就,认为总有办法使这种进攻变得无效。他们只承认仅在陆军和海军的合作行动时,空军才有一定的价值,因此,他们认为在陆军和海军之外建立独立的空军是无用的,因为空军只能依赖于陆军和海军才会有作用,所以成立空军部只是出于政治上的平衡之计,并不是基于技术、军事和航空方面的原因。但是,冲破种种困难和反对,空军部终于组成了一支独立于陆军和海军之外的部队。空军部在使用经费时,必须考虑到陆军和海军的配属航空兵、独立空军、防空和民航。

这种状况引起了陆军部、海军部与空军部长时间的对立场面,前两者高声呼吁要组建一支强大的配属航空兵,而后者则想办法减少配属航空兵以加强独立空军。结果,分配给配属航空兵和独立空军的航空兵部队的比例只能建立在折中的基础上,而不是依据其他的原因。

英国专家莱奥德爵士指出:法国的军事组织有一个致命的缺点,就是缺乏统一,因为它不是从一个基本点上生出来的。法国没有把战争作为一个整体来考虑的组织,三个独立的部门负责三个不同领域的战争。这就导致三者中的每一个都只关心自己的利益,都想为自己能完成任务争取最好的条件,从自己的利益去考虑战争。这种情况下,只有真正的协力同心才能协调备战和统一行动。而实质上,三者组织上的协作,不如说是个人间的协作,因为它们的协力同心,总是含糊的、不确定的和不经常的。

莱奥德爵士写道:

"毫无疑问,战争要求最大限度地统一使用全部国家资源。

奇怪的是，现在即便是国家力量中注定要专门从事战争的力量，即武装力量还没有感到这种统一的必要性，只有在偶然的和个别的情况下才全面地考虑战争的复杂问题。在理论上各方面都同意整体力量取决于它各部分的协调的比例，但实际上每一部分都只为自己的利益而备战和行动。法国的武装力量三部分立及总参谋部分设三个参谋长的制度无疑是达到协调比例的最不恰当的制度，这种协调比例只有在对战争问题统一考虑时才能达到。"

根据世界大战的经验，法国和比利时政府在同盟条约中规定，在战争时期，他们的陆军和海军应该归属同一联合指挥部。但对空军并没有做这样的规定，可能根据两国当时使用空军的观点，还做不到这样高度的统一。这两个国家的武装首领在自身观念里有着非常真诚的态度，所以就战争而言，简单的，我们可以把两个国家看为在同一指挥下统一行动的一个国家。

### 德意志

德意志因为《凡尔赛和约》的缘故，增加了种种限制，再加上德意志化学和航空技术的发展，使得它具有完全不同的军事理念。从一方面看，因为受到种种限制，至少目前来看，它无法跟敌人处于同等地位。另一方面，化学和航空技术的发展，又让它自信有与敌人在空中一战的资本。

一战表明，自从有了速射武器，尤其是口径较小的速射武器，这就决定了，己方兵力必须远多于敌军，才能进行一次成功的进攻。现在，就算攻守双方使用的武器都更加先进，双方火力等样增加，取胜的关键，也是数量的优势。由于这种理由，德国人的结论是：以后的战争，就像一战那样，假定攻守双方武器一样，小的军队就能打赢大的军队。无论哪一方认为自己实力弱小，或者准备尚不充分，就可以随时推迟决战，进行固定的壕堑防御。在被攻陷之前，必须使用优势力量，进行长期的、痛苦的、耗费巨大的消耗战。

德意志无法指望在地面投入数量优势的陆军，想要打破战争平衡所需要的数量优势，它还差得远。所以，德意志想要占上风，就不能寄希望于陆军，因为地面战它是不太可能战胜的。德意志的战争计划应该是，在别的战场上还没有取得胜利之前，自己的陆军不能先失败，也就是说，德意志地面抵抗应该拖到空中部队取得胜利。

德意志在短期的犹豫之后，水面战斗的计划就被放弃了，改为在水下打潜艇战。根据一战的经验，潜艇更能让敌军的交通线受到致命打击，同时也能保护自己的海岸线。所以，德意志海军仅仅建造了少量巡洋舰，之后就大量建造潜艇。德国人很清楚，一旦战争爆发，海上的贸易就必须放弃。一战的经验告诉我们：就算你有大量水面舰艇，海上贸易也只能放弃。所以，未来战争要考虑一个问题：我们怎么在没有海上交通线的情况下，坚持到战争结束？

为了更好说明德意志的未来战争理念，我会引用最近由德意志总参谋部出版的《19××年战报》的一些文件内容，这些文件是1928年1月由德意志总参谋长罗伊斯将军递交给德意志总理的战争备忘录。

战斗意志和战争能力并不存在于敌军，而在于敌国。因此，只有利用人民战争的汪洋大海，才能消灭敌国的战斗意志，把它们的战争能力彻底破坏。对于敌人来说，军队本身并不绝对重要，而只是相对重要，只能说明，能够对我军进行抵抗。或者说，只有在我军采取行动时，敌军才发挥一定的重要性。所以，从绝对意义上说，我们没有必要摧毁敌军。假定在世界大战中，我们的潜艇在执行任务时如果能够更加大胆一些，我们肯定可以赢得这场战争，我们可以让敌军在物质上没办法把战争持续下去。

而空军则可以在没有陆军和海军支援的情况下，直接对敌人的内陆心脏地区进行军事打击。空军独立作战的能力强大到甚至可以不需要其他空军单位的支援，所以，飞机是一种攻击效果最好的兵器。

地面制胜，主要是靠剥夺敌军地面部队的全部抵抗能力，使之不能保卫国家领土，从而打开攻占其土地的通道，占领其各种中心，最终强令对方服从于战胜国的法律。所以，陆战的首要任务就是彻底消灭敌人的战斗力量和物质力量，粉碎他们的盔甲，后面就可以对敌国采取进一步行动了。一战证明了，这个方法要经过很长一段时间的煎熬，消耗大量财物之后才能完成。

水面制胜，主要依靠海军的行动，截断敌人全部的海上供应，迫使它无法维持战争。但是除了特殊情况，也要耗费很长的时间才能达到这个目标。在世界大战中，就算我们从战争开始就被迫放弃了海上交通，但是我们的海军也仍然坚持战斗了好几年。

空中制胜，则只需要通过空袭，让敌国人民无法生活下去就可以了。空袭的好处是可以不受限制，随意选择进攻目标。地面行动只能针对敌军陆军，水面行动只能针对敌军海军和水面非军事的资源基地，而空袭则可以随意选择自己认为合适的目标，无论是针对陆军、水面资源基地、空军，或者敌国本身。它一般是针对抵抗力量最为薄弱的目标进行，也就是敌国本身的不设防国土。

目前，把航空兵和毒气结合起来使用，就可以对敌人最核心和最脆弱的地方进行有效的打击，也就是对敌人最重要的政治、工业、商业及其他中心进行袭击，以此来削弱敌人的抵抗意志，直到把这种意志摧毁为止。

要想逼迫敌人在空中这个战场决战，就要压制陆上和海上的战争，以防止敌人在陆上或海上取得决定性胜利。换句话讲，就是必须挡住敌人的陆上军队，并且不管海上交通是顺利还是受阻，都能使国家的生活维持下去。

以上这些都是针对一般情况而言，因为我国有特殊情况，所以我们应该记住以下几点：

1. 由于我国特殊的政治和地理位置，不管与哪个海军强国作战，都不能寄希望于我们的海上交通。即使如今我们有优势的海上舰队，也不能保证海上交通的安全，这些敌人都已经知晓了。因此，纵使拥有比敌人更强大的海上舰队，我们也不得不放弃我们的海上交通，就算有人知道怎样使用潜艇部队，结果也不会有例外。另外，即使我们的海上舰队的确占有优势，并能成功阻止敌人的海上交通，那我们也只能对其中的一个敌人——英国，才能取得决定性的胜利。所以，其他国家都有陆地界线，通过边界线至少可以进口供需品；而能达到决定性结果的国家也就是海上力量最强大的国家，和它作战想取得胜利，即使有可能，也必将十分困难。

因此，实话实说，我们的海上舰队是不会取得好的战果的，就像我们在世界大战中的遭遇一样。基于这些原因，最好的解决方法就是放弃海上舰队，把这些资源用于其他地方。没有了舰队，我们也不用担心它会被击败，或是时刻考虑怎样去隐藏它。这种情况下，我们可以想象，敌人的海上舰队失去了它的意义，因为它只能空对一片无际的海域，却找不到可作战的对手。

我们要考虑的是，首先不让敌人的舰队偷袭我们的海岸线，其次是阻止敌人的交通，这两件事可由我们的海上潜艇部队来完成。只要是讲到海上战争，我们应该往这个方向去考虑。

既然没有办法保卫我们的海上交通，我们不得不去寻找不用依靠这种交通也能进行战争的合适方法。在这一点上，我们要想办法与中立的国家进行交易，只要不像上次战争一样遭受所有国家的包围。但我们的思想必须是朝最坏的方向做准备，政府应有切实的方案来应对这种极端的状况。世界大战的经验表明，这是很容易解决的小问题，战争时间越短，越容易解决。

2. 在地面上，我发现，我们会面对那些恐怖的陆军。就算是在理想状态下，敌人的全面防御，也会造成很大的抵抗力，我们将会耗费大量财物才能击败敌人。因为我们无法封锁敌人的水面，敌人却可以源源不断地从中立国进行补给，物资仍然可以投送到前线去，从时间和空间拖延战争。按照习惯上的看法，在地面一决雌雄，可就算击溃敌人顽强的抵抗能力，就算是在理想状态下，也要经过漫长的死斗，浪费大量的财物和精力，更糟糕的结果是由于我们得不到水面补给而处于劣势地位。最好的结局是：跟一战一样，哪怕我们战胜了，自己也累得筋疲力尽。

请记住一个更要命的问题：在优势数量的敌人面前，很可能我们根本没办法投送更多的兵力。根据经验，要打破相持状态，就要优势的兵力和武器，因此，防御是简单的，而进攻则是非常困难的。

地面战争的表现形式跟一战很相似，因为陆军单位的兵器、装备、建制、体制都基本相同。擅长防守的人可以从防御体系上得到很多好处，把敌人拖进相持阶段。

在军事学上，普遍认为这种相持阶段是一种学术倒退，但事实上这只是一种特殊技术所产生的特殊状态，我们必须适应它。现在，国外有一种回到运动战的趋势，但是很显然，这是一种肯定会失败的趋势。因为这种相持状态的深层原因，决定了没有什么办法可以避免。很多国家的国境线长度也决定了无法展开数量巨大的现代化部队，而且大量速射武器的出现，也使得防御方更加有利。跟战斗人员的主观意愿相反，下一次战争肯定还是一战中的那种相持阶段，当然，这违背了战斗人员的主观意愿。但是我能肯定，在地面战争中，少数人完全可以防御多数人的进攻，所以，在地面战决胜，我们会处于不利地位。

3. 在空中，你会发现，相对于水面和地面，我们的处境相对更好一点。至少在空中，我们跟敌人处在同一水平上，这跟工业技术发展的关系不大。这就是我们选择决战的战场，这跟敌人的意愿相反。利用空军，我们不但可以阻挡敌军陆军，而且可以在不依靠海上贸易的情况下取得空战的胜利。为了处于优势地位，我们必须将绝大部分力量投入到空中去。

通过限制陆军和海军的行动，使其严格地限制在空军任务需要的范围内，我们就能自然地增强空军，并相应地减少陆军和海军。想在最短的时间内取得决定性胜利，我们就必须对敌人领土最核心和最脆弱的地方采取最猛烈残酷的攻击，而空军的目标则是尽快地摧毁敌人居民的战斗意志。

经过激烈的争论之后，报告中总参谋部在备忘录中提出的观点，已经被德国政府接受。不过，已有国际公约法令来禁止航空化学兵器的使用，这种对非武装的居民采用的残忍武器已经受到全世界人民的谴责。如此，罗伊斯将军的设想，即战争组织应完全地对非武装人员无限制地使用航空化学兵器的想法，看来是会受到全社会的反对的，在政治上也是不明智的。罗伊斯终究还是胜利了，这是由于下述原因：

1. 所有大国都在积极准备航空化学兵器，并庄严承诺自己绝不首先使用，除非敌人先使用，这就清晰表明没有一个国家相信别的国家会遵守这条禁止使用航空化学兵器的条约。这种不信任是普遍的、自然的和合乎逻辑的，因为没有任何一个国家会相信敌人会放弃某种已经被证明了很有效的武器。所有国家都在准备航空化学兵器，到了战时，它们就可以及时发动航空化学战争。当各国倾尽所有投入这场战争，没有什么武器是不能使用的。只要相信某种做法是对自己有利的，那么该国会毫不犹豫地违背任何公约，因为人们不愿放弃任何取胜的机会。而另一方也会用同样的手段报复，航空化学战争就会残酷地继续下去。不管你希望这种禁令有效还是无效，在任何情况下，你都要做好面临航空化学战争的准备。

2. 要准备应对一场不能预测结果的事件，就必须按照能使自己成功的办法去准备。因此，要想成功打败航空化学战争，就必须使自己不管处于何时何地都能对敌人实施突然的袭击。如果等待敌人发动战争，然后手忙脚乱地去躲避它，必将失去优势，这样做等于一开始就把自己置于不利的地位。

3. 在人类自身的意识里考虑到自身利益和国家存亡时，一切公约的价值都等于零，每一种人道主义的道德情感都毫无意义，这时要考虑的唯一原则就是保存自身和击杀更多的敌人。

1927年，德国就发动了一次大范围的军事改革，建立了国防部和最高统帅部，这就使得其他各军种的指挥部没有了存在的意义。总参谋长负有非常重要的责任，三军的分配份额就由他决定。因为他了解战争的复杂，他的任务就是确保三军的重要地位，以便可以从整体上产生最大的军事效力。

总参谋长并不能完全独立行使他的重要职责，他必须请示国家首领，获得批准才能执行计划，如果遭到否决，总参谋长就得自动去职，因为如果不是按自己的想法去组建武装力量是不会产生好的结果的。如果他的计划得到批准，那么就会使他的权威变得至高无上，因为国防部主要是一个行政机构，负责按照总参谋长制订的计划去组建武装力量。他在战争时期将变为国家武装力量的总司令，这也使他的重要性进一步加强。

最初，德国总参谋部中的成员是由从武装力量中选出的一群受过高等教育、思想进步和有智慧的军官组成，他们在平时和战时负责帮助总参谋长传达指令。与此同时，他们建立了军事学院，在总参谋长的指导下，一群总参谋部军官在那里研究协同作战的问题，1930年第一批军官在军事学院毕业。这个组织的基本目的是把全部武装力量资源集中在一个人的手上，以便达到统一的目的，给军官们统一的指示。对各武装力量组成成员，则强调战争中最高的要求就是胜利。这样做可以让武装力量的每个组成成员都了解，在战时不管接到什么样的任务，都和其他任务一样重要，为了胜利，所有任务都是必不可少的。

罗伊斯将军在得到国家首领的批准后，就把他的想法付诸到对这个组织的训练中，并反复灌输纪律教育，这是组成战争潜力的精神基础。

陆上部队作战遵循这样一条原则，即他们应该用最少的资源来坚决抵抗，以便把大部分的资源留给直接取得决定性胜利的军队。这种思想在国外是人人都知道的，而必然的结果是德国陆军将在一开始就遭到大规模的进攻。但人们坚信，不管进攻多么强大，在遇到顽强的抵抗时，敌人将很快筋疲力尽，因为在战争开始时，没有一个国家会做好长期进攻所需要的大量物资。事实上，没有一个国家能这样做，他们都是首先做好工业生产计划，来生产战争中所需要的各种兵器。

可以看到，关键问题是，要在战争初期——也就是在敌军准备开战时的一系列军事行动下存活下来。一旦敌军初期的进攻力量消耗完了，而且在别的战场也没有取得进展，那我们就有时间去应付别的情况了。

我们只要采取坚强而有弹性的抵抗，就能轻易地把敌军拖死在一个固定战线上。也就是说，我们不必计较一城一地之得失，只要让敌军处于艰难境况就可以了。我们只需要用小口径速射武器建立一条漫长的防线，并且逐步加强，使它越来越坚固就可以了。平常时候没有必要去研究该防线的性质，只要先指出该防线的主要防御点，比如确定使用什么兵器、多少弹药，把它们部署在什么位置，怎样利用附近居民，特别是体育俱乐部的会员；指定每个人的工作岗位，尽快把预备队集结到危险地区的后方，这样就可以在需要的时候马上投入战斗。这样的话，就可以在敌军动员大量人力、物力发动具有威胁性的进攻前，就做好充分的防御准备，而这只需要一个小规模的单位就可以从事准备工作了。

地面部队就是按照这个原则去办事的，不过计划防御并不影响德意志陆军的进攻理念。恰恰相反，在给各级士官训话时，要告诉他们一个关键的问题：防御，是为了更好的进攻，任何防御，最终都要转化为进攻。在作战训练时，不管这支军队规模有多小，作用再怎么不重要，都要时刻抓住进攻的机会。

水面部队就必须把野心束缚在保护海岸线，抵挡敌军的水面攻击，建造潜艇和其他神出鬼没的兵器来截断敌人水面交通线。当然，那些已经造好的巡洋舰还是要出海巡航的，不过战争爆发后，就要返回基地。这个理论依据是：那些珍贵的人才要用在执行主要任务上，而不是去执行那些不重要的任务。

由于我们已经可以在空战中取得决定性胜利，而且，主要力量都被集中在空中，独立空军的组建目的就是为了攻击。不光是兵器和物资，战斗人员的战斗理念也要跟上。一切次要目标都要服从于建立和发展独立空军这个主要目标，所以，海航和陆航都可以取消了，去建设一个强大的独立空军吧！

# 第四章　物质准备——法国和比利时

法国航空兵部队

陆航：法兰西、比利时的军事理念是以陆军来执行主要战斗任务，所以，大量航空兵都配给陆军，这些陆航配属主要用来从事这些工作：

1. 战略侦察
2. 战术侦察和联络
3. 炮兵观测
4. 强击——对正在战斗的、行进中的和已宿营的敌军
5. 驱逐——在各部队的活动范围内警戒天空
6. 轰炸——对直接与陆上行动有关的目标实施空中进攻

国防委员会正在长期讨论一个问题：是否要把驱逐机大队和轰炸机大队也配给陆航？原因是，空军并不愿意把原属于它们的航空兵配属给别人。可惜，最终陆军部部长的观点还是被接受了，他认为，陆军在近战时，空军是靠不住的，所以，航空兵还是让陆军指挥的好。

不管执行什么任务，每个中队都由6架第一线飞机和2架备用飞机组成。两个中队组成一个大队，三个大队组成一个团，两个团组成一个旅。不同部队的建制兵力如下：

|  | 一线兵力 | | |
|---|---|---|---|
|  | 中队数 | 飞机数 | 备用机数 |
| 1. 每一集团军群 | | | |
| 1个战略侦察团 | 6 | 36 | 12 |
| 1个战术侦察大队 | 2 | 12 | 4 |
| 1个强击团 | 6 | 36 | 12 |
| 1个驱逐旅 | 12 | 72 | 24 |
| 1个轰炸旅 | 12 | 72 | 24 |
| 每一集团军群总计 | 38 | 228 | 76 |
| 2. 每一集团军 | | | |
| 1个战略侦察大队 | 2 | 12 | 4 |
| 1个战术侦察大队 | 2 | 12 | 4 |
| 1个强击团 | 6 | 36 | 12 |
| 1个驱逐团 | 6 | 36 | 12 |
| 每一集团军总计 | 16 | 96 | 32 |
| 3. 每一军 | | | |
| 1个战术侦察大队 | 2 | 12 | 4 |
| 1个炮兵观测大队 | 2 | 12 | 4 |
| 1个驱逐大队 | 2 | 12 | 4 |
| 每一军总计 | 6 | 36 | 12 |
| 4. 每一步兵师 | | | |
| 由军指挥部根据需要分配航空兵器给各师 | | | |
| 5. 每一摩托化师或骑兵师 | | | |
| 1个战术侦察中队 | 1 | 6 | 2 |
| 1个驱逐中队 | 1 | 6 | 2 |

| | | | |
|---|---|---|---|
| 1个强击中队 | 1 | 6 | 2 |
| 每个摩托化师或骑兵师总计 | 3 | 18 | 6 |

由于已经决定首次动员时要召集3个集团军群，包括7个集团军，30个军，10个摩托化师和12个骑兵师，故可预测航空兵的组成为：

一 线 兵 力

| | 中队数 | 飞机数 | 备用机数 |
|---|---|---|---|
| 1. 用于战略侦察 | | | |
| 3个团（用于集团军群） | 18 | 108 | 36 |
| 7个大队（用于集团军） | 14 | 84 | 28 |
| 用于战略侦察总数为 | 32 | 192 | 64 |
| 2. 用于战术侦察 | | | |
| 3个大队（用于集团军群） | 6 | 36 | 12 |
| 7个大队（用于集团军） | 14 | 84 | 28 |
| 30个大队（用于军） | 60 | 360 | 120 |
| 10个中队（用于摩托化师） | 10 | 60 | 20 |
| 12个中队（用于骑兵师） | 12 | 72 | 24 |
| 用于战术侦察的总数为 | 102 | 612 | 204 |
| 3. 用于炮兵观测 | | | |
| 30个大队（用于军） | 60 | 360 | 120 |
| 4. 用于驱逐 | | | |
| 3个旅（用于集团军群） | 36 | 216 | 72 |
| 7个团（用于集团军） | 42 | 252 | 84 |
| 20个大队（用于军） | 60 | 360 | 120 |
| 10个中队（用于摩托化师） | 10 | 60 | 20 |

| | | | |
|---|---|---|---|
| 12个中队（用于骑兵师） | 12 | 72 | 24 |
| 用于驱逐的总数为 | 160 | 960 | 320 |

5. 用于强击

| | | | |
|---|---|---|---|
| 3个团（用于集团军群） | 18 | 108 | 36 |
| 7个团（用于集团军） | 42 | 252 | 84 |
| 10个中队（用于摩托化师） | 10 | 60 | 20 |
| 12个中队（用于骑兵师） | 12 | 72 | 24 |
| 用于强击的总数为 | 82 | 492 | 164 |

6. 用于轰炸

| | | | |
|---|---|---|---|
| 3个旅（用于集团军群） | 36 | 216 | 72 |

因此陆军配属航空兵包括：

| 中队数 | 飞机数 | 备用飞机数 |
|---|---|---|
| 32（用于战略侦察） | 192 | 64 |
| 102（用于战术侦察） | 612 | 204 |
| 60（用于炮兵观测） | 360 | 120 |
| 160（用于驱逐） | 960 | 320 |
| 82（用于空中突击） | 492 | 164 |
| 36（用于轰炸） | 216 | 72 |
| 472（总计） | 2832 | 944 |

  法兰西的航空兵建制就是这样子的。至于平常，中队为战时的半数（236个），每中队包括4架飞机（总计944架）。非战时，所在地陆军司令部管理那些陆航的训练、指挥和人事，由专业的空军检察官来进行技术指导和专用器材，其中，一个检察官负责战略侦察，另一个负责战术侦察，都按照专业来分配，再由空军部的总检察官来管理这些专业检察官。

陆军部下辖的航空总局，是和空军部联络的一个机关。根据陆军部和空军部定下的协议，由航空总局统一接收一切专业人员和物资，并且将之分配给陆军司令部的各级单位。

在战争状态下，需要建立以下机关：

1. 隶属于陆军最高指挥部的航空兵总指挥部
2. 3个集团军群的航空兵指挥部
3. 7个集团军的航空兵指挥部
4. 30个军的航空兵指挥部
5. 10个摩托化步兵师的航空兵指挥部
6. 12个骑兵师的航空兵指挥部

在战时，一切专业人员和物资的调拨，仍然由空军总检察官和下辖的专业检察官通过集团军属航空处办理，同时要根据空军部部长和陆军部部长的协议，成立新的军队。

这里有一份法兰西统帅部的报告，上面这样说：

这个制度看起来比较麻烦，有很多缺点，它让航空兵分属两个不同的单位，会加剧官僚主义和冗文，使得双方推诿责任，这种情况，在战时肯定会产生非常严重的后果。另外，如果陆航和海航分别隶属于陆军部和海军部，那么带来的问题是，机构臃肿，会带来更多麻烦和矛盾。

两害相权取其轻，我们应当设立一个新的机关——空军部。把那些有关航空兵的人事、物资等集中管理，再由它跟其他部门——陆军部、海军部、独立空军和防空部进行相关沟通。

在战争总动员时，不但每个中队都不允许吃空额，而且要成立一个补充中队来管理物资。每个中队都要保证能在12小时内出击，预备中队则要能在24小时内出击。

海航的任务目标如下:

1. 对于非舰载的航空兵部队

（1）海军基地防空

（2）搜索潜艇和护航

（3）远程侦察

（4）参与舰队行动

2. 对于舰载航空兵部队（弹射起飞的或在航空母舰上的）

（1）保卫航行中的海军舰队免遭空中突击

（2）在航行中进行空中侦察

（3）在战斗行动中的战术协同

为此目的，设想：

1. 用于海军基地的防空：60个水上驱逐机中队，共360架第一线飞机和120架备用飞机。

2. 用于搜索潜艇和护航任务，20个近程水上侦察机中队，共120架第一线飞机和40架备用飞机。

3. 用于远程侦察：20个远程水上侦察机中队，共120架第一线飞机和40架备用飞机。

4. 用于参与舰队行动：20个水上轰炸机中队，共120架第一线飞机和40架备用飞机；6个水上鱼雷轰炸机中队，共36架第一线飞机和12架备用飞机。

非舰载航空兵部队的总数为126个中队，共756架第一线飞机和252架备用飞机。

舰载航空兵部队：

1. 用于保卫航行中的海军舰队免遭空中突击：80架水上弹射驱逐机。

2. 用于航行中进行空中侦察：80架水上弹射侦察机。

3. 用于在战斗行动中进行战术协同：80架水上驱逐机，40架水上轰炸机，20架水上鱼雷轰炸机，全都在航空母舰上。

舰载飞机总数300架。

总计　海军配属航空兵的飞机数，包括备用飞机，共计1308架。

隶属关系，其情况与陆军配属航空兵相似。

独立空军：赋予独立空军的任务如下：

1. 攻击敌航空兵部队以获取或保持空中优势。

2. 对敌领土实施空中进攻。

3. 与陆上和海上部队直接合作，在建制上加强配属给上述部队的航空兵。

独立空军要绝对地全部置于空军部领导之下，在战时，它的司令由部长会议委派，并被授予和陆军司令、海军司令相同的军衔和职权。

独立空军的核心是轰炸部队和驱逐部队，还要加上专门的侦察部队，以便独立空军有自己的侦察勤务。

独立空军的战时编制如下：

| 旅数 | 中队数 | 第一线飞机数 | 备用飞机数 |
| --- | --- | --- | --- |
| 5个驱逐旅 | 60 | 360 | 120 |
| 2个昼间轰炸旅 | 24 | 144 | 48 |
| 4个夜间轰炸旅 | 48 | 288 | 96 |
| 1个战略侦察团 | 6 | 36 | 12 |
| 总数 | 138 | 828 | 276 |

防空的概念：为了应对敌军可能进行的大规模空袭和化学武

器攻击这种不确定因素,国土防空要由防空总局和空军部共同组织,并且拨付资金。防空总局管理一切防空、航空部队、高射炮和其他防空武器。战时,应当成立国土防空总指挥部来总负责。

法兰西人知道,包括德意志在内的其他国家,正在成立由战斗机、轰炸机等组成空中攻击部队,这种飞机在空战中可以发挥强大的功效,可以挂载很多炸药,但是人们对这种新式武器并不重视,因为大家觉得,它在一战中的表现证明它并没有太多用处。风闻这种飞机速度不快,不能快速机动,在战斗中只能混战,它们在面临敌军的驱逐机编队攻击的时候,总是感觉自己孤立无援,处于绝对的劣势处境。而且,它们在兵器的射程、口径上的些许优势,也会被驱逐机的速度、高机动性这些优势抵消。驱逐机总归可以逃避它们的火力,而且,高射炮也能轻易地把它们击落。大家都以为只要高机动性的单人座飞机便能够打赢它们,再说了,比较双方的价格,用几架小飞机打赢一架大飞机总归是划算的,只要几架小飞机分别攻击大飞机的不同要害部位就可以了。

人们在保卫自己国土的防空战斗中,一般使用一种叫alert pursuit的防空驱逐机[1],它们可以迅速拉升,并且有近一小时航程的作战半径,它们完全可以在这段时间内爬升、作战、再返航。

防空航空兵:包括50个防空驱逐机大队,每个大队由两个中队组成,每中队6架飞机(总计100个中队,600架飞机)。

高射炮兵用75毫米高炮,炮弹为每枚重7公斤的高爆榴霰弹。

---

[1]它和现在的截击机很像,为了表示区别,我们翻译为防空驱逐机。

高射炮装在能机动的平台上，有效射程最大达5000米。

高射炮兵由10个高射炮团组成，每个团包括：

2个高射炮连群；

1个探照灯营；

1个通信连。

高射炮连群本身又包括：

3个高射炮连（每连分成4个小队，每小队2门75毫米炮和1挺高射机枪）；

1个高射机枪小队（1小队有8挺机枪）。

每个探照灯营包括：

4个探照灯连（每连分成6小队，每小队1部探照灯、1部检声器和1挺高射机枪）。

每个通信连包括：

2个通信小队；

3个电报小队。

总计每个高射炮团包括：

18门75毫米高射炮；

168挺高射机枪；

96部探照灯；

96部检声器。

全部合计：480门高射炮、1680挺高射机枪。

在和平时期，只有防空驱逐机大队和高射炮团的核心力量存在，亦即：

1. 50个防空驱逐机中队，每队6架飞机。在动员时，每个中队都要求满编6架飞机，组建一个孪生中队及大队指挥部。准备好必需物资并储存在动员地点,在本土的后备部队的人员要求在6小时之内到达各自的中队,所有人员都要定期地召回部队,以保持良好的训练。

2. 10个高射炮连群(每群包括3个高射炮连,每连2小队)及1个探照灯连、10个通信小队和1个报务员小队。这10个群在动员时经过充实,人员增加一倍,就组成战时编制要求的10个团。所有军需物资存放在仓库内,人员保存在本土后备部队,并经常保持足够的训练。在动员时要求他们在6小时内到各自的群报到。防空航空兵部队和高射炮部队即使在和平时期也要位于他们所保卫的重要中心的附近,这样在战争一开始,要做的就仅仅是从较少暴露的地方把部队抽出来,调到敌人集中攻击的地方去。

要求国土防空总指挥部通过掌握的这些手段(50个防空驱逐机大队和10个高射炮连群),负责陆军和海军管辖范围之外的国土防空。位于陆军和海军活动区域域内的国土防空被认为是两个军种的任务,要求它们通过各自的配属航空兵和高射炮兵来负责它们的防空区。

法国航空兵部队在全部动员后的兵力如下:

| 分 类 | 中队数 | 一线飞机 | 备用飞机 | 非配属飞机 | 小计 |
|---|---|---|---|---|---|
| 陆军配属 | | | | | |
| 航空兵 | 472 | 2832 | 944 | …… | 3776 |
| 海军配属 | | | | | |
| 航空兵 | 126 | 756 | 252 | 300 | 1308 |
| 独立空军 | 138 | 828 | 276 | …… | 1104 |
| 防 空 | 100 | 600 | …… | …… | 600 |
| 总 计 | 836 | 5016 | 1472 | 300 | 6788 |

殖民地的航空兵未统计在内,因为在战时要求该航空兵仍留在殖民地内。

比利时航空兵部队

比利时航空兵部队的组成几乎和法国完全一样。

陆军配属航空兵包括:

|  | 一线兵力 | | |
|---|---|---|---|
|  | 中队数 | 飞机数 | 备用飞机数 |
| 1. 用于陆军最高指挥部: | | | |
| 1个战略侦察大队 | 2 | 12 | 4 |
| 1个战术侦察大队 | 2 | 12 | 4 |
| 1个强击团 | 6 | 36 | 12 |
| 1个驱逐旅 | 12 | 72 | 24 |
| 1个轰炸旅 | 12 | 72 | 24 |
| 总计 | 34 | 204 | 68 |

2. 用于军、摩托化师和骑兵师的航空兵的分配和相应的法国部队相同。

在动员期之初,设想有5个军、2个摩托化师和2个骑兵师,航空兵部队的编制如下:

|  | 一线兵力 | | |
|---|---|---|---|
|  | 中队数 | 飞机数 | 备用飞机数 |
| 1. 用于战略侦察: | | | |
| 1个大队(属陆军最高指挥部) | 2 | 12 | 2 |
| 2. 用于战术侦察: | | | |
| 1个大队(属陆军最高指挥部) | 2 | 12 | 4 |
| 5个大队(属军) | 10 | 60 | 20 |

| | | | |
|---|---|---|---|
| 2个中队（属摩托化师） | 2 | 12 | 4 |
| 2个中队（属骑兵师） | 2 | 12 | 4 |
| 总计 | 16 | 96 | 32 |

3. 用于炮兵观测：

| | | | |
|---|---|---|---|
| 5个大队（属军） | 10 | 60 | 20 |

4. 用于驱逐：

| | | | |
|---|---|---|---|
| 1个旅（属陆军最高指挥部） | 12 | 72 | 24 |
| 5个大队（属军） | 10 | 60 | 20 |
| 2个中队（属摩托化师） | 2 | 12 | 4 |
| 2个中队（属骑兵师） | 2 | 12 | 4 |
| 总计 | 26 | 156 | 52 |

5. 用于强击：

| | | | |
|---|---|---|---|
| 1个团（属陆军最高指挥部） | 6 | 36 | 12 |
| 2个中队（属摩托化师） | 2 | 12 | 4 |
| 2个中队（属骑兵师） | 2 | 12 | 4 |
| 总计 | 10 | 60 | 20 |

6. 用于轰炸：

| | | | |
|---|---|---|---|
| 1个旅（属陆军最高指挥部） | 12 | 72 | 24 |

因此，陆军配属航空兵的组成为：

| 中队数 | 第一线飞机数 | 备用飞机数 |
|---|---|---|
| 2（用于战略侦察） | 12 | 4 |
| 16（用于战术侦察） | 96 | 32 |
| 10（用于炮兵观测） | 60 | 20 |
| 26（用于驱逐） | 156 | 52 |

| | | |
|---|---|---|
| 10（用于强击） | 60 | 20 |
| 12（用于轰炸） | 72 | 24 |
| 76个中队飞机总数 | 456 | 152 |

海军配属航空兵包括：

1. 用于海军基地防空：10个水上驱逐机中队，共有60架第一线飞机及20架备用飞机。

2. 用于潜艇搜索及反潜护航任务：10个水上侦察机中队，共有60架第一线飞机及20架备用飞机。

3. 用于远程侦察：2个战略水上侦察机中队，共有12架第一线飞机及4架备用飞机。

总计22个中队，132架第一线飞机和44架备用飞机。

独立空军：用陆军最高指挥部掌握的部队实施对敌国领土的空中进攻。

防空：编制上作为一个独立的机构。包括：6个驱逐机大队，每大队2中队（共72架飞机），1个高射炮团（48门75毫米高射炮及168挺高射机枪）。

在首次动员后，比利时航空兵部队的总兵力如下表：

| 分 类 | 中队数 | 一线飞机数 | 备用飞机 | 小计 |
|---|---|---|---|---|
| 陆军配属航空兵 | 76 | 456 | 152 | 608 |
| 海军配属航空兵 | 22 | 132 | 44 | 176 |
| 防 空 | 12 | 72 | …… | 72 |
| 总 计 | 110 | 660 | 196 | 856 |

飞机数

盟国航空兵部队

盟国航空兵部队的战时编制，按专业分类如下表：

| 顺序 | 种类 | 法国 中队数 | 法国 飞机数 | 比利时 中队数 | 比利时 飞机数 | 小计 中队数 | 小计 飞机数 |
|---|---|---|---|---|---|---|---|
| 1 | 战略侦察机 | 38 | 228 | 2 | 12 | 40 | 240 |
| 2 | 战略侦察机 | 38 | 228 | 2 | 12 | 40 | 240 |
| 3 | 战术侦察机 | 102 | 612 | 16 | 96 | 118 | 708 |
| 4 | 驱逐机 | 220 | 1320 | 26 | 156 | 246 | 1476 |
| 5 | 强击机 | 82 | 492 | 10 | 60 | 92 | 552 |
| 6~7 | 昼间及夜间轰炸机 | 108 | 648 | 12 | 72 | 120 | 720 |
| 8 | 水上驱逐机 | 60 | 360 | 10 | 60 | 70 | 420 |
| 9 | 水上战略侦察机 | 20 | 120 | 2 | 12 | 22 | 132 |
| 10 | 水上战术侦察机 | 20 | 120 | 10 | 60 | 30 | 180 |
| 11 | 水上轰炸机 | 20 | 120 | …… | …… | 20 | 120 |
| 12 | 水上鱼雷轰炸机 | 6 | 36 | …… | …… | 6 | 36 |
| 13 | 舰载水上飞机 | …… | 300 | …… | …… | …… | 300 |
| 14 | 防空驱逐机 | 100 | 600 | 12 | 72 | 112 | 672 |
|  | 总计 | 836 | 5316 | 110 | 660 | 946 | 5976 |

和平时期的编制如下：

法国：

| 中队数 | 飞机数 |
|---|---|
| 236（陆军配属航空兵） | 994 |
| 63（海军配属航空兵） | 252 |
| 69（独立空军） | 276 |
| 50（防空） | 200 |
| 418（总计） | 1722 |

比利时：

| 中队数 | 飞机数 |
| --- | --- |
| 38（陆军配属航空兵） | 152 |
| 11（海军配属航空兵） | 44 |
| 6（防空） | 24 |
| 55（总计） | 220 |

## 动　　员

在及时采取措施以后，已经可以成功动员各单位航空兵了。经过了这些措施以后，战斗人员增加到满编的两倍，而且经过了正规的操练。

各战斗单位的储备物资按照战时编制的存储量，存放在动员仓库里。

就像我前面说的，每个飞行中队，必须由4架飞机增加到8架，其中，6架为首发机，2架备飞。还有，飞机总数还要再增加一倍，用来组建第二飞行中队。所以，动员仓库里，每个飞行中队要有12架飞机和所有零配件。

以前有过一个统计：在战争中，每个中队每月大概会损失三分之一的实力，所以，法兰西航空兵每月用于替换的飞机估计要2000架左右。我质疑那些兵工厂，在战争刚开始的几个月里，究竟能不能生产这么多的飞机？因此，我认为每个飞行中队都要再准备两架备用飞机用做二线备飞飞机。这样，每四个飞行中队，在动员仓库里都会有16架飞机和零配件。这样做，是考虑到最少在刚开始战争的两个月里，每个飞行中队都有足够的不用补充的战斗力，储存这些大量的航空物资，是需要花费很多钱去存放、修理、管理的。而且，随着时间的流逝，这些东西还会过时，就算从未使用过，也只能淘汰掉。但这是没办法的事情，在战争总动员的时候，这些东西必须掌握，这些大量的物资还必须不停地用新型号来替换，用来让航空兵熟悉工业科学的进步。一般说来，一个替换周期最好是5年。这就是说，就算每年有3000架飞机列装，仓库里还是会有一些役龄超过5～6年的老式飞机。

军事评论员针对这种情况做出了很多批评，他们认为，每年花了大量的钱去买新飞机和新发动机，然后扔在仓库里让它们慢慢过时，明显是错误的举动。他们始终认为，最好的办法是，让工业永远准备用大批量生产的方法生产出最现代化和改进的飞机，而把航空兵的兵力限定在和平时期的需要量上或稍多一些。但是，这种批评是根据不合理的假定来的，它假定战争时期法国仍有充足的时间进行大量的生产。另外一些批评家则感叹法国航空兵使用的飞机型号太过复杂，这是因为有许多专业事务以及飞机制造业存在众多的竞争企业而造成的。

战争开始不久后，杂志《翼》登了一篇引起航空界众怒的文章，但作者X却一直保持匿名。

他写道：

看起来法国军用航空是为样样事情而不是为战争而建设的。技术专家们把它仅仅看成是一种空气动力现象。正因为空气动力学和工业稳定的进步，不断想出和设计出具有新的改善性能的飞机新型号。军航接受新型号应该是为了用于某种目的，但是什么目的呢？好吧，那还不知道呢。首先要研究一下这种飞机，并做做试验，所以又有另外一批技术人员围着飞机，看看能用它做些什么。于是，把一些东西搬到这里，又有一些东西搬到那里，照相机、机枪、炸弹架及其他一些东西装上了飞机，最后这架新型号飞机就变为一架军用飞机。

然后又来了一批战术专家,他们看问题只从一个角度出发。他们总是追求专业化。把飞机用于战争有许多方法,从轰炸到运送货物。有较多想象力的人会发明出新的用途来,当然他们每次都会要求有一种适合这种用途的新飞机。当然,谁会说,炸弹架对运送货物来说不是多余的呢?

然后又有一批建造飞机、发动机和零部件的企业家,对他们来说,他们有权利做生意以维持生计,所以政府的责任就是和他们做生意。好吧,在这种情况下,政府的责任就是去命令他们生产政府所需要的东西,而不管他们想生产什么。

于是,由于航空学的技术进步和出现种类繁多的专业,同时感谢飞机制造商之间的竞争,我们的军用航空飞机最明显的特点就是种类繁多。如果没有搞错的话,它有14个机种,即战略侦察、战术侦察、昼间轰炸、夜间轰炸、炮兵观测、强击、驱逐、防空驱逐、远程水上侦察、近程水上侦察、水上驱逐、水上轰炸、水上鱼雷轰炸、水上弹射。所以,从理论上讲,我们的中队有14种飞机。

从理论上讲这些是没错的,但实际上我们飞机的型号之多让人难以置信。在我们的动员仓库里,有已经使用6年的飞机,所以每一种飞机我们几乎都有几种改型,这要看它的服役年龄而定。例如,我们有三种不同型号的战术侦察机:1927型、1929型和1930型。但是1927型是A、B两厂制造的,1929型是C、D两厂制造的,1930型是E、F两厂制造的。所以,每种类型的飞机我们至少有6种型号,这还没有包括发动机的不同改型。

其他机种的改型只多不少。我们来看一下驱逐机这个机种,大家都知道，这个机种必须永远保持在时代的前沿，所以它的老化率是非常快的。事实上新的型号也是不断涌现，目前已有9个机型，还不包括防空驱逐机在内，而驱逐机本身又有另外的6种改型。

如果我没记错的话，我们航空兵分的14个机种大概有60多种型号的飞机。和平时期，我们大约有400个中队，这样，平均每种改型只有6～7个中队可以算是同类型的。

但是，如果明天发生战争，我们使用这些花样繁多的武器作战，会发生什么样的情况呢？

毫无疑问，在大家认为传统的科学机构对航空兵器的技术发展做出巨大贡献的情况下，法国的航空工业将以优良的设备、专业的技术人员和熟练的工人提供第一流的飞机和发动机。但是这些出色的努力并不能一直得到良好的指导，负责组建空军部队的当局已经被×司令所叹息的品种繁多的飞机深深困住了。这种种类繁多的情况使拥有不同型号武器装备的中队的作战价值也不尽相同，一个拥有1932年型号的驱逐机中队肯定比拥有1928年型号飞机的中队的效率要高，但是1928年型号飞机又不能因为有了一种更好的飞机而放弃使用或被淘汰。在这没有更好的飞机更换之前，这个中队必须保留，因此决定把最新式的装备给独立空军，把那些陈旧的装备配给配属航空兵。于是在战争开始时，驱逐机的分配如下表所示：

| 所属单位 | 所需中队数 | 飞机 | | | | | |
|---|---|---|---|---|---|---|---|
| | | 1932型 | 1931型 | 1930型 | 1929型 | 1928型 | 1927型 |
| 独立空军 | 60 | 42 | 18 | -- | -- | -- | -- |

| | | | | | | | |
|---|---|---|---|---|---|---|---|
| 集团军群 | 36 | -- | 22 | 14 | -- | -- | -- |
| 集团军 | 42 | -- | -- | 26 | 16 | -- | -- |
| 军 | 60 | -- | -- | -- | 24 | 36 | -- |
| 摩托化师 | 10 | -- | -- | -- | -- | 4 | 6 |
| 骑兵师 | 12 | -- | -- | -- | -- | -- | 12 |
| 总计 | 220 | 42 | 40 | 40 | 40 | 40 | 18 |

法国最高统帅部的报告说：

要是这种分配方法符合逻辑的使用标准的话，在另一方面却产生两种缺点，一是精神上的，一是物质上的。

1. 遵照分配最新装备的优先程序，必须保持从主要单位向次要单位下放。当独立空军的中队装备更换时，老式装备就转给集团军群的中队，以此类推，直到这种更换到达骑兵师为止。只有到了这时，老式装备才肯定地被淘汰掉。由于训练上和精神上的原因，人员不随装备而变动。这种装备的变动是一种复杂而又耗费甚大的事情，但是如果要保持优先程序，这是不可避免的，否则我们将会发现，在战争爆发时，我们的独立空军装备着老式的飞机。

2. 这种优先程序肯定对飞行人员的士气有阻碍，例如，当前线的其他中队有较好和较新式的装备时，骑兵师的中队将因不得不使用老式的装备而深感不满。

这种情况因为绝大多数新装备是收藏在动员仓库里而变得更加糟糕，从工厂运来的20架新飞机中，只有4架是给中队的，12架则收藏在中队的动员仓库里（4架最终要供中队补充之用，8架用来建立新的中队），剩下4架送到第二线仓库。如果所有新飞机在和平时期全都给了各中队，到战时就不可能动员出同类型飞机的中队来了。

飞机场、航空中心和集结中心

法国和比利时国家已经建造了许多飞机场，用来供给在和平时期空军部队的驻扎以及供战时物资存储所用。飞机场有两种，即一线机场和二线机场，一线机场包括所有在战时用做现役空军部队基地的机场；二线机场指用做改装中心、训练场、新部队组建中心和完成其他次要任务的机场。

比利时的全部机场被划为一线机场。法国的一线机场在位于陆上和海上边界相平行纵深100～150千米的区域内，这样就处于可应付任何可能发生战争的有利位置。这些区域又分为更小的区域，一个连一个，航空中心就在里面工作。

各自面对一段边界的各个航空中心集中在一个特殊的集结中心里，用来应付各种战争可能发生的情况。东部集结中心是预设对德国作战的，包括亚眠、圣康坦、苏瓦松、兰斯、夏龙、圣迪济埃、肖蒙和第戎的航空中心。

集结中心、航空中心和飞机场都被看成供应中心，并属于空军部。

比利时只有一个集结中心，与法国的东部集结中心组成一体，它包括在根特、布鲁塞尔和那慕尔的航空中心。

在每个集结中心，尤其是东部集结中心，所有的飞机场能容纳独立空军及陆军配属航空兵战时编制所要求的全部航空兵部队，实际情况是：

1. 在夏龙、圣迪济埃、肖蒙和第戎的永久机场上，在和平时期驻有独立空军的69个中队，在相应的仓库中储存着为补充这69个中队及建立69个孪生中队所需的全部军需物资。这样，独立空军可在战时使用的同一展开线上动员其部队，从后备队召集的人员在接到动员征召令的6小时之内到达那里。

2. 在东部集结中心的永久机场上，陆军配属航空兵的中队有三分之一即使在和平时期就驻在那里。准确地说，这是属于东部陆军军、摩托化师和骑兵师的，在它们的仓库里储存着齐装和扩大一倍所需的全部军需物资。

3. 在和平时期，陆军配属航空兵的另外三分之二中队驻在面对东部边界的二线永久机场。在动员时期，这些部队可望得到补充并扩大一倍，然后飞往其在德法前线的驻地。

4. 除了东部集结中心领土上的永久机场之外，还有称为战时机场的别的机场，其大小和数量应能容纳整个独立空军及陆军配属航空兵。

5. 除了独立空军的69个中队和配属航空兵的80个中队以及动员仓库外，东部集结中心的永久机场有行政大楼、办公室、仓库、商店等，因此它们甚易识别，成为易受攻击的目标。显然，为了谨慎起见，这些机场在动员完成之后应尽快撤出，航空兵部队要转移到作战基地去。

作战基地就是一个简单的着陆场，通常保留草皮，在它的外围有汽油和滑油供应仓库，这些必须分散开来，而且要很好地伪装起来。陆军最高指挥官选定配属航空兵的作战基地，它们和集团军的展开线相互协调。独立空军司令也为他自己的部队选定作战基地，所有基地都配有电报、电话和无线电等通信设备。当我们想到这些飞机场要为610个以上的中队使用时，就可想象修建和组织时要花费多么巨大的劳动力。

### 供应勤务——汽油和滑油

所有的作战基地的仓库应能持续长久供应至少飞机30小时飞行所用的发动机燃料,因为大约有5000架飞机,平均每架500马力,总计要有250万马力。在东部集结中心的机场仓库长久地储存15 000~20 000吨汽油及1000~1500吨滑油,大概每个中队平均有25~30吨汽油。解决这个问题的办法是:让汽油和滑油公司在每个作战基地修建一个设备齐全的服务站,每个服务站的大小能管理25~30吨汽油,此外,采取措施确保在战时能提供飞机每日连续飞行3小时所用的汽油和滑油。为了满足这些需要,东部集结中心在和平时期就有200辆载重4吨的卡车负责供应,而到战时再从私人企业征调汽车后就能增加到600辆卡车,此外,还有汽油和滑油公司的油罐车。有了这些运输工具,航空中心就可以从前方仓库提取它所需要的燃料来装满机场的储油罐。

航空汽油和滑油的前方仓库位于努瓦莱、桑利斯、维莱科特雷、拉法特、瓦多尼斯和默伦附近,共有6处,总容量为120 000吨汽油和6000吨滑油,足以供独立空军和配属航空兵的全部飞机飞行200小时之用。这些前方仓库于1930年建成,属于半地下结构,很坚固,能防炸弹,并且很难被从空中发现,因为燃料是从两三公里外的油管进来的。虽然它们的存在及其位置都是军事机密,但关于它们的情报有些已经泄露出去了。它们本身的燃料是用铁路从在拉瓦尔、夏尔特尔、奥尔良、布尔日、里摩日、昂古列姆和昂热之间地区的若干个巨大的中央仓库运来的,在海港附近的巨大的炼油厂的产品先送到上述地方。

为满足航空兵保持充分的作战实力,包括训练的学校、修理厂、小轿车和卡车的需要，在战争期间，估计每天应有5000吨汽油和250吨滑油（假定每天飞行时间平均为3小时）。三个月的战争共需450 000吨汽油和23 000吨滑油，这就意味着要进口225万吨原油。

### 航空军需品——武器和弹药

由于不同的中队的军用机械各不相同，所以更换军用物资相当困难。这项工作由航空中心来做，航空中心从前方军需库领取物资，再分配给作战基地。在这些军需库里储存着各种型号不同的军械及修理和更换所需要的零件，它们来自中央军需库和工厂。在和平时期就为每种军械分配了一定比例的零件，但是一旦战争开始，老旧的军需品生产就全面停止，工厂要将全部生产力用在改进了的新式军需品上。工厂要成为合格的航空物资制造厂，就得证明它有能力在接到通知的8天内提高产量4倍。

### 地面防空组织

重要的原则是，尽可能不要把位于预定中心的防空力量分散，相反，要建立普遍保卫国家领土的防空线。在对德作战时，巴黎是德国空中进攻的主要目标，因为它离边境只有两小时的飞行时间。因此，用两条巨大的防空线来屏蔽首都，并保卫两线之间的领土。

我们已经知道法国已有50个防空驱逐机大队（100个中队，600架飞机），比利时有6个大队（12个中队，72架飞机），这些大队分配在各航空要塞，如下表：

| 防空要塞 | 比利时防空驱逐机大队 |
| --- | --- |
| 布鲁塞尔 | 第一及第二大队 |

| | |
|---|---|
| 列日 | 第三及第四大队 |
| 那慕尔 | 策五及第六大队 |
| 航空要塞 | 法国防空驱逐机大队 |
| 梅济埃尔 | 第一及第二大队 |
| 斯特内 | 第三及第四大队 |
| 梅斯 | 第五及第六大队 |
| 南锡 | 第七及第八大队 |
| 厄比纳尔 | 第九及第十大队 |

这8个航空要塞（32个中队，192架飞机）组成防空第一线，受驻斯特内部队的直接指挥。

| 航空要塞 | 法国防空驱逐机大队 |
|---|---|
| 亚眠 | 第十一、十二、十三大队 |
| 圣康坦 | 第十四、十五、十六大队 |
| 拉昂 | 第十七、十八、十九大队 |
| 兰斯 | 第二十、廿一、廿二大队 |
| 夏龙 | 第廿三、廿四、廿五大队 |
| 特鲁瓦 | 第廿六、廿七、廿八大队 |
| 奥塞尔 | 第廿九、三十、三十一大队 |
| 纳韦尔 | 第三十二、三十三、三十四大队 |

这8个航空要塞（24个大队，48个中队，288架飞机）组成防空第二线，受驻夏龙部队的直接指挥。

| 航空要塞 | 法国防空驱逐机大队 |
|---|---|
| 乌杜瓦恩 | 第三十五、三十六、三十七、三十八大队 |
| 朗布依埃 | 第三十九、四十、四十一大队 |
| 埃当普 | 第四十二、四十三、四十四大队 |

| | |
|---|---|
| 马尔塞布 | 第四十五、四十六大队 |
| 奈穆尔 | 第四十七、四十八大队 |
| 维尔纳夫 | 第四十九、五十大队 |

这6个航空要塞（16个大队，32个中队，192架飞机）组成巴黎的直接防空力量，受巴黎防空指挥部的直接指挥，两条防空线和巴黎防空指挥部均属于防空总部。

在可能会进行某种重要意义的空中进攻的领土上，除了航空要塞之外，在战时还会出现独立空军和陆军配属航空兵。这220个中队位于东部集结中心的作战基地上（在鲁昂、亚眠、圣康坦、苏瓦松、兰斯、纳夫夏托、肖蒙和第戎的航空中心），这就是说，它们必须几乎部署在防空第一线上。在比利时，配属航空兵的26个驱逐机中队驻在布鲁塞尔、那慕尔和列日的航空中心，总计有240个以上的中队（1440架飞机），必要时可与防空的112个中队（672架飞机）协同作战。

对驱逐机器材已经给予密切注意，质量是出色的。

| | 中队数 | 型号 | | 中队数 | 型号 |
|---|---|---|---|---|---|
| 独立空军 | 42 | 1932 | 及 | 18 | 1931 |
| 集团军群 | 22 | 1931 | 及 | 14 | 1930 |
| 集团军 | 26 | 1930 | 及 | 16 | 1929 |
| 军 | 24 | 1929 | 及 | 36 | 1928 |
| 摩托化师 | 4 | 1928 | 及 | 6 | 1927 |
| 骑兵师 | 12 | 1927 | | | |

1000马力的1932型在机身前有一门20毫米炮，别的500马力的型号（1927型除外）带两挺机枪。各种型号之间差别很小，在速度、上升、机动性及升限等主要性能上都很好。防空驱逐机大队

的1929、1930和1931型的防空驱逐机与其余的飞机相比,不同之处在于爬高快,这是把航程由3小时缩短到1小时的结果。

驱逐机和防空驱逐机部队的技术训练和战术训练是完美的,除了编队攻击之外,还研究了对大型轰炸机采取骑兵冲击式的攻击。

为了达到这一目的,飞行员必须使自己的飞机全速冲向敌机,在飞机撞毁前的瞬间跳伞出来,然后降落到地面。

沿边境全线已经组织了一套完善的观测勤务,结合一套完整的能通往所有有关部门的通信系统。

防空团已分布在巴黎(有6个团)和其他重要中心之间,以保护驻在那些地方的十分重要的工业。

# 第五章　物质准备——德国

## 空军部队

战争开始时，德国独立空军有15个飞行大队，每个大队有10个战斗轰炸机支队和1个战斗巡逻中队组成。在飞行大队内的所有飞机都是同一种类的，有8个2000马力的大队，6个3000马力的大队和1个6000马力的大队。每个战斗轰炸支队由3个中队组成，每中队有3架飞机，并有1架飞机备用。合计为：

| 战斗轰炸支队 | 马　力 | 飞机数 |
| --- | --- | --- |
| 80 | 2000 | 800 |
| 60 | 3000 | 600 |
| 10 | 6000 | 100 |

战术单位是战斗轰炸支队。

独立空军的编制是由总参谋长罗伊斯将军制定的，并于1928年春付诸实施。在那以前，由于主要受《凡尔赛和约》所增加的限制，德国的空军部队是微不足道的。按照罗伊斯将军的想法，独立空军必须是一种对敌方领土实施进攻的合适工具，其进攻强度足以快速摧毁敌方人民的抵抗力，尤其是精神上的抵抗力。因此，独立空军必须能：（1）克服敌人之抵抗，在敌国领土上空飞行；（2）在飞越敌国领土时实施有效的空中进攻。

第一个要求是战斗能力，罗伊斯将军在其《士兵须知》中写道：

独立空军的战斗能力取决于它的各组成部分战斗能力的综合。战术单位——中队，应被看成是战斗能力的单位，因此，无论从哪方面来说，中队必须是一个不可分割的整体（这是1928年写的。到1930年取得了新的经验，战术单位改为由三个中队组成的作战支队）。

战术单位的战斗能力是用该单位中每架飞机上的军械来量度的。

在从飞行员到技术人员等的所有人员心目中必须牢固地树立一种思想，独立空军的目的不是飞行，而是在飞行中实施作战行动。因此，一架作战飞机是能飞行的作战武器的综合体，而不是装有武器的飞行器。技术人员应该努力的方向是制造最强有力的武器综合体，因为战斗是用武器进行的。飞行人员的任务是在空中战场有效地使用这些强大的武器综合体，因为战争的胜负是由武器来决定的。

空军应该完全用战斗轰炸机来组成，技术人员必须研究战斗轰炸机的机型，力求经常使其及时保持完善和更强大。从下述原则出发：飞机的性能、活动半径、速度、军械（对空的和对地面军队的）以及自卫能力如能较好地协调，那么这种型号的飞机也就更完善。

我们要通过发放津贴和大额奖金来鼓励国营航空工业来生产完善的航空装置。如何选购独立空军的装备是飞行员的专业任务，他们一定要是这种飞机的飞行员，只有他们才是最适合去评价这款飞机的人。我们要永远记住，绝对不是飞行员听取技术人员的经验！

把选定的飞机型号和类别按照需要的数量给航空工业下订单。

独立空军的技术部门是不应该参与计划和实验的，对于需要评价其他部门产品的技术人员来说，自己是不合适参与生产的。所以，独立空军的技术部门仅限于进行实验和管理的职能范围。

空对地进攻的效率一般取决于兵器的质量而不是数量。化学家要知道，如果化学武器的效率提高一倍，那么，空军的进攻能力也就相应地提高了一倍。

这些明确规定说明了空军对于工业的期望，所以，工业就应该知道自己的立足点，他们应该干什么。既然作战飞机是各种兵器的综合体，军械是它的主要零部件而不是附件。工业飞机的性能不再是固定的，而开始成产出色的空气动力特性的作战飞机了。

作战飞机上的军械一定要设计成没有射击死角而且操作简便，兵器肯定是要威力最猛的，带有完善的瞄准系统。航空工业的技术部门在了解了独立空军的需求后，就要马上开始工作，生产出携带优质军械的飞机，让独立空军的最高指挥部来验收。

1928年造出来2000马力的飞机，并被独立空军采用，其主要性能如下[1]：

翼面积——115平方米

空重——4500公斤

军械重——500公斤

乘员（5人）重量——400公斤

连同军械及乘员的飞机重量——5400公斤

---

〔1〕飞机数据取自G.A.科拉多·库斯托萨上尉的文章《中等和大载重的作战飞机》，载于《航空技术杂志》第5期，1929年5月出版。

起飞重量为8000公斤时，升限为7000米，可载燃油及炸弹2600公斤。它的续航时间为：不带炸弹为7小时，带700公斤炸弹为5小时。

起飞重量为9000公斤时，升限为6500米，可装载3600公斤的燃油和炸弹。它的续航时间为：带1000公斤炸弹为7小时，带2000公斤炸弹为5小时。

起飞重量为10 000公斤时，升限为5600米，可装载4600公斤的燃油和炸弹。它的续航时间：带1000公斤炸弹为12小时，带2000公斤炸弹为9小时。

如用最大起飞重量11 000公斤，升限为4800米；它可装载5600公斤的燃油和炸弹。它的续航时间为：带1000公斤炸弹为12小时，带2000公斤炸弹为9小时。

它的军械包括两门20毫米炮，一门装在前部，一门装在机翼后方，一挺12毫米机枪从水平尾翼下部向外射击。

第一批这样的飞机被订购200架，并取型号为"2000/1928"。它们于1929年交付，并分配给第一、第二大队。与此同时，生产了2000/1929型，它类似2000/1928型，但有某些改进，这种型号的飞机也定购了一批200架。

1929年春，生产出3000马力型，并被采用，定购了一批200架。3000马力型的性能如下：

翼面积——230平方米

空重——9000公斤

军械重量——1660公斤

乘员（9人）重量——720公斤

连同军械及乘员的飞机重量——11 380公斤

起飞重量为16 000公斤时，升限为6000米，燃油及炸弹的载重为4620公斤。续航时间为：不带炸弹为8小时，带1000公斤炸弹为6小时。

起飞重量为18 000公斤时，升限为4900米，能载燃油及炸弹6 620公斤。续航时间为：带2000公斤炸弹为8小时，带3000公斤炸弹为6小时。

用最大起飞重量21 000公斤时，升限为3500米，能载燃油及炸弹9620公斤。续航时间为：载弹2000公斤为12小时，载弹5000公斤为8小时。

它的军械装备包括一门37毫米炮，装在前部，两门20毫米炮装在机身两侧，一门25毫米炮装在机翼后方，一挺12毫米机枪从水平尾翼下方向外射击。

1930年春，第三、第四2000马力型大队以及第一、第二3000马力型大队收到了装备。

在这段时间里，6000马力的型号也生产出来了，并被采用，它的性能为：

翼面积——460平方米

空重——20 000公斤

军械重量——2500公斤

乘员（16人）重——1300公斤

连同军械及乘员的飞机重量——23 800公斤

在起飞重量为36 000公斤时，升限为5000米，可载12 200公斤的燃油和炸弹。它的续航时间为：不带炸弹为9至10小时，载2000公斤炸弹为8小时，带4600公斤炸弹为6小时。

起飞重量为39 000公斤时，升限为4000米。可载燃油及炸弹15 200公斤。续航时间为：带2000公斤炸弹为12小时，带5000公斤炸弹为9小时。

起飞重量为42 000公斤时，升限为3500米，可载燃油及炸弹18 200公斤。续航时间：带2000公斤炸弹为15小时，载8000公斤炸弹为9小时。

它的军械包括两门37毫米炮，两门20毫米炮，三挺12毫米机枪。

一批6000马力型的飞机共50架已经定货，同时还定购了200架2000/1930型和200架3000/1930型。于是到1931年春，第五和第六2000马力型大队，第三和第四3000马力型大队，以及半个6000马力型大队收到了装备。该年中再没有接受新型飞机，但预定了200架新型的2000/1931型号，200架3000/1931型，50架6000/1931型。它们于1932年春开始服役，分配给第七和第八2000马力型大队、第五和第六3000马力型大队，以及另外半个6000马力型大队。战争开始时，已经做出决定淘汰2000马力型，并定购200架3000/1932型及50架6000/1932型。

结果是，在战争开始时独立空军的组成如下：

| 大队 | 机型 | 飞机数量 |
| --- | --- | --- |
| Ⅰ、Ⅱ | 2000/1928 | 200 |
| Ⅲ、Ⅳ | 2000/1929 | 200 |
| Ⅴ、Ⅵ | 2000/1930 | 200 |
| Ⅶ、Ⅷ | 2000/1931 | 200 |
| Ⅰ、Ⅱ | 3000/1929 | 200 |
| Ⅲ、Ⅳ | 3000/1930 | 200 |
| Ⅴ、Ⅵ | 3000/1931 | 200 |
| 1/2 | 6000/1930 | 50 |
| 1/2 | 6000/1931 | 50 |

一共有三种型别六种改型的飞机1500架,还有15个战斗巡逻中队(每个大队有一个中队),每中队12架飞机,由高速的单座机组成,飞机速度为300公里/小时,装有一挺固定式机枪,航程3小时。它们的组织应能充分发挥技术高超的飞行员的主动性,使用这种武器的方式并未明确规定,因为它主要依靠各个飞行员的胆识而定。

独立空军不仅在装备上而且在人员上(共12 800人)永远保持随时准备作战。在动员时人员应增加一倍,以准备替补损失。武器弹药要维持4年有效,随时都能保持充分的实力。

据估计,在战时一架飞机能保持1000飞行小时良好(当然,击落了就不算)。如果服役期已有一年,这一估计数字要减到750小时,服役两年的减到500小时,三年的减到250小时。

航空工业的正常产量应能每年供应整个独立空军飞机的四分之一,但是如果出现紧急需要,要迅速增长。

独立空军掌握的军械总计有800门37毫米炮,3600门20毫米炮和1700挺12毫米机枪;其携带炸弹能力为:从起飞点算起,平均距离500公里时每次飞行带弹3000至4000吨。独立空军飞机总马力为400万马力,估计价值为40亿里拉。

在和平时期,独立空军各大队都驻在波茨坦、诺伊鲁平、马格德堡、莱比锡、埃尔福特、不伦斯贝格、班贝克、卡塞尔和富尔特的大型永久机场上,以及在法尔兰德尔海(波茨坦附近)和拉策堡海(卢卑克附近)的永久性水坞中。

战时,这些大队还掌握其他指定的机场,视其面临的敌人而定。例如,在对法国作战的情况下,每个中队都已指定一块驻地,其中已经有了专门的战时机场(只有着陆场及汽油、滑油、武器、弹药仓库），其数量远超过需要量。

8个2000马力型大队的驻地如下：

| 大　队 | 驻　地 |
|---|---|
| Ⅰ | 横跨威塞尔—明斯特线 |
| Ⅱ | 横跨杜塞多尔夫—哈根—威塞尔线 |
| Ⅲ | 横跨科隆—奥尔珀线 |
| Ⅳ | 横跨林茨—齐根线 |
| Ⅴ | 横跨科布伦茨—韦茨拉尔线 |
| Ⅵ | 横跨美因茨—哈南线 |
| Ⅶ | 横跨曼海姆—阿沙芬堡线 |
| Ⅷ | 横跨布雷沙黑—比贝拉赫线 |

6个3000马力型大队的驻地如下：

| 大　队 | 驻　地 |
|---|---|
| Ⅸ | 横跨明斯特—奥斯纳布吕克线 |
| Ⅹ | 横跨威塞尔—帕德博思线 |
| Ⅺ | 横跨济根—瓦尔堡线 |
| Ⅻ | 横跨瓦尔堡—卡塞尔线 |
| ⅩⅢ | 横跨哈南—富尔达线 |
| ⅩⅣ | 横跨维尔茨堡—迈宁根线 |

6000马力型的大队将驻在施泰因洪德尔、迪默、施魏齐纳及普芬尔湖。

在每个驻地上有一个补充站，站上物资由二线军需仓库补充，每个补充站的任务是负责供应一个大队的物资。由于每个大队的装备是同类型的，所以这一任务较易完成。

每个作战基地的燃料和滑油仓库足够保证在该基地着陆的任

何空军部队30小时的飞行,武器和弹药足够供5次每次30小时的飞行。由于供独立空军用的基地供过于求,实际上它们能提供10次每次40~60小时飞行所需的物资,在燃油和滑油仓库贮有约50 000吨汽油和2500吨滑油。

为了补充炸弹,经计算,每架飞机每次飞行平均消耗1、2或3吨炸弹,视飞机为2000、3000或6000马力而定。据此,算出独立空军每次飞行需3100吨炸弹,而在作战基地有30 000吨。

在二线仓库里有足够的燃油和滑油保证整个独立空军飞行100小时,炸弹可供20次飞行之用。这被认为是充足的供应可供至少进行30天的战争,在此期间,弹药工厂每天可生产3000至4000吨炸弹。在战争爆发时,那些常备不懈的大队可以根据收到的密令立即采取行动。

作战基地的维修人员是就近征召的,二线仓库的人力和运输工具都是自己解决。每个大队平时的学习就是训练飞到自己的作战基地去,这样每个大队的人员对自己的基地路线就非常熟悉了,尤其负责供应勤务的更是如此。

罗伊斯将军的想法是,在战争爆发初期,独立空军不需要任何警告就进入敌国的领土,用最大的强度攻击敌人,让敌人没有准备和喘息的机会,而自己本身也不停顿,尽量在最短的时间内集中力量进攻,获得最大的效果。

在物质上已是万事俱备,再加上有条不紊的准备,使独立空军在一听到命令时就能一跃而出。在精神上,罗伊斯将军特别注重给全体人员灌输任务的重要意识。各个队伍的全体人员都具有同样的不可撼动的起决定性作用的信心,所有这些人员都深深感到他们自身任务的重要,这一任务肯定都是充满危险的,需要承受最大的牺牲，要有最勇敢的自我克制精神。

飞机是大型的飞机，这时机长的作用就显得尤为重要，他在机上的任务就像舰上的海军指挥官一样，保证机组人员有良好的纪律和协调配合。

为使全体人员更深刻地具有集体行动的观念，战斗轰炸支队被指定代替中队为战术单位。根据1930年的《士兵行动须知》，战斗轰炸支队必须整体使用。支队的编队队伍一直保持一样——中队纵队的上阶队形。中队长位于中队的中心，支队长和中心中队的中队长在一起，编队中央的标有支队长标志的飞机是编队长机。由于需要的机动动作很少，只需规定很少的信号。主要的信号是：（1）变密集队形（正常队形）为疏开队形（以减少防空火力的危害）或相反；（2）将横队变为纵队以改变航向，或相反。

基本原则是战斗轰炸支队必须不受敌人数量的影响而全神贯注地投入战斗。一旦发现敌人，不管它的攻击方法如何，支队都要保持航线和队形，等敌人一进入射程就对其射击。这种战术符合下面不可改变的事实：战斗轰炸机在速度和机动性上是比不了攻击的驱逐机部队的，因为它没有办法进行激烈的战斗，为避免战斗而采取的任何机动活动都是没有的。但是既然支队不管怎样都必须投入战斗，唯一能做的就是让自己以最有利的态势去面对战争，这就是保持原来队形不变，这种队形能让每架飞机在抗击敌人的进攻时与其他飞机合作。因此，当攻击的飞机接近时，支队能做的只有保持好队形，镇静地按原来的路线飞行。

保持队形是支队对付敌人攻击最好的防御措施，这一认识已经深深地刻在所有飞行人员心中。即使在和平时期，经过最简单短暂的训练后，就要求进行编队飞行。在战时，没有最紧迫的理由就脱离编队就被认为是临阵脱逃。《士兵行动须知》对战斗轰炸支队将要执行的任务做了详细描述，支队必须竭尽全力地去完成它。

航空兵部队返回机场后，要尽快地准备好再次起飞。前面讲过，在动员时飞行人员增加了一倍，所以新的机组要随时做好起飞准备，总的想法是使飞机得到最充分的使用。飞机一着陆，机械员小组便迅速接收飞机，加油、装炮弹和挂炸弹等，使飞机快速进入再次起飞的状态，必要时换上新机组。

每个支队都有一架备用飞机，在战斗损失或遭到损坏而失去战斗力的情况下，支队也可以只起飞4架飞机。但如果战斗损失使得支队的兵力少于6架飞机，大队长有权减少支队的数量，以使支队的兵力保持在最小的范围。

人们已经反复研究过怎样使飞机较为灵活地作战，因此根据实际需要，减少炸弹的数量就可以很容易地增加飞机持续飞行的时间，相反亦可，也可以增加载炸弹数量而相应地减少枪炮重量，或者相反。

对政治、工业、通信及别的中心的空中进攻不需要很高的命中率，就能取得令人恐慌的效果，尤其是对其精神的打击。因此只采用了一种非常简单的炸弹，所有炸弹都是重50公斤，但有三种不同的各类，即：爆破弹、燃烧弹及毒气弹，分别按1：3：6的比例使用。一颗挨一颗的投弹方式已经被淘汰，使用炸弹架，每个中队一次可投下20吨炸弹，每架飞机一吨，炸弹之间间隔15～25米，炸弹架的电门位于机长面前的仪表板上。

每一次投弹在长300～500米的一列上发生20次爆炸，投弹行动由支队长命令，中支队执行，中队的每次投弹造成宽200米、长300～500米的区域内三串各20次的爆炸。一个支队中的两个或者三个中队可以同时进行轰炸，每架飞机用一吨炸弹，这样一个支队可破坏一个宽200～300米、长600米的面积。在轰炸行动中各中队采取依次跟进的方法，每架飞机投一吨炸弹，一个支队可破坏宽200～300米、长2～3千米的区域。因此，如果支队的飞机可带炸弹2、4、6或8吨，则支队可破坏宽200～300米，长3、6、9或12千米的区域。

这种掷弹方法可以形成一道道烟幕，因此，需要给飞机提供烟幕弹，烟幕弹的作用是可以让敌军的高射炮连找不到目标。投放的时候烟幕弹和毒气弹各占一半，记住要考虑风向因素。

在战时，独立空军应当掌控所有的民航飞机，包括人员和物资。其实，很多民航的飞机在制造的时候就已经把战争因素考虑进去了。针对所有不同的机型，它们都有军械储备，一旦收到战争总动员令，立刻就能装上去。飞行员也可以马上军事化，担任这些作战机组的中队长或者支队长。通过周期性召集和独立空军一同参与任务，所有人实际上都已经接受了军事训练。当然，民航飞机转变成军用飞机，到底不如专业的作战飞机，不过民航飞机至少可以执行一些不重要的作战行动。

甚至现在已经假想把航空作为一种业余的体育活动，目的是培养人们对飞行的热情，在没有做出安排之前，就已经先树立了信心。在战争规划中如果留给人们一席之地，到时候，人们就会发挥其应有的作用。

而防空，则只能依靠于高射炮连，寄希望于它能阻挡一些敌军顽强的空袭。

大肆宣扬可以保护人民不受空袭是不现实的，所以把飞机等装备固定用于防空是资源的浪费，更有效的方式是用于攻击。对敌国领土的大规模进攻是反击敌人的最有效办法，我们要让自己的人民对我们强大的空军空袭敌国领空产生深刻的印象，从而保持士气高涨。但是不可否认，德意志毕竟还是采取了一些有效的手段，在一定程度上降低了敌军空袭的效果，用来保护自己的人民。

## 第六章  同盟国的作战计划

法国和比利时的总参谋部制订的作战计划是十分简单的：保卫莱茵线，在前线其他地方攻击，两国的地面部队分成三个大的集团军群：

1. 北方集团军群：这一集群包括统一指挥下的比利时集团军及两个法国集团军。比利时集团军由5个军、2个摩托化师和3个骑兵师组成，2个法国集团军包括8个军、5个摩托化师和9个骑兵师。北方集团军群总计13个军、7个摩托化师和12个骑兵师。在动员要求中，总参谋部要求这一集团军群沿两条线展开：比利时集团军在列日和纳夫夏托之间，两个法国集团军在里尔和斯特内之间展开。在战争开始时，第二线与第一线用预先安排的调动保持接触。

2. 南方集团军群：这一集群包括三个法国集团军，共14个军、5个摩托化师和6个骑兵师，它沿蒙梅迪（在这里与北方集团军群接触）与米卢兹之间的边界展开。

3. 中央集团军群：这一集群由两个法国集团军共8个军组成，在肖蒙与圣芒舒尔德之间的默兹左方的第二线动员，根据情况，等候开进。

## 空军部队

正如我已经说过的,法国的独立空军在和平时期驻扎并活动于夏龙、圣迪济埃、肖蒙和第戎的航空中心的永久机场,它的作战基地沿默兹两侧从斯特内至贝尔福分布。

这条展开线的选择符合独立空军战时使用的概念。虽然独立空军建立的目的是为了用它自己的兵力来进行独立的作战活动,但按照法国人的观念,独立空军必须要与别的军种协作以取得最后的胜利,因此它必须按照旨在促进已经赋予陆军的主要任务的途径去发挥作用。

战争的目标之一是把敌人赶出莱茵河,为了促进陆军完成这一任务,空军应破坏横跨莱茵河的桥梁和破坏敌人左面的铁路交通,在敌人之左面袭扰敌人。

法国独立空军预先确立的展开线是正确的,因为从展开线起,莱茵河和法、比边界之间的全部领土,轰炸机均可用一小时飞行到达,这样就使它们能获得已方驱逐机的保护。

## 配属航空兵

集团军群,特别在动员时期,必须使它的配属航空兵,尤其是驱逐机部队随时准备听从集团军群的召唤出动,从而应付预见到的和不能预见的情况。根据这一目的,配属航空兵的驱逐机部队和轰炸机部队的配置如下:

北方集团军群:

集团军群航空兵——第一驱逐旅,基地在富米埃之南。

集团军群航空兵——第一轰炸旅,基地在吉兹之南。

比利时集团军航空兵——比利时驱逐旅,基地在罗什福尔之北。

比利时集团军航空兵——比利时轰炸旅，基地在那慕尔之北。

比利时集团军航空兵——驱逐大队（5个），基地在前线。

第一法国集团军航空兵——第一驱逐团，基地在莫伯日之南。

第二法国集团军航空兵——第二驱逐团，基地在梅济埃尔之南。

第二法国集团军航空兵——驱逐大队（8个），基地在前线。

南方集团军群：

集团军群航空兵——第三驱逐旅，基地在南锡之北。

集团军群航空兵——第三轰炸旅，基地在梅斯之南。

第三集团军航空兵——第三驱逐团，基地在提翁维尔之南。

第四集团军航空兵——第四驱逐团，基地在圣阿沃德之南。

第五集团军航空兵——第五驱逐团，基地在萨勒堡之南。

第五集团军航空兵——驱逐大队（共14个），基地在前线。

中央集团军群：

集团军群航空兵——第二驱逐旅，基地在圣迪济埃之北。

集团军群航空兵——第二轰炸旅，基地在维特里之北。

第六集团军航空兵——第六驱逐团，基地在西珀斯之南。

第七集团军航空兵——第七驱逐团，基地在圣迪济埃之南。

第八集团军航空兵——驱逐大队（共8个），基地在前线。

配属航空兵的使用专门由它所归属的集团军群指挥，在一般情况下，集团军群指挥部必须用自己的飞机去警卫其展开线的上空；但是，如遇到大规模的空袭，防空司令被授权直接下令给配属航空兵的驱逐机部队，但他应把这件事同时通知有关的集团军群指挥部，在某种特殊严重的情况下，配属航空兵的驱逐机部队可主动采取行动。

## 秘密动员

在战争开始前的一个星期里，航空当局已能对部分空军部队，特别是可能立即需要的部队及能就地动员的、不需要太引人注目的调动人员和物资的部队进行秘密动员。于是，在6月15日傍晚，法国独立空军已有5个按战时编制满编的驱逐旅。至于6个轰炸旅，只有常备的中队已经动员，但不包括扩大一倍的那部分，所以轰炸部队只是它们预期在完全动员时能达到的半数，侦察团也是这种情况。已命令独立空军的所有部队都留在永久机场而不是转移到作战基地上去，以免引起怀疑。至于配属航空兵，同盟国只把它的驱逐机部队动员到战时实力，以便准备抗击敌人一开始可能的空袭。

因此，在6月15日傍晚，下述各部队已达到完全的战时编制：属于集团军群的3个驱逐旅，配属给集团军的7个驱逐团，以及比利时驱逐旅。沿边界上已经动员的有配属于军的30个驱逐中队，这些中队经过完全动员后可组成属于军的30个大队。同样，法国和比利时的所有的防空驱逐机大队、高射炮团，以及所有的搜索、情报、通信等勤务部队都已动员起来，准备投入行动。

总之，到了6月15日傍晚，由于秘密动员，法国和比利时的全部防空兵力和兵器均已达到完全战时编制，并准备行动。属于独立空军和配属航空兵的所有驱逐机部队都已全部动员，只有军属的30个配属航空兵驱逐大队例外，它们还没有组建为孪生中队。换句话说，只有30个驱逐机中队未准备好，它们将在第二天，即16日才动员。

因为德国在海战的地位不重要，海军配属航空兵还没有采取任何秘密动员的步骤。

6月16日的部署

虽然到6月15日上午10时，一切避免战争的希望都已放弃，同盟国在采取决定性步骤上仍是犹豫不决。为了人道的缘故，为了他们在历史上的声誉，他们不愿承担发动战争的责任，他们花去几个小时在巴黎和布鲁塞尔之间进行十分频繁的电报往来。直到凌晨2时，著名的德国电报到达了，电报申明，从那时起，德国认为它已与法国和比利时交战，上午6～7时，德国的独立空军将入侵它们的领空，并且出于战争的迫切需要，它将被迫轰炸所有进行动员、军队集结或调动的中心。

虽然警告是简短的，它却等于放弃了突然性的好处。每个人都会认识到，已经给过警告了，故而德国可以在世界舆论面前为自己不受限制地使用航空化学武器做某种辩护。尤其在战争的头几天，在所有的中心，从最大的到最小的，都有军队在集中和调动，因此同盟国的全部中心都同样地受到威胁。

同盟国军事当局不把敌人傲慢的威胁当成一回事，决定采取主动入侵敌国领土，为此目的，发出如下的命令：

1. 独立空军的第一和第四驱逐旅于上午6时起在科布伦茨——美因茨——阿沙芬堡——维尔茨堡地段（这些城市均在德国境内）巡逻，以抗击企图向边界前进的任何德军。

2. 比利时驱逐旅的第一团在6时起为同样目的在科隆——科布伦茨（这些城市均在德国境内）前线巡逻。

3. 独立空军的4个夜间轰炸旅以其现有的中队（达到战时实力的半数）立即起飞，根据早已准备的计划去破坏莱茵河上的桥梁和最重要的火车站。

4. 独立空军的两个昼间轰炸旅，以其现有的飞机（战时实力的半数）于6时越过边界去轰炸汉诺威、马格德堡、莱比锡和德累斯顿市区。

5. 独立空军的侦察团以其现有的飞机（战时实力的半数）对柏林方向侦察。

6. 在没有进一步指示之前，所有属于独立空军和配属航空兵的驱逐机部队都处在防空总指挥部的直接指挥之下。

为了让德国承担破坏国际会议协议的责任，同盟国命令轰炸行动只限于火车站，并只准使用高爆炸弹。法国和比利时的航空兵人员在受到敌人的恐吓后，决定去战斗，压倒敌人的嚣张气焰。

# 第七章　德国的作战计划

前面我们已经大概描述过德国的作战计划，简单地讲，就是在陆地上阻止敌人的同时，在空中对敌人进攻，从而使敌国遭受严重的损失，以逼迫其放弃斗争。独立空军的作战计划是用一系列进攻行动取得两个目的：打败敌人的航空部队和对敌人的领土进行攻击。第一个进攻行动必须在战争的初始就发起，以便在敌人还没有准备好的时候就打败敌人的航空兵部队。不管怎样都要使用全部独立空军，这样才能比较轻松地击败敌人的空中力量，让敌人觉得自己处于劣势的地位。独立空军的各部队经常保持作战时的编制，以便随时准备行动。和平时期它们停留在永久机场，一旦收到战争指示，它们就从这些机场起飞，第一次任务执行完毕，返航时在作战基地着陆。

为使独立空军完美地完成打败敌人的任务，它的庞大集团必须编在一起，同时又要保证其灵活性。它编成几个攻击纵队，每个纵队再分成几个攻击波，以便灵活使用。进攻行动必须形成一个足够大的正面，以达到让航空部队有充足的空间活动及尽可能使敌人战线扩大的双重目的。因此，空军的兵力要沿整个前线集中，形成若干个平行的攻击纵队。

每个纵队在它要执行的任务的指定方向上开展行动，它分成若干个分遣队,各分遣队之间按规定的距离(一般为半小时飞行时间,即100千米)依次跟进。各纵队要在同一时间内采取行动,所以,所有首先出发的分遣队必须在同时间处于规定好的起飞线上。按这种方法,整个集团军就可以按正常间隔,即半个小时,分若干个攻击波进行行动。

这就是预先制定好的集中使用独立空军的攻击方法,也是实际使用的方法,只不过纵队和攻击波的数量是不确定的,这要根据具体的情况来确定。

依赖独立空军的第一个进攻行动,罗伊斯将军想要达到击败敌人的独立空军和使敌国人民感到自己已被空中进攻制服这样的双重目的。为了实现这个目标,独立空军必须进入敌人领空,但它不能寄希望于同盟国在敌人进入其领空、在那里飞行几个小时、任意攻击其各中心时会置之不理。不必怀疑,同盟国将把自己的力量投入到行动中,努力击落德国空军飞机或将它们驱逐出去。但是同盟国使用的航空部队必须适合这种目的的需求,那么当然是它们的防空驱逐机和驱逐机部队。我们已经清楚德国空军势必要飞过敌人的天空,并考虑到同盟国也会用同样的态度去阻止它的进入,如此一场真正的空中战争势不可当,是一场德国空军集团与同盟国能搜罗到的全部驱逐机和防空驱逐机部队之间的战争。如我所言,每个攻击纵队必须按照指定的路线完成它的特殊任务,并根据得到的指令执行任务。每个纵队又分成若干分遣队,每个分遣队又包括相当数量的支队。每个支队从自己的纵队司令那里收到关于该走的路线和执行任务的指示,并意志坚定,竭尽全力去完成这些任务。因此,尽管每一个独立空军在执行任务时是巨大的有机整体的一部分,但它们仍保持自己的独立性。

它不需要依靠别的支队的协助，单独活动。只要它没有被打败，它的目标就只有一个，就是不管发生什么情况，它都要按指定的路线前进。

因为每个攻击纵队分成了若干支队，支队又再分成若干攻击波，所以，独立空军获得了相当的灵活性，在执行作战命令时也非常协调，虽然每一个都是在独立地执行任务，但支队成员清楚在他们的前后左右都有同样的部队在飞行。可是在行动中没有一个支队能了解在它前后的攻击波中别的支队遇到的情况，可能一整个攻击波都被敌人摧毁了，但它后面的那个攻击波却还不知道，因为它们中间有100千米的距离。每个支队从起飞到着陆的几个小时里都完全独立地去执行任务，除非它因为被消灭或遭受重创而受阻。

表面看来，各支队在危难的处境下不能互相帮助和合作，可能会成为一种缺点。其实不然，这正是这种编制的优点所在，因为各部队之间的合作存在于它们之后，与每个指挥员的意志无关。整个机构有了灵活性，各个部队也就有了灵活性，它是天然存在的，不是看情况发生的，而是时刻存在，连续不断地发生着作用。

成功飞到目的地的每支部队，执行它所接到的任务，以这样的行动来把自己的意志强加给敌人。在这些情况下，每一个成功返回自己机场的部队都感觉自己是胜利的。

罗伊斯将军在他的备忘录中写道：

"面对独立空军沿整个前线发动的用连续的攻击波进行的集中突击，同盟国的活动只能是组织瓦解、混乱不堪了。同盟国死守空中战争的老观点，就像他们还生活在1918年。他们深信，他们将会在与上次世界大战大体相同的战线上作战,唯一的区别是这一次飞机较多,武器威力较强而已。实际上,他的空军编制差不多就是模仿1914—1918年时的编制。面临我们这种追求一定目的的集中突击,同盟国发现他们完全没有准备而彻底瓦解了。"

很多人强烈的谴责同盟国对意大利进攻时所采取的措施,但是他们除使用驱逐机部队来对付意大利外,别的就做不了什么了。

必须注意,同盟国拥有适于空战的驱逐机和防空驱逐机部队,但是这些部队的最先设想是用于专门、独特的空中行动中的。法国独立空军的驱逐机部队主要用于为轰炸部队扫清道路,便于它们执行得到的任务;配属航空兵的驱逐机部队的主要任务是帮助配属航空兵本身与敌人的航空兵部队作战;防空驱逐机部队的主要任务是打击威胁它们所保护的中心的敌人轰炸机部队。所有这些目的都是有针对性的,他们的主要目的根本不是打击敌人的独立空军,因此,同盟国没有恰当有效的手段去对付坚决要在空中击败他们的敌人,他们别无选择,只能不顾后果地使用手头现有的飞机。

其实问题很多,例如:同盟国的防御指挥部有权对其所属部队发号命令吗?他们能看到或了解到500~600千米的战线上的天空中发生的情况吗?事实上,他们只能收到从远方各个情报站送来的情况,但这些情况即使在发出时是正确的,经过了这么长时间的间隔,到他们耳朵时,现场的情况也早已发生了很大的变化了。他们只能根据这种已过时的情报来向离他们较近的数百千米远的部队发布命令,而接到这些命令的驱逐机部队必须对它加以理解,使它适应现实情况,更有甚者,驱逐机部队对这种命令的理解必须在起飞前执行，因为没有看到敌人，缺乏精确的数据，甚至都不能确定是否能遇到敌人，这样去飞行的部队是一支鲁莽的不知深浅的部队。

第一个攻击波被发现了，一支驱逐机部队就会被派出去攻打它。这个攻击波的命运就不得而知了，可能被消灭，可能幸存。如果它没有被消灭，那么它将继续执行它的任务。然后，第二波又看到了……这种情况要持续几个小时。经过一段时间的战斗，驱逐机会由于它的连续航行时间有限而被迫着陆。当它被迫放弃战斗时，就会发现自己处于什么样的境地之中。

而该如何让自己的力量更加有效？如何合理地使用和分配力量来对付持续不断的不明数量和规模的攻击波？该给它们什么样的指令？这一切都是不确定的。面对这种可怕的不确定的情况，没有什么办法，只有在看到敌人时就把自己的部队派出去对付它，并尽力使自己在天空中坚持的时间长一些，而没有办法依照一个制订一个协调的计划。只要独立空军以一个连接的很好的有机整体去攻击它，这种对抗的防御肯定会土崩瓦解、溃不成军的。

而对于驱逐机部队本身来讲，它们只能按照实际能用的方式来执行接到的任务。一到了空中，就必须去攻击它们所看到的第一个空中队伍，一场驱逐机部队和战斗轰炸机部队之间的战斗一定会出现。因为它们在某一时刻战斗的方法不同，它们的特点分别为：驱逐机部队分成若干作战分队，战斗轰炸机部队则长时间保持自身编队。不管最后攻击结果什么样，就算驱逐机部队没有遭到损失，它也不可能还是一支完整的部队，而战斗轰炸机部队却不论损失如何都会保持编队不变。进攻结束后，驱逐机部队还仍有一定数量的追击者,为了使它们能够重新和这同一战斗轰炸机部队再次作战,或者去攻击下一个战斗轰炸机部队,它们必须首先重新组建它们的部队,或者满足于变为被孤立的追击者,在这种必须对正规编队的部队实施攻击的情况下,它们使自己处于非常恶劣的地位。由于驱逐机部队的自身特点,注定在进攻行动中要失去大部分的进攻能力。

在某一时间,必然会有一定数量的攻击波侵入同盟国的天空,这股力量的大小就要看在途中遭遇的损失而定了。面对这些攻击波的同盟国驱逐机部队,不但会由于中途遭受损失而使减弱,而且会由于分成若干分队而缺乏有机结合,削弱成为许多单机,在还有力量飞行之前就会被击落。当然,这个时候,意大利的独立空军也将取得胜利,因为当攻击波不断地进入和飞越敌人的天空时,防御方只能做一些混乱、无组织的抵抗,这些抵抗是改变不了战斗的结局的。

攻击者的优势就在于它有明确的目标,能计划好达到目标所用的手段,知道朝哪个方向行动和做什么是正确的事情,它能给每个部队指定明确的任务,而这些任务和其他部队的任务也是相互协调的。这种优势对于一个需要阻挡从不确定方向来的闪电式攻击的防御者来说,是有决定性的优势的。

德国对自己国家的武装力量有充足的信心,它的独立空军部队有150个支队,由1500架大型战斗轰炸机组成一个有机整体,是一个物质充足、精神团结又有高度灵活性的集团,故而德国绝对相信自己能轻而易举地击败敌人的空军。但是,作战计划要求所有部队和后备飞机要无一例外地参与行动。

后来,有人指责这种安排,说罗伊斯将军在博弈中孤注一掷，如果运气不好，德国空军就会全军覆没。罗伊斯将军回答这些指责说，如果是"运气不好"，当然很可能出现，而且可能要出现的最好方法是又参与战斗又保存后备实力，若没有这些后备兵力，很可能就会造成战败，而当战败时，这些后备兵力又会轻易地被夺得胜利的敌人一扫而光。

独立空军入侵敌人领空并不是做表面文章，并不是为了向人们表示自己有能力飞到那里去这样一个简单的目的。如果真是这种情况，敌人很可能会反抗，但可能不会采取很坚决的态度。因此，空军的第一个行动的开始就必须对地面目标采取有效的进攻行动。这些进攻行动会迫使敌人用最大的力量来反击，这正是每个国家武装力量的领导希望看到的，因为他的战略是逼迫敌人进行一次决定性的战斗，并不是希望敌人保存实力。

因此，已经确定的，独立空军在它的第一个行动中必须处于对敌人领土采取进攻行动的地位。因为第一个攻击波会更多地遭到敌人的抵抗，故而决定首个攻击波不带炸弹，但要增加其弹药的定额，后续的各个攻击波则必须携带一定数量的炸弹。

当决定飞行突击时，各支队一般必须保持载重量许可的最高高度，以迫使敌人的飞机爬得更高，在高空中进行战斗，包括轰炸，必须在一开始就在高空中实施，以便避开高射炮的射击，这也是为了在精神上给部队增加自信。

根据突击的通常理解，曾认为最好的办法是把战线尽可能扩大，以便迫使同盟国的兵力更加分散；这就是讲，一过边境，突击纵队应向同盟国全部领土做扇形展开，这种办法是可行的。突击纵队所属的分遣队除非被消灭，否则会一直按照预先规定的路线前进，所以可以派给他们最合适的任务，即在打败敌人空军后,他们必须向前行进,尽可能长时间地深入敌人天空,使敌人在物质和精神上遭受最大可能的破坏,引诱敌人进一步来攻击,从而进一步消耗敌人的力量。由于这些原因,不同纵队的路线是根据标准来确定的,即用突击远离边界的政治中心和铁路中心甚至主要城市的办法,来使敌人在短时间内感觉到自己已被对方从空中制服了。

独立空军第一个行动的突击计划必须经过仔细研究,所有细节也要经过仔细检查,当独立空军司令发出行动命令时,各部队,从最大到最小的部队的指挥官都清楚地知道他们必须去做什么。

如果最初的进攻行动成功,已经确定随之而来的行动是,独立空军将同盟国军队的作战区从它们各自的土地上割开,准确地讲,就是切断贝尔福、厄比纳尔、土尔、兰斯、夏尔维尔、吉维(以上均为法国城市)、迪南、那慕尔、圣通德及通格(以上均为比利时城市)。一线的法国和比利时领土的公路和铁路交通,将被用来阻止军队和物资畅通,并阻止敌方军队在该线和边界之间的活动。

就像罗伊斯将军在他的备忘录中所讲,在这一点上他的思想并没有全部被人们接受。当敌人的独立空军部队已经减少到只剩一个微弱的力量时,他要用他的独立空军直接打击敌人的抵抗力量。换句话讲,他要用下面的方式来证明他的理论的最终结果:命令独立空军对敌人最重要、薄弱的中心进行肆无忌惮的进攻,以便使敌国人民处于极端痛苦的生活环境下,迫使他们放弃战争,乞求和平。按照罗伊斯将军的说法,这将是结束战争的最快速和经济的方法,敌对双方不需要付出惨重的血的代价和大量的财富,因为敌人的崩溃更多的是由于精神上的压力而不是其他方面，但是罗伊斯将军这种极端的理论并没有被政府采纳，或至少是没有被全部采纳。罗伊斯将军面对强大的反对声，他认输了，并且同意一旦夺得制空权，就用独立空军对同盟国军队在前线上的集结和行动进行破坏和打击。为了达到这个目的，就需要切断大量的从法国和比利时领土上通往前线的公路和铁路交通，并使这些交通在设定的时间内保持中断状态。这个有一定难度，但并不是做不到，尤其是独立空军获得制空权后，剩余的力量还足以发动这样的进攻。如果这一目的不能达到，那么罗伊斯将军的极端理论就能付诸实施。

在同盟国军队的展开地区和法国、比利时领土之间选择一条隔离线，此隔离线经过贝尔福、厄比纳尔、土尔、兰斯、夏尔维尔、吉维、迪南、那慕尔、圣通格和通格，并和法国与比利时的边界平行，围成一个纵深80～100千米的区域，如果把这个区域和其他领土切断，将使同盟国处于十分艰难的处境。

当然，这种想法并不能马上切断全部道路和铁路交通，那样做也没有必要。当我们认识到，同盟国军队的全部人员和物资必须在最开始几天内通过这条路线，日后的军队行动及生活必需的每样东西都要通过这一路线，我们就很容易理解，哪怕只是部分地切断这些道路和铁路交通，也将对同盟国军队的动员和集中，以及随后的作战行动造成严重的影响。此外，我们必须考虑这种交通中断对正在向作战区开进，又被迫在敌人飞机已经飞走了，自己却只能停下来的军队带来的精神影响。

一个由独立空军孤立同盟国作战区的计划已经完整地、详细地制定出来了。

我们已经详细研究过动员和集中时所需的铁路交通情况了。

铁路没办法隐藏起来，和铁路有关的每样东西都能容易地计算出来，也许动员的大约人数也不是秘密了。根据某些情况，即使并不精确也能估算出通过所选定的隔离线的铁路重要性的大小，同样办法也能估算出一般道路重要性的大小。

对通过该路线的每一条道路和铁路，特别是最重要的道路和铁路，都做了有针对性的作战计划，包括对它们实施进攻来达到预想结果的详细说明。通常来讲，并不会有计划去破坏桥梁、铁轨和其他道路设施，一般是用化学弹、燃烧弹和毒气弹对普通道路和铁路经过的各个中心进行轰炸，造成不可接近更不可通过的火区和毒区，从而在沿交通线建立一个禁区。在对中断每条道路和铁路计划中，要明确指定应该轰炸的中心，以及应该对每个中心应投掷的炸弹数量（每一中心10、20或30吨）。也要明确指明，哪些地方、什么时候必须重复轰炸，以便确保交通运输线的中断。如果独立空军每次飞行能携带3000吨炸弹，那每次飞行就可以轰炸150个中心，每次轰炸使用20吨炸弹。

因为中断交通的计划需要一定数量的航空力量，罗伊斯将军自己保留决定权，在独立空军取得制空权后，还要看剩余兵力是不是满足需要。如果满足不了，他就可以根据自己的极端理论去使用空军。

德国知道敌人拥有白天和夜间使用的两个轰炸部队，这些部队肯定是要使用的，更何况德国没有驱逐机和防空驱逐机。怎样来保卫自己的各个中心免遭来自同盟国轰炸机的进攻呢？罗伊斯将军对这一问题有段叙述：

"一旦敌方防空部队被消灭，甚至同盟国也将没有剩下什么驱逐机，战斗将在同盟国的轰炸部队与德国的战斗轰炸机部队之间继续进行。"

很明显，我们的战斗轰炸机部队会抓住一切可能的机会阻止敌人轰炸部队的空中进攻。结果就会产生两个平行的行动，双方都尽可能使对方遭到最大的破坏。那么，这种情况下，哪一方能打倒对方呢？在相同的条件下，当然是对地面目标具有最大进攻能力的一方。

正因为如此，我主张尽力把全部国家资源供给独立空军，为的是让其对地面目标有最大的进攻能力。

尽管我们已经赋予独立空军这种能力了，在理论上我们还是不能百分百防止我们的各个中心免遭轰炸。我说理论上，是因为在实际情况下，我们优越的对地面目标进攻能力的潜在状态都可以用来阻止敌人对我国领土的进攻，实际情况就是这样的。

6月16日的部署

6月15日下午11点收到德国大使冯·陶普里茨从巴黎发来的电报，当时帝国正在开会。这就意味着战争，人们在会议上勃然大怒，即使最反对采用极端手段的人也不得不屈服于这一避免不了的结果，最后的结果除了行动以外没有别的办法。午夜时分，总动员令发出，负责国家武装力量总指挥的罗伊斯将军向议会宣布：空军将在6月16日上午6点-7点入侵敌国的领空，以开始瓦解敌国的抵抗。

为了消除某些议员对无限使用航空化学兵的疑虑，罗伊斯将军建议把他的想法通知给对方，以便让他们采取可用的反措施，由于阻止敌国军队的动员和集结手段是现成的，若不去使用它们，而等到敌人做好战斗准备，则将是对祖国的犯罪。既然敌人要防御和保护计划进行动员和集结活动的中心，那么敌人就有责任从这些中心撤出居民。如果认为非武装的居民、妇女、儿童和老人可以做挡箭牌，那真是太幼稚了。实际上，警告是多余的，每个人都清楚或应该清楚，战争毕竟是战争。

这就是著名的德国6月16日凌晨2时无线电广播的来历。

外交部部长说，这样警告意味着放弃了突然性的好处，罗伊斯将军回答他说，造成真正的突然性的是独立空军，而不是他将要行动的那个时间点。

罗伊斯将军一开始负责指挥国家武装力量后，就用无线电向独立空军发出如下命令：

致空军部队各级指挥官：

×时为今晨6时。

我深信诸君将恪尽职责，因此在日落时独立空军将会决定战争胜负。

与×时有关的作战命令包含下述原则指示：

作战企图：以连续的攻击波沿全部边界进行大规模突击，加强左翼，从南面包围巴黎，用轰炸敌人之主要交通线来击败敌人，给敌人以直接的印象，他们正被从空中制服。

兵力：独立空军的全部兵力，包括各支队的备用飞机。

兵力分配：组成8路突击纵队，它们是：

第一纵队——由第一2000马力大队组成，编为3个分遣队，各有4、4、2个支队。

第二纵队——由第二2000马力大队组成，编为3个分遣队，编成同第一纵队。

第三纵队——由第三2000马力大队组成，编为3个分遣队，编成同第一纵队。

第四纵队——由第四2000马力大队组成，编为3个分遣队，编成同第一纵队。

第五纵队——由第五2000马力大队及第九3000马力大队组成，编为8个分遣队，每队分别有2、2、2、4个2000马力支队及2、2、2、4个3000马力支队。

第六纵队——由第六2000马力大队、第十3000马力大队组成，编为8个和第五大队一样的分遣队，再加上一个6000马力支队组成的分遣队。

第七纵队——由第七2000马力大队、第十一和第十二3000马力大队，以及第十五6000马力大队组成，编为8个分遣队，每队分别有2、2、2、6个2000马力的支队，4、4、4、8个3000马力支队，另有4个6000马力的支队。

第八纵队——由第八2000马力大队、第十三和第十四3000马力大队组成，编为7个分遣队。每队分别有2、2、2、6个2000马力支队，4、4、4、8个3000马力支队，加上一个由3个6000马力支队组成的分遣队。

各分遣队之间保持半小时飞行时间的距离（100公里），在每个分遣队中，各支队做编队飞行。

攻击波：

在×时，8个突击纵队的先头分遣队于帕德博恩、科尔巴赫、吉森、哈南、阿沙芬堡、维尔茨堡、安斯巴赫、乌耳姆一线展开。

于是组成为8个攻击波：

第一波——八个纵队第一、二、三波的先头分遣队，有24个2000马力的支队。

第二波——八个纵队的先头分遣队，有24个2000马力的支队。

第三波——八个纵队的先头分遣队，有23个2000马力的支队。

第四波——第五、第六、第七、第八纵队的先头分遣队，有8个2000马力的支队和8个3000马力的支队。

第五波——第五、第六、第七、第八纵队的先头分遣队，有12个3000马力的支队。

第六波——第五、第六、第七、第八纵队的先头分遣队，有12个3000马力的支队和3个6000马力的支队。

第七波——第五、第六、第七、第八纵队的先头分遣队，有20个3000马力的支队和4个6000马力的支队。

第八波——第五、第六、第七、第八纵队的先头分遣队，有8个3000马力的支队和3个6000马力的支队。

每个纵队的路线和任务

此处给各个突击纵队指定的路线就是各个纵队全队的总方向，同样，给各纵队规定的任务就是总任务。根据总方向和总任务，各纵队司令应通过他们下属的大队长为其所属支队规定路线并分配任务。

第一纵队——路线：帕德博恩、欧本、列日、布鲁塞尔、里尔、阿布维尔、鲁昂、德勒、科尔贝、夏龙。任务：轰炸法国北部某大中心，以取得精神上的影响。

第二纵队——路线：格廷根、圣维特、那慕尔、瓦朗西安、吉萨尔、默朗、埃当普、默伦、圣迪济埃。任务：轰炸法国北部某大中心，以取得精神上的影响。

第三纵队——路线：吉森、梅齐希、斯特内、兰斯、维尔纳夫（第一个属德国，第二个属卢森堡，余均属法国）。任务：轰炸斯特内和兰斯地区的机场（共10小时飞行）。

第四纵队——路线：哈南、萨尔布吕肯、凡尔登、夏龙、桑斯（前两个属德国，后三个属法国）。任务：轰炸凡尔登和夏龙地区的机场（共10小时飞行）。

第五纵队——路线：阿沙芬堡、皮尔马森斯、南锡、圣迪济埃、罗米伊、勒芒、阿朗松、鲁昂、亚眠、拉昂、凡尔登。任务：轰炸巴黎与法国西部和西南部之间的交通（图尔—巴黎、昂热—巴黎、奥尔良—巴黎、勒芒—巴黎、勒阿弗尔—巴黎铁路线）。

第六纵队—路线：维尔茨堡、贝格察贝恩、夏尔默、肖蒙、特鲁瓦、桑斯、奥尔良、夏尔特尔、吉萨尔、博韦、苏瓦松、埃佩尔内、土耳、南锡。任务：轰炸下列铁路线：特鲁瓦—巴黎、第戎—巴黎、纳韦尔—巴黎、图尔—巴黎、昂热—巴黎和勒芒—巴黎的铁路线。

第七纵队——路线：安斯巴赫、斯特拉斯堡、勒米尔蒙、纳韦尔、巴黎、作战基地（共10小时飞行）。任务：使首都造成恐怖，并在其郊区，特别是有大工业的地区造成破坏。为了向敌国生动地显示我方已获得制空权，保持在高空飞行的第十一、十二、十五大队所属之各支队将绕巴黎及其郊区飞行，投掷炸弹（共1200吨）。如有必要，第十一、十二大队的头两个分遣队将携带烟幕弹，以便迷惑敌之防空部队，但无论如何，都要给居民以深刻印象。

第八纵队——路线：乌耳姆、布雷沙赫、贝藏松、夏龙，然后分开不同路线（共12小时飞行）。任务：对下列远方中心实施进攻，并给居民以深刻影响，克勒蒙菲朗、里摩日、波尔多、罗昂、图卢兹、里昂、圣艾蒂安、瓦朗斯、阿维尼翁、尼姆、蒙彼利埃、阿尔、埃克斯、博尔格和格勒诺布尔。

注意：头两个波不要带炸弹，但枪炮弹至少要比平常多带一倍，这两个波应始终保持在载重条件下能达到的最大高度飞行，一般地要避开有高射炮防护的目标。

战斗巡逻机：15个战斗巡逻中队应在H+2时（说明时间因素的军用代号，指战斗发起后两小时）到达兰斯、斯特内、肖蒙及夏尔默上空，这些地方估计是战斗最激烈的地方，战斗巡逻中队可发挥其主动性。

这些作战指令把巨大的进攻武器全部发动起来，而一旦发动，就不会停止了。

每个支队（帕德博思、格廷根、吉森、安斯巴赫、乌耳姆）离开各自的机场，以便在规定的时间率领攻击波完成下述明确规定的任务：沿确定的路线前进，去实施预先规定的轰炸任务。

支队不需要过多考虑其他问题了，它清楚在它的前后左右都有别的支队在做类似的飞行，它唯一要执行的任务就是在飞行途中阻击任何可能出现的敌人的攻击。

敌人要反击这些行动，唯一能做的就是用驱逐机部队来攻击这些支队。如果遇到这类的攻击，不管是什么样的敌人，自身损失多大，也不管深入敌方领土多远，各支队都不应改变自己的航行路线，因为变化也没有用。各支队必须在自己的航线上进行作战，永远牢记，各支队是一个有机的进攻集团的一部分，只有通过所有各个组成部分的单个行动，才能达到最后的目的。

支队的兵力在只剩下双机时才可以撤退，但它的目的只是为了参加后续的分遣队，它们可在10~20分钟内到达后续分遣队。

当支队飞机的全部弹药用尽时，在支队长的命令下才可以返航，当然，这并不是部队所希望的。在这种情况下，支队沿原来的路线返航，并在自己的作战基地上降落。在规定的时间前返航是由支队长自己决定的，但他必须记住，除非有特殊的情况，否则这种返航情况应尽可能避免。因为单单就是这些支队在敌人领空上出现，就可以证明它的力量的强大。

从兵力分配来看，可以清楚知道其部署是开始右翼较强，可能是为了吸引敌人的兵力北上，但是过后左翼变成最强的了，这就是去入侵巴黎以南的全部法国领土并从西面包围巴黎的那一翼。

尽管对战争胜券在握，但这个作战计划却因其学院式的死板遭到一些知名军事历史学家的严厉批评。

计划的作者罗伊斯将军回答这些批评说：

我肯定从来不抱这样的想法，我的独立空军在飞临敌方上空时能始终保持原先计划时画在纸上的那种对称的战斗队形。我比任何人都更清楚地意识到，我的战斗轰炸支队并不是在一小死板的棋盘上机械地移动着的没有生气的小卒，它是活生生的实体。我已用我的作战计划向这些活生生的实体、向每个人灌输了比钢铁还硬的意志，按照我所指出的道路走到底。对我来说，这就足够了！

陆续飞行的攻击波即使不能准确地保持在原先规定的相互之间的距离上，并没有多大影响，只要各支队还在飞行，先飞出的支队必须是在后飞出支队的前面。我给每个支队一个确定的路线和明确的任务，是因为我知道所有支队除非被敌人消灭，否则都会保持在这条路线上飞行。此外，我信任我们飞行员的勇敢顽强。我相信,我们的支队一旦踏上行程,除非他们被消灭,否则是不会有其他动作的。通过左翼的4个纵队,我能在3个半小时内向敌人前线的一个地段投入我兵力的80%以上,敌人必定失败,他们已经败了。

在开战前的一天里,德国的独立空军只做了日常工作,其他什么也没做,也就是人们常说的整装待发的情况,但要使这些巨大的战争武器一下子进入行动,只要罗伊斯将军在6月16日清晨一点钟发出命令就够了。

## 第八章　6月16日之战

如果要把历史上称为6月16日之战的可怕冲突做一个简要而准确的描述是一件非常困难的事情，但我计划根据最近发表的官方文件与这一巨大悲剧的目击者和参与者的个人证词来做这项工作。

在前面我已经简单地讲述了6月15日傍晚和第二天所发生的情况，现在，为了还原事实真相，我将按准确的时间和空间来详细描述这些事件。

准确地讲，战役是在清晨6点至6点15分之间开始的，当时双方第一批航空兵部队开始接触。但在这接触之前，已经发生过一些作战行动了，虽然这些行动也是这次战役的一部分，但它并不影响战役的结局。法国独立空军的4个夜间轰炸旅所采取的行动就是一个例子，这4个旅根据指令在清晨3点至3点半之间越过卢森堡和莱茵河之间的法国−比利时边界去轰炸科隆、波恩、科布伦茨、宾根、沃尔姆斯、曼海姆及施佩耶尔的目标，轰炸这些的目的是摧毁莱茵河上的普通桥和铁路桥。

法国的这些夜间轰炸旅当时只是战时编制兵力的一半，即每旅6个中队，共36架飞机。轰炸团由3个中队进行，从表面看，未遇到抵抗，敌人已把防空仅限于对所有灯光实施灯火管制。法国用500公斤和1000公斤的爆破弹，造成了广泛的破坏，尤其是对科隆和科布伦茨的桥梁的破坏。

同日早晨6时至6时半之间，这4个旅完整无损地降落在作战基地上。

德国政府于早晨6时向世界各电台广播了它的第一号战报，值得一录。

柏林，6月16日6时。

今晨4时至5时之间，法国空军飞越莱茵地区后，向科隆、波恩、科布伦茨、宾根、美因茨、沃尔姆斯、曼海姆和施佩耶尔等市投下了数百吨爆破弹、燃烧弹和毒气弹。人员及建筑物被损坏者不计其数，成千居民、老人、妇女和儿童被杀害和濒临死亡。

德国政府已命令其独立空军进行报复。

这一公报大大地夸大了法国轰炸的效果，即使居民遭受损失，数量也应不大，法国没有使用毒气弹。但是，德国政府却利用这些轰炸在世界舆论面前，控告同盟国，说敌人已开始无限制地使用航空化学兵器，其目的只是为了想让自己使用它找个正当的理由，因为它早就决定要这么做。

这一公报登在全世界所有报纸的号外上，造成十分深刻的影响，同盟国政府发出否认声明也不能消除这个影响，因为在同盟国的否认里，同盟国只是想办法解释和辩护其采用的行动方式是正确的，直至德国独立空军发动可怕的航空化学兵器进攻时，这一影响也没有从人们的脑海中抹去。在许多人心目中，依然相信，是同盟国首先破坏了国际公约，而德国只不过是行使了正当的报复权。

6点钟时的态势

由于双方的部署，6点钟时的态势如下：

同盟国：

1. 比利时驱逐旅第一团（6个中队，36架飞机）正在科隆—科布伦茨上空巡航，正面约80公里，高度约5000米。

2. 法国第二及第四驱逐旅（4个团，24个中队，144架飞机）正在巡航，第一个旅在科布伦茨—美因茨上空，第二个旅在美因茨—阿沙芬堡上空，每个旅的正面超过100千米，高度约5000米。

为了描述空中位置，我们总是不得不参照地面上某些固定点，读者必须在自己心中做必要的参照。考虑到空中的特殊性，空中位置只能是某一时刻对照地面固定点的位置，因此必须要取地面参照物，不是为了别的，而仅仅是作为一般的标志。例如，当我们说某某空军部队在某时某刻在科布伦茨—美因茨前线的5000米高度上，我们不是说明这支部队真的在那个地方，所属各部展开，排列在科布伦茨和美因茨之间的垂直面上5000米高度处，我们只是指该部队所属各部在那个时刻位在科布伦茨垂线至美因茨垂线之间直线的外侧或内侧10公里左右约5000米的高度上。

德国：

1. 第一2000马力大队（第一纵队）的4个支队已到达帕德博恩上空，并正向科隆飞行，这4个支队（40架2000马力的飞机）将在上午6:30与比利时驱逐旅第一团接触。

2. 第二2000马力大队（第二纵队）的4个支队已到达哥廷根上空，并正向霍内夫（莱茵河畔）飞行，这4个支队（40架2000马力的飞机）将与比利时驱逐旅第一团接触。

3. 第三2000马力大队（第三纵队）的4个支队已到达吉森上空，并正向圣戈阿尔（莱茵河畔）飞行，第四2000马力大队（第四纵队）的4个支队已到达哈南上空，并正向美因茨飞行，这8个支队将很快与法国第二驱逐旅接触。

4. 第五2000马力大队（第五纵队）的2个支队已到达阿沙芬堡，第六2000马力大队（第六纵队）的2个支队已到达维尔茨堡上空。

这4个支队（40架2000马力的飞机）已经与法国第六驱逐旅的某些分队接触。

5. 第七2000马力大队（第七纵队）的2个支队已到达安斯巴赫上空，正向斯特拉斯堡飞行。

6. 第八2000马力大队（第八纵队）的2个支队已到达沃尔姆上空，正向布雷沙赫飞行。

到当时为止，这最后两个纵队道路畅通无阻，未遇抵抗。

在6点钟时，第五、第六纵队的领队与法国第四驱逐旅的某些分队间的战斗开始。在6时至6时30分间逐步发展，并一直向北方推进，直到6时30分左右，战斗继续在从科隆经科布伦茨、克罗伊茨纳赫、路德维希到海德堡前线的上空进行。

在科隆和霍内夫上空，比利时驱逐旅的第一团攻击第一和第二突击纵队组成的第一攻击波的8个2000马力的支队，有6个驱逐机中队（36架飞机）与8个战斗轰炸支队（80架2000马力的飞机）战斗。在科布伦茨及克罗伊茨纳赫上空，法国第二驱逐旅攻击第一和第二突击纵队组成的第一攻击波的8个2000马力的支队，有12个驱逐机中队（72架飞机）对4个战斗轰炸支队（40架2000马力的飞机）。

从法国和德国公布的许多参加过那个悲剧的6月16日战斗的军官们写的回忆录和文史资料中，我们可以对发生过的事情有一个十分准确的了解。

同盟国的驱逐机在巡航中或被派往对付敌人空中集团的途中，一旦看到敌人的飞机就会想办法占据攻击有利位置。但德国的支队却不一样，不管有没有看到敌人的飞机，都会保持队形不变，继续沿原来的航线前进。这就使得速度较快和机动性较好的驱逐机部队很容易找准攻击的方向，因为敌人的飞机并没有打算避开这种攻击，也不采取其他任何机动飞行来改变它的位置。由于驱逐机部队必须攻击密集编队，因此它们想方设法爬到编队的上方，并用所有的飞机来包围这一编队，使其因四面受敌而分散火力。

驱逐机以中队或大队来活动，并在开始攻击前一直保持同样队形。所有中队都分成两个半中队，每半个中队有3架飞机，每个半中队从一个攻击方向作战。对大队来讲是4个攻击方向，对中队来讲是两个攻击方向，都必须协调一致对敌人实施集中攻击。在平时的训练中就十分注意这种机动动作，到实战时证明它真的有效，事实上，同盟国空军每次使用这种方法都取得不错的效果。

德国支队遵守上级的指示，保持密集队形，不管什么样的部队从什么方向来攻击自己，都保持预定的航线，不偏离。

该日，每一支队加强到10架飞机，而不是战时编制所规定的9架，因为它把备用飞机也算进去了。现在，当一个支队同时受一个大队的12架驱逐机攻击时，支队的火力一般要超过驱逐机的正面火力，当然这种情况很少发生。当支队只遭到单独一个中队或更少的攻击时，攻击者的弊端就大大增强了，因为这种情况下，轰炸机编队可以把它的火力集中在少数几个方向上。在德国，这种大型的飞机上军械的位置设计得很精心，它很容易操纵，不受风向的影响，而且配备了经过充分训练的人员。而且由于编队在经受攻击时并不需要做任何机动飞行，飞机的作用对射击目的来说就是一个稳定的平台。一个单独的飞行员去攻击一个支队，哪怕是一个已经损失掉1/3~1/2实力的支队，它也是一个十足的傻瓜，可是仍有几名同盟国飞行员尝试这种英勇的业绩。

一支驱逐机部队不管是大队还是中队，在经过一次进攻之后，不管结果如何，它都会发现自己被打散了，它的飞机飞向各个方向，没有可能迅速重新集合组队对同一支队或其他支队进行下一次攻击。而另一方面，经受过攻击的支队，尽管受到损伤，仍能继续保持它的航线和队形，但是编队大小要根据遭到的损失决定。因此除非想让敌人顺利地继续前进，否则每一架驱逐机都必须单独进行攻击。同盟国的大多数驱逐机，不会任由敌人的飞机不受任何阻挡地继续前进，在集体攻击结束后，将单独地持续攻击再攻击。这么英勇的行动，在6月16日的战斗中，德国的战斗轰炸支队只遭受轻度的损失，大部分的损失应该是来自同盟国的驱逐机部队的攻击。

德国的支队在飞行过程中，不管损失如何都毫不动摇地保持队形不变的做法，让习惯于机动活动的同盟国飞行员大感不解，但是这种毫不动摇成了支队本身巨大的力量，对于这一点，全体人员都深信不疑。

支队的各机组从飞离机场时就知道，一旦与敌人相遇，除了接受战斗外没有其他办法。因此，敌人唯一能做的事情就是在最有利的条件下去面对战斗，这就要他们保持密集队形，使得编队中的所有飞机之间可以相互支援，这样能容易发现敌人的飞机，并能精准地对敌机进行射击。因此他们在飞机上执行任务时格外专心,他们的任务就是观察周围的情况,最有利地使用他们的武器。飞行员的任务就是保持队形,并按照设定路线飞行。其余机上成员只有一个想法,就是尽快发现最危险的敌人并给对方最沉重的打击。队形的安排应能使视线划分为若干扇区,只要每一个扇区内有飞机就行,这样区分射击任务能使支队即使在作战实力下降时也成为一个很有力的作战工具。

即使双方与很多的部队发生交战,这种战斗仍然是驱逐机部队对战斗轰炸机部队实施的一系列的攻击,因为德国的支队不可能把飞机布置成沿正面一线,所以同盟国的驱逐机部队就不可能同时对其进行攻击。于是会出现下列这样的情况:在某些区域,支队连续被2个、3个甚至4个驱逐机大队或中队攻击,而在另一个区域,只有1架飞机在攻击,还有一些区域,支队根本没有遇到敌人。

空战中的混战局面是经常出现的,驱逐机部队或单机不停地向专心于继续前进的支队攻击,而周围随处有战斗轰炸机和驱逐机被击落或试图降落。战斗的强度一点点减弱,直到驱逐机部队被消灭,战斗停止;少数幸存的驱逐机弹尽油绝,试图着陆以便重新装弹加油,而实力减弱不严重的支队则仍继续向目的地前进。

大约上午6时半,在科隆和霍内夫上空,率领第一和第二突击纵队的8个2000马力的支队与比利时驱逐旅第一团发生首次战斗。

更准确地说,这场6个驱逐机中队和8个支队间的战斗是发生在科隆、霍内夫、欧本和圣维特的上空。比利时的各中队表现出非凡的勇敢,不顾自身数量上的巨大劣势(36架对80架),反复进行攻击,到7点钟左右,幸存的驱逐机弹药耗尽,被迫降落,而2000马力的支队在损失掉12架飞机之后,正在维尔维埃和圣维特上空约6000米高度上飞行。

大约6时半,位于比利时边境上的观察哨报告比利时防空司令部,有一支庞大的德国空军集群正越过边界前进,比利时驱逐旅的第一团已被迫脱离战斗。比利时防空司令部已经从别的来源得知越过边界的敌机的规模大小,于7时15分左右命令比利的驱逐旅第二团及布鲁塞尔、那慕尔和列日的航空要塞的飞机去攻击已经入侵比利时的敌人。

这些部队在7点半至8点之间开始起飞。

7点半时,第一和第二纵队第一波的8个战斗轰炸支队正在高射炮连射程之外的很高高度上飞临布鲁塞尔,前往里尔和瓦朗西安,有一些比利时驱逐机打算赶上它们。

与此同时,比利时防空司令部接到边境观察哨的通报,另外有一个庞大的德国空军集群正越过欧本与圣维特间的边界,那是德国第一、第二纵队第二波的8个战斗轰炸支队。

比利时防空司令部勉强来得及改变给驱逐机部队的命令,把其中半数调去对付第二波敌人。第一波的8个支队在里尔和瓦朗西安上空被8时左右出发的第一批驱逐部队赶上,几乎同时,第二波的8个支队在布鲁塞尔和那慕尔上空与另外6个防空驱逐机中队遭遇。与此同时,边境的观察哨正发出通报,还有一个德国空军集群正在越过边界,它们是第一、第二纵队第三波的4个战斗轰炸支队。

比利时防空司令部现在只剩下5个军属驱逐机中队,但它没有想到要谨慎地使用这些剩下的配属航空兵部队。法国防空司令部在第一波战斗轰炸机支队8点钟时在里尔和瓦朗西安越过法、比边界时已经知道了比利时上空发生的事情。他命令配属航空兵第一驱逐旅及亚眠、圣康坦和拉昂诸航空要塞的飞机起飞迎击敌机。共有12个驱逐机中队和18个防空驱逐机中队，总数30个中队，180架飞机。当这些部队在8点30分起飞去抗击敌人第一波的战斗轰炸支队时，这些支队已经从后面受到比利时驱逐旅第二团和6个比利时防空驱逐机中队，一共12个中队72架飞机的攻击。

在阿腊斯、康布雷、亚眠和珀雷内的上空，在8点至9点之间，接着发生一场第一波8个战斗轰炸支队与42个法国和比利时驱逐机中队之间的可怕的混战，有252架驱逐机与大约70架战斗轰炸机战斗。这8个战斗轰炸支队确实被歼灭，没有一架飞机返回，但同盟国为这场胜利付出150架飞机的代价。

也是在8点至9点之间，德军第二波8个支队与6个比利时防空驱逐机中队之间在布鲁塞尔、那慕尔、沙勒罗瓦和勒内克斯上空开始战斗，有80架战斗轰炸机对36架驱逐机。大约9点钟，第二波的8个支队在损失了12架飞机并消灭掉30架敌机之后，到达阿腊斯和康布雷上空，在那里德军又遭到已经消灭掉第一波8个支队的同盟国驱逐机部队的攻击。这些同盟国部队在经过上一次战斗后正处在混乱之中，尽管如此，他们英勇地攻击，不过是单机作战。大约9点半，第二波的8个支队在减少到一半多一点实力之后到达亚眠和阿布维尔上空，幸存下来的同盟国驱逐机正在着陆，准备重新加油和再次组织战斗。

9点钟时，法国防空指挥部接到通知，已经在鲁贝和里尔上空看到另一支德国空军集群，并正在轰炸鲁贝。它们是第三波的4个战斗轰炸支队，越过比利时时几乎未遭抵抗，这4个支队中的一个支队在鲁贝投下了10吨炸弹。

法国防空指挥部命令配属航空兵第一驱逐团去攻击,配属航空兵第一团于9时30分起飞,飞向里尔。但是它在空中游弋了很长时间却未能与敌机接触,只好返回原机场。

10点钟时,德军第二波的8个战斗轰炸支队出现在鲁昂上空,第三波的4个支队出现在阿布维尔上空,后者对这个中心投下10吨炸弹。

几乎与此同时,法国防空指挥部向鲁昂方向派出了配属航空兵第一驱逐团。

我们已经描述了从6点到10点在比利时和法国北部天空中发生的事件,这些事件突出地出现于6月16日之战的总情况之中。在这一个分战区中,20个战斗轰炸支队与24个驱逐机中队和30个防空驱逐机中队的一共324架飞机发生交战。

到10点钟时的态势如下:

德国方面:

第一、第二纵队的第一波已经完全被歼灭。

第二波已损失掉约一半实力,正在鲁昂上空飞行。

第三波几乎原封不动,正在阿布维尔上空飞行,并轰炸了鲁贝和阿布维尔。

总的说来,第一、第二突击纵队已损失掉将近一半实力,即100架2000马力的飞机。

同盟国方面:

比利时驱逐旅和布鲁塞尔、那慕尔、列日3个航空要塞的飞机,共12个驱逐机中队,12个防空驱逐机中队,一共144架飞机,大约还剩下40架。

比利时军属配属航空兵的即将动员其孪生中队的5个驱逐机大队，全部完整无缺。配属航空兵第一驱逐旅的72架飞机约剩30架。亚眠、圣康坦和拉昂航空要塞的18个中队，108架防空驱逐机已损失将近一半的实力，两个配属航空兵驱逐团正在搜索敌人。现存的兵力还有军属驱逐机大队，它们正在动员其孪生中队。

总的说来，同盟国已损失200多架飞机。

大约在上午6时半，在科布伦茨、克罗伊茨纳赫、凯泽兰泰恩、施佩耶尔和海德堡上空，第三、第四、第五、第六突击纵队的先头部队（12个2000马力的支队）与法国独立空军的第二、第六驱逐旅发生战斗。交战在莱茵河区域上空进行，144架驱逐机对120架2000马力的战斗轰炸机。

7点钟时，第一波的12个支队在剩下三分之二实力后，越过梅齐希和贝格察贝恩之间的边界，向西南方向飞行，后面有将近50架驱逐机追击，这些驱逐机在采取勇敢的，但少有成效的单机行动中耗尽弹药，不得不降落。

也在7点钟时，4个战斗轰炸支队（40架2000马力的战斗轰炸机）越过斯特拉斯堡和布雷沙赫之间的边界，向西南方向飞行。

当时，法国防空指挥部命令：

1. 独立空军的第一、第二驱逐旅攻击越过梅齐希和贝尔察贝恩之间边界的敌机集群，此集群已经遭受了某些损失；

2. 独立空军的第五驱逐旅攻击越过斯特拉斯堡和布雷沙赫间边界的敌机集群；

3. 凡尔登、梅斯、南锡和厄比纳尔航空要塞准备出发攻击，敌人可能用别的集群进犯这些地方；

4. 中央和南方集团军群的配属航空兵驱逐旅、集团军的配属航空兵驱逐团,以及集团军所动员的驱逐机中队待命。

7:30,第一波(第三、第四、第五和第六纵队的)12个战斗轰炸支队由于损失,已经减少到原来实力的三分之二,到达斯特内—凡尔登—南锡—夏尔默前线,他们在这里将不得不经受独立空军第一和第二驱逐旅的部队之第一次攻击。与此同时,同是这些突击纵队的第二波的另外12个战斗轰炸支队正在越过梅齐希和贝格察贝恩之间的边界。

也是7点半,第七和第八纵队第一波的4个支队顺利到达勒米尔蒙和贝藏松的上空,在那里受到法国独立空军第五驱逐旅的部队的攻击,当时同是这两个纵队第二波的4个支队正在越过斯特拉斯堡和布雷沙赫间的边界。

在7点半至8点之间,在兰斯、斯特内、凡尔登、夏尔默、肖蒙、圣迪济埃和夏龙上空,第一波的各支队与两个驱逐旅之间发生了战斗,12个实力已减至正常三分之二的战斗轰炸支队对24个驱逐机中队。

法国飞行员攻击得很大胆而猛烈,好像他们急于想牺牲自己的生命,80架德国战斗轰炸机大部分被摧毁,只有少数的幸存者能退回来参加后续的攻击波。但是这两个驱逐旅也损失惨重,被打得七零八落,因而第二波的12个支队在8点钟安然无恙地出现在斯特内、凡尔登、土尔和夏尔默上空,只有少数单独的飞行员用很少的弹药去抵抗它们。

在7点半至8点之间,第七、第八纵队第一波的4个支队与法国独立空军第五驱逐旅在维祖尔、第戎及贝藏松上空发生战斗:72架驱逐机对40架战斗轰炸机。

8点钟时,这4个支队在损失近一半实力之后到达第戎和夏龙上空,当时第二波的另外4个支队已到达勒米尔蒙和贝藏松前线。

参加攻击第二波的第5驱逐旅的残部已完全被歼。

大约8点钟时,15个德国战斗巡逻中队到达兰斯、斯特内、肖蒙和夏尔默上空,它们有180架非常快的驱逐机,由最能干的德国飞行员驾驶。一到达作战区,德军每架飞机就各自寻找正在攻击战斗轰炸支队的法国飞行员交战。

对法国防空司令部来说,8点钟左右情况大致如下:

在斯特内、凡尔登、土耳和夏尔默前线,一个几乎未遭任何损失的大型飞机的庞大集群正在高空向正东方飞行。在它后面约100千米,几乎就在边界线上,另一个大型飞机的庞大集群正沿同一路线进犯。往南面,在第戎、夏龙前线,有一个遭受损失的敌机集群,在它后面,有另一个几乎未遭损失的集团,再往后,在莱茵又有一个同等规模的集群。

根据来源于法国空军侦察团所属分队的情报,跟在已入侵法国领空的各集团之后,已经发现别的一些庞大的空军集群的位置。

法国空军部队的驱逐旅已经遭到巨大损失,部队需要时间重新组建,目前对它们不能提出进一步的要求。

面对这样的情况,司令官决定集中他的两支部队,命令他手头现有的全体部队要尽快出动对付敌人。现有的部队是:

斯特内、梅斯、南锡和厄比纳尔航空要塞的16个中队,96架防空驱逐机;兰斯、夏龙、特鲁瓦、奥塞尔的第二线航空要塞的24个中队,144架飞机;南方和中央集团军群配属的第一、第二驱逐旅的24个中队，144架飞机；集团军配属的7个驱逐团的42个中队，252架飞机；军属的20个驱逐机中队，120架飞机，总计126个中队，756架飞机。

攻击命令于8时发出，几分钟之后，第一批飞机开始起飞，约在8点半开始大规模战斗。

8点半时，德国各纵队的情况如下：

A. 第三、第四、第五、第六纵队：

1. 第一波——已遭歼灭。

2. 第二波——12个2000马力支队几乎完整无损，已到达兰斯—夏龙—圣迪济埃—肖蒙前线。

3. 第三波——8个2000马力支队完整无损，已到达斯特内—土尔—夏尔默前线。

4. 第四波——8个2000马力支队完整无损，已到达梅齐希和贝格察贝恩前线。

B. 第七、第八纵队：

5. 第一波——只剩下少量飞机到达纳韦尔—木兰前线。

6. 第二波——4个2000马力支队几乎完整无损，已到达第戎—夏龙前线。

7. 第三波——12个2000马力支队完整无损，已到达勒米尔蒙—贝藏松前线。

8. 第四波——8个3000马力支队完整无损，正越过斯特拉斯堡和布雷沙赫间的边界。

此时，不包括已损失的飞机，共有满员的44个2000马力支队，8个3000马力支队（440架2000马力的飞机，80架3000马力的飞机）在法国上空。

756架法国驱逐机冲向这520架德国大型战斗轰炸机。当然，进入法国领空较深的那些攻击波将首先受到这种猛烈攻击的压力，于是第三、第四、第五、第六纵队的第二波（12个2000马力支队，几乎完整无损）在兰斯和奥塞尔上空被击败，只有少数幸存的飞机飞返到第三波（8个2000马力支队），第三波本身也损失掉大部分飞机，飞回参加第四波（8个2000马力支队），当时第四波已到达斯特内—土尔—夏尔默前线。第四波也遭到猛烈攻击，但此时法国驱逐机已完成了艰巨的任务（已击落近200架德国战斗轰炸机），遭到非常严重的损失，剩下的飞机到处分散。就在这个时候，有4个3000马力支队的第五波在梅齐希和贝格察贝恩之间进入法国领土。第七、第八纵队的第一波和第二波被击败，几乎全军覆没，第三波也受到猛烈攻击，但是就像别的地段一样，法国的攻击在这里也减弱了，第三波在剩下将近一半实力之后，到达第戎—夏龙前线，这时第四波跟在它后面，到了勒米尔蒙和贝藏松上空，第五波（8个3000马力支队）飞越过斯特拉斯堡和布雷沙赫间的边界。

9点钟时，在巴黎纬线以南法国领空的德国独立空军的态势如下：

A. 第三、第四、第五、第六纵队：

1. 第一、第二、第三波均被消灭。

2. 第四波（8个2000马力支队）减少到大约一半实力之后在斯特内—夏尔默前线飞向兰斯—奥塞尔前线。

3. 第五波（4个3000马力支队）在梅齐希和贝格察贝恩间的边境上。

B. 第七、第、八纵队：

1. 第一和第二波均被消灭。
2. 第三波（12个2000马力支队）减少到将近一半实力之后在第戎和夏龙前线。
3. 第四波（8个3000马力支队）在勒米尔蒙—贝藏松前线。
4. 第五波（8个3000马力支队）在斯特拉斯堡—布雷沙赫前线。

在这个地段上空，德国独立空军已损失掉大约500架2000马力的战斗轰炸机，但法国防空部队也只剩下少量的防空驱逐机大队和大约100架孤立的四处分散的单机，这时10个2000马力支队和20个3000马力支队正按其预定路线在法国的天空向前推进，第六、第七、第八波的40个3000马力支队和10个6000马力支队将会到达。

于是，大约10时30分，10个2000马力支队，60个3000马力支队和10个6000马力支队，总计800架大型战斗轰炸机的集团将在巴黎纬线以南的法国天空飞行，法国防空部队则不能提供任何相应的抵抗。

因此，从上午9时起，已可认为德国独立空军已在6月16日之战中取胜，实际上从那时起再没有进行重要的空中战斗。各个突击纵队可以几乎不受抵抗地按预定路线前进，执行分派给它们的轰炸任务，只遭到轻微的损失，返回作战基地。

晚上8时德国发出的战报如下：

今晨7时，进入法国和比利时天空的独立空军已击败同盟国航空兵部队，然后轰炸了波尔多、里摩日、克勒蒙菲朗、图卢兹、罗昂、里昂、圣艾蒂安、瓦朗斯、阿维尼翁、尼姆、蒙彼利埃、埃克斯、波尔、格勒诺布尔、第戎、纳韦尔、布尔日、图尔、勒芒、鲁昂、亚眠、鲁贝以及其他城市。此外,在巴黎近郊投下1000余吨炸弹。

现在没有人也没有任何事情能阻止我独立空军每天向它认为适应轰炸的地方投掷至少3000吨炸弹,从明天起,我独立空军将每天进行轰炸,直至敌国承认失败为止。

今晨8时左右,少数同盟国的飞行中队向汉诺威、马格德堡、莱比锡和德累斯顿等城市投掷了炸弹。这类行动由于其意义不大,仅造成无用的破坏,对决定战争胜负并无影响,但他们如想避免遭到严重的报复,必须不准再犯。从现在起,对一座德国城市,哪怕投下一颗炸弹,我独立空军将奉命去彻底摧毁一座同等重要的城市。

6月16日的事件给同盟国政府以深刻的印象。

这一新闻在大清早就传到了同盟国的耳朵里,让他们感到自己在空中已处于劣势。当3000和6000马力支队开始在巴黎市郊投下炸弹,造成严重的物质和精神上的破坏时,这种感觉变得更加深刻而且加倍痛苦。这个消息已经在法国国内散播,过去曾认为不会遭遇敌人入侵的一些边远城市也遭到了轰炸,到处都在高声呼吁要求及时得到防空兵器,就像天空中到处都有敌人一样。

大部分驱逐机和防空驱逐机部队已被消灭,只剩下几百架驱逐机,它们必须重新组成中队,但已不能保证它们还能有效地对付下一步的空袭。还有一些别的中队存在,但它们不是为空战准备的,它们还有其他要执行的任务,尤其是对德国战斗轰炸机空战。不管情况如何,到了16日夜间,航空当局还是想方设法获取一切可能的航空兵器,哪怕是凑合使用的也好,以便对付下一轮的空袭。8点发布的战报中包含报复性威胁激怒了法国的领导人，他们命令其独立空军的夜间轰炸旅于当天夜里去轰炸德国的科隆、科布伦茨、美因茨和法兰克福等城市。

在16日这一天，德国独立空军已损失：

1. 约600架2000马力的飞机；
2. 约40架3000马力的飞机；
3. 3架6000马力的飞机。

16日夜间，剩下的2000马力支队重新组建成两个大队（第一和第二大队），每大队10个支队，每支队9架飞机。

给独立空军的作战命令规定17日要完成下列任务：

切断跨越从贝尔福经厄比纳尔、土尔、兰斯、夏尔维尔、吉维、迪南、那慕尔及至通格交通线的铁路和公路交通。

突击用8个纵队来实施，每纵队分三波，各波间隔时间半小时。由于飞行要长达5小时，2000马力飞机不得不带3吨炸弹，3000和6000马力飞机分别带5吨及8吨炸弹。

第一第二纵队，每队必须包含一个2000马力大队（共10个支队，90架飞机）和一个6000马力支队（9架飞机），分成三波，分别为4、4、2个2000马力支队，再加上一个6000马力支队。两个纵队共带600吨炸弹。必须注意，比利时境内从通格到迪南的交通必须保持切断。

另外六个纵队，每纵队必须包括一个3000马力大队（10个支队，90架飞机），分成三波，分别为4、3、3个支队。两个6000马力支队（18架飞机）必须加入第四、第五、第六和第七纵队的最后一波，每一纵队应携带500吨左右的炸弹。

第三、第四纵队必须注意切断兰斯至吉维之间的交通，第五、第六纵队注意切断兰斯至土尔间的交通，第七、第八纵队注意切断土尔至贝尔福间的交通。第一波必须在5时越过边界，各支队完成任务后，必须立即以最高的高度，以最短的航线返回各自的基地。

# 第九章　6月17日的作战

17日晨1时，科隆、美因茨、科布伦茨和法兰克福诸城市遭到法国独立空军4个夜间轰炸旅的轰炸。在16日那天，这4个旅已经完成动员，达到正常的战时编制（每个旅12个中队，72架飞机），所以每个旅对4城市中之一进行轰炸，大约投下100吨爆炸弹、燃烧弹和毒气弹。破坏甚为严重，到处发生大火，而且由于毒气蔓延，妨碍了援救工作，4座城市几乎完全被毁。

清晨6时左右，德国指挥部发出如下公报：

夜里1时至2时，同盟国飞机轰炸了科隆、科布伦茨、美因茨和法兰克福。

因此，今天下午4时至5时德国独立空军将完全摧毁那慕尔、苏瓦松、夏龙、特鲁瓦4城，现警告该地居民撤离上述城市。如果别的德国城市遭到同盟国任何程度的轰炸，将命令我独立空军彻底摧毁巴黎和布鲁塞尔。

在7点钟时德国独立空军的第一波已越过边界，有250架大型战斗轰炸机（准确地说是288架，其中72架2000马力，216架3000马力），对付这些飞机的是同盟国在夜间重新组建的少数幸存的驱逐机部队。少量德国飞机被击落，但纵队的任务却完成了。事实上在8点钟左右，有150多个铁路和公路交通中心每个都被投掷20吨炸弹。

从早晨6时起，德国独立空军战斗巡逻机中队就已在那慕尔、苏瓦松、夏龙和特鲁瓦4城市的上空飞行，散发恫吓性的德国公报的传单，有好几千份这种传单已撒到巴黎、布鲁塞尔和同盟国的其他几个城市。

清晨6点，同盟国政府收到新闻报告，一看就不是好消息。这些报告明确表示了同盟国政府确实不能阻止和抗击敌人的空中行动，这种行动明显就是按照一个很快就可看清楚的预先设计的计划来发展的。

很明显，敌人的目的是使同盟国军队的动员和集中变得更困难，事实上公路和铁路交通的大范围中断已经很频繁，在很多地方铁路交通停止或严重阻滞。

各处的军政当局已开始急切地需要防空兵器。有100多个铁路和公路的主要干线通过重要城市都被大火包围，并且被毒气的烟雾闷得透不过气来，有时毒气随风飘走，在整个村庄里弥漫着死亡和恐惧。

很多军队特遣队不得不停下脚步，他们发现自己已不能给被空袭的城市提供帮助，他们被轰炸带来的恐怖效果震惊，亲眼看着敌人的飞机在自己的天空自由飞翔。他们虽然嘴里诅咒敌人的野蛮行径，却也禁不住埋怨自己的防空当局不能提供足够的防卫手段来对付这样的不测事件。

在这种情况下，同盟国当局不得不认真考虑一下德国公报中所包含的威胁，产生了导致军政当局观点严重分歧的问题。

军方的观点是：让受到威胁的城市中的居民撤出是公开承认自己空军的无能，因而反对这样做。但当问及他们是否能为这些城市提供充分的防护时，他们却不得不承认做不到。

那么谁能承担起不从没有防卫的城市中撤出居民带来的后果呢？空军是软弱无能的，这一现实必须正视和承认。这只不过是战争发生的第二天，在第一天，敌人的战斗轰炸机的庞大队伍已经顺利地飞到巴黎和布鲁塞尔的上空，并对许多中心，包括离边境最远的地方投下数百吨的炸弹。

现在不得不屈辱地等待敌人的最后通牒，如果敌人愿意的话，非常可能的是明天，巴黎和布鲁塞尔也不得不撤退！结果就是花了很大的代价建立起来的航空兵部队就在短暂的时间内土崩瓦解了，这是谁的错呢？讨论时间越长越痛苦，有时简直是悲剧式的，但到最后，也就是大约10点钟的时候，终于发出了从受威胁的城市中撤退的命令。

这道命令造成的震惊不是能在主要城市中隐瞒得住的，它像人们预测的那样，震惊是十分巨大的。同盟国感到自己已在空中战败，他们绝望地接受敌人的摆布。

在受威胁的城市里，人们看到从敌人飞机投下的传单，引起了很大的骚动，撤退的命令造成了混乱和痛苦。但是多数居民平静地执行着命令，这些城市的周围剩下同盟国航空兵部队正在匆忙地进行集结。

同盟国对德国独立空军下达的进行讨伐的作战命令像以前的命令那样详细地规定了兵力分配，仅是任务不同，其分配如下：

1. 第一和第二纵队——摧毁那慕尔。

2. 第三和第四纵队——摧毁苏瓦松。

3. 第五和第六纵队——摧毁夏龙。

4. 第七和第八纵队——摧毁特鲁瓦。

同盟国给独立空军4个小时加油和重新挂弹。每架2000、3000和6000马力的飞机规定载弹量分别为2、3、6吨，总计要摧毁的每座城市用500吨炸弹。

根据《独立空军士兵须知》，以整个摧毁为目的的轰炸必须在可能做到的最高高度上进行，各支队必须从不同方向进入目标区，轰炸区的面积要大于目标本身。

由于化学炸弹（燃烧弹或毒气弹）的威力，对一个一般大小的城市投掷一万个50公斤的炸弹（总计500吨），毫无疑问可以彻底将其摧毁。

从机场出发的时间要保证每个纵队的第一波有足够的时间能在下午4时到达目标上空。

我们没有必要在这一事件的细节上纠结，事件的目击者已在其著作中充分地描述了这个过程，其中还有一些著作由于生动和善于描述而被大家熟知。

只要大家了解一点就够了，这就是，不管同盟国存有的少数驱逐机部队表现如何英勇，这4座城市已化为一片火海，不可接近，它们在城市居民的面前烧得精光。

德国晚上9时发出的公报如下：

今晨6时至8时之间，我独立空军开始执行切断敌军作战区内公路和铁路交通的任务，对这类公路和铁路交通线沿线约150个中心投下3000多吨炸弹。

当日下午4时至5时之间，我独立空军为保卫德国城市，曾被迫摧毁那慕尔、苏瓦松、夏龙和特鲁瓦4座城市，其中居民已按照我之警告由同盟国政府疏散。

明天独立空军将再继续其井井有条的行动，即阻止同盟国军队的集结……

从此时起，19××年战争的历史就没有多少值得再写的了。

# 后记
POSTSCRIFT

历经两年多的艰辛操作，"战争论"丛书终于付梓出版发行了。我们当初提出这套选题，目的就是在当前国际形势日趋复杂的情况下，深感有必要在未雨绸缪之际，通过精选古今中外（尤其是国外的）军事名著，加以聚合编辑出版，成套系、整体性推出，一方面满足广大军事迷的阅读需要，另一方面为普通大众的军事素养提高、国防意识培育做出点贡献。在世界丛林中的狼烟骤起时，我们必须做到有备而无患。在国际风云变幻莫测、战争的危险丝毫未减甚至可以嗅到战争的烟火味时，作为嗜好和平的中国人，有必要具备必要的军事素养，以求在危机来临时刻保卫自己。与此同时，这套经典军事名著，也适合广大现役、退役以及预备役军人学习。

作为一部囊括了蒋百里《国防论》、马汉《海权论》、杜黑《制空权》、马汉《海军战略论》、克劳塞维茨《战争论》、若米尼《战争艺术概论》、弗龙蒂努斯《谋略》、米切尔《空中国防论》、韦格蒂乌斯《兵法简述》、鲁登道夫《总体战》等经典名著的大型军事丛书，从读者调查、市场摸底、资料搜集、材料分析、选题提出、选题立项、精选书目、翻译改编、编辑校对、内容审查、学术考证、核查定稿、装帧设计、印制发行等，在每一个环节中，参与该项目的人员都付出了巨大心血，我们在此一并表示感谢。我们由衷地感谢华中科技大学出版社各位领导、编辑，以及耿振达、陈雪、程效、甘梦竹、贾琦、齐芳、王晓黎、吴玲、徐冰莹、张亮、赵英媛、赵梓伊、宋毅、唐恭权、李传燕、魏止戈、温锦婷、王静、顾凤娟、曹锦林、曹燕兰、李玉华、宋国胜、李家训、薛莹、胡滨、李巍、景迷霞、查攸吟、周静、刘啸虎、肖倩、许天成、王顺君、褚以炜、杨志民、陈杰、马千、常在、李楠、张子平、张捷闻、翁伟力、吴田甜、王钻忠、孟驰、陈翔、张宏轩、李湖光、傅仰哲等等人员。

因时间紧、水平有限，整套《战争论》丛书中难免有疏漏之处。在此，恳请广大读者批评指正。我们在此表示由衷的谢意。